职业院校商科类专业校企合作机制的构建与探索

吕成文 著

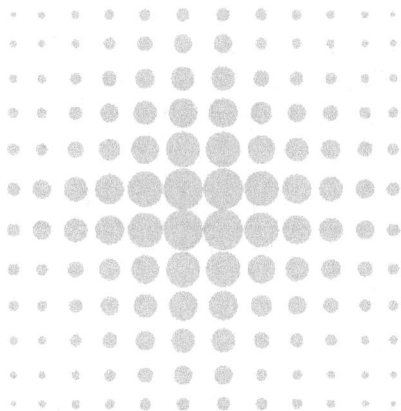

南京大学出版社

图书在版编目（CIP）数据

职业院校商科类专业校企合作机制的构建与探索 /
吕成文著. — 南京：南京大学出版社，2019.9
　ISBN 978 - 7 - 305 - 08253 - 5

　Ⅰ. ①职…　Ⅱ. ①吕…　Ⅲ. ①高等职业教育－贸易－
产学合作－研究－中国　Ⅳ. ①F72 - 4

中国版本图书馆 CIP 数据核字(2019)第 217724 号

出版发行　南京大学出版社
社　　　址　南京市汉口路 22 号　　　　　邮编　210093
出 版 人　金鑫荣

书　　　名　职业院校商科类专业校企合作机制的构建与探索
著　　　者　吕成文
责任编辑　代伟兵　武　坦　　　　　编辑热线 025 - 83592315

照　　　排　南京理工大学资产经营有限公司
印　　　刷　虎彩印艺股份有限公司
开　　　本　787×1 092　1/16　印张 14.75　字数 359 千
版　　　次　2019 年 9 月第 1 版　2019 年 9 月第 1 次印刷
ISBN　978 - 7 - 305 - 08253 - 5
定　　　价　68.00 元

网　　　址：http://www.njupco.com
官方微博：http://weibo.com/njupco
官方微信号：njupress
销售咨询热线：(025)83594756

序

　　我国国民教育系列是由全日制本科及高等专科等组成的教育序列,其中高职教育是在传统教育模式上加以现代化创新的新型教学模式,是一种从定位方向上、教学实用性上都与传统教育有着较大差别的教育模式,这种新型教育模式培养了适应我国当代企业实际发展需要和社会经济发展需要的高新技术应用型人才,这说明单纯的理论教学已经不能满足培养技能型应用人才的需要,用人市场对人才的供需不协调为高职院校的教育教学改革指明了前进的方向。目前,高职院校普遍采取的做法是校企合作,以解决教学与实践脱节的问题,即将学生送到企业、生产现场实习,真正了解企业的生产流程,熟悉企业的操作流程,达到在岗位实践中提高业务素质,深入理解专业知识的目的,从而达到理论联系实际的效果。随着社会经济的发展进步,改革开放的日臻完善,企业对人才的需求量也越来越大,在原先简单的数量基础上开始不断向质量转变。我国绝大多数的高职院校目前都开设了企业工商管理、电子商务、物流管理、财务会计等新型商务专业,针对这些新型专业的开设,校企合作是目前大多数学校首选的教育方式,这完美的将企业的实操经验和学校课堂教学经验相结合,从而有效的提高了高职院校办学质量,后期也为企业输送了大量的新型高技能型应用人才。我选择了一个"好"的研究问题,无论是教育理论的讨论,还是教育实践的提高,还是对研究者本人来说,都是一件有用的、快乐的事情。

　　本研究立足于当前国家全面建设有中国特色社会主义的现代化职业教育体系,大力推进产教融合、校企合作的时代背景下,因研究者的工作实践和研究兴趣从而引起的相关思考。江苏财经职业技术学院在这方面也有相关的探索,本研究将对校企合作的理论基础,我国各职业院校校企合作发展与挑战进行详细阐述,介绍职业院校校企合作的国际案例,我国高职院校产教融合的探索历程。之后详细介绍校企合作的模式,和江苏财经职业技术学院较为成熟校企合作案例,找出商科类专业校企合作过程中存在的问题并分析,并在此基础上提出商科类专业校企合作的模式、保障体系与机制。

吕成文　副教授

江苏财经职业技术学院合作交流处

2019 年 11 月

目　录

第1章 简 介

1.1 研究起源

1.1.1 工作经历中的思考

1998年,研究者进入江苏财经职业技术学院从事商科类专业教学工作,一线教学经验达20余年,开展商科类专业校企合作工作10多年,2016年负责智慧商科综合实训中心的设计构思、基建建设、实训项目设置以及实训内容开发等工作,2019年调入合作交流处,负责校企合作工作。江苏财经职业技术学院是2004年7月经江苏省人民政府批准的一所省属全日制普通高等学校,是教育部高职高专人才培养工作水平评估优秀学校,江苏省省级示范性高等职业院校,江苏财经职业教育集团理事长单位。

省级人才培养模式创新实验基地1个,省级实训基地(平台)7个,牵头主持和制定全国财指委财务管理专业的专业标准、课程标准、实验实训配置标准建设。不断创新校企合作办学模式、工学结合的人才培养模式和理实一体的教学模式,深入推进高职教育教学改革,全面提高办学内涵质量,增强服务社会经济发展的能力。与国内知名企业共建"今世缘营销学院""中央新亚管理学院""京东电商学院""江苏紫金保险学院""用友新道创新创业学院"和"中锐汽车商务基地""全国用友会计人才培养基地"等等。

良好的平台让笔者有机会接触校企合作的核心的内容,进入高校工作这二十多年以来,对职业教育的认识和理解也逐渐地深入,尤其是在这近几年,对职业教育校企合作的机制思考颇多。江苏财经职业技术学院是一个财经类专科院校,与工科的校企合作有着诸多差别,商科类专业校企合作具有哪些问题,为什么存在这样的问题,又如何解决?企业面对日益短缺的劳动力,为何参与职业教育积极性依然不高?职业院校参与校企合作为何困难重重?校企合作的规模上、数量上虽然有大幅度增加,为何有效性依然不高?诸如此类的问题不时困扰着笔者。

1.1.2 职业教育校企合作重要性的思考

校企合作机制建设具有以下意义。

1.1.2.1 有效促进人才培养质量水平的提高

高职教育应该如何去发展,如何去培养精英型实用型人才? 在培养实用型人才上要主动做到适应区域经济发展的需要,要多方面适应国家经济战略发展的需要,要积极适应改革开放、"一带一路"倡议和建设工业强国的需要,为现今快速发展的社会和高速增长的经济培养大量高精尖复合型人才。改革开放以来,高职教育改革在党和政府相关职能部门的领导下取得了新中国成立以来引以为傲的巨大成就,在肯定早期高职教育成果的同时,高职教育的改革一定程度上对于新中国成立早期高等职业教育发展不足之处做出了较大的改革。但是仍有部分高职院校在专业建设中存在专业要求定位不准、人才培养模式不完善、师资力量不足、就业安排不到位等问题;相关课程体系陈旧、培训目的僵化、专业文化建设落后、教师素质不适应当下教学改革、创新步伐等内在性问题。因此,高职院校要与相关企业积极探索校企合作新机制,深化产教融合,提高高职学生的动手操作能力,使得课堂理论联系企业实际,为当下社会大多数企业提供满足企业需求的精英型实用人才。

1.1.2.2 有效推进优秀学校和优质学院建设

目前,中国许多省份积极地开展了优秀学校、优质学院建设,积极探索校企合作在经济建设中的新机遇。在经济建设的新机遇中,很多学校形成了自己学校的品牌特色,带动区域品牌的建设,为其他地区提供可借鉴的作用和实际操作性的理论。我国高职院校的良性发展在于完善校企合作的机制建设,推进校企合作中的符合法律法规的规范性建设,带动企业积极参加到校企合作的建设中。

1.1.2.3 有效促进区域经济的发展

突出高职教育服务区域经济发展的作用,合理协调职业教育与区域经济发展的布局。高职院校在与相关企业开展校企合作中,要积极对接区域企业发展所大量需求的突出性、紧缺性岗位,为区域企业培养大量优质的复合型多元型人才,合理化构建产教融合、工学结合、实操结合理论的新格局运营模式,从而彻底改变复合型多元型高精尖优秀人才培养模式,从根本上优化尖端人才培养方案,从文化氛围上提升高职院校相关校企合作专业的基本素质与技术内涵,重点打造一批高职院校的优秀品牌特色,全面多方位提高专业高职院校人才培养质量,从人才的根本上带动当地地方经济高速发展,带动当地企业进行成功的企业转型升级,由原来的"粗放型、人才短缺型"企业转变为"集约型、人才复合型"企业。从企业的角度来说,积极与高职院校签订培养合同、进行长期校企合作,在通过与高职院校进行长期性校企合作中,及时、准确地把企业所需的相关人才反馈给合作的高职院校,从而为企业打造一批"私人订制"的高精尖人才,从而企业可以获得自己岗位所需的专业知识技能型人才。对于学校来说,有利于学校掌握企业岗位需求,能够及时准确地动态调整人才培养方案,合理化分配教学重点与调整教学师资。积极鼓励企业与学校签订相关人才培养协议,开展订单班、合作班等,从源头有效实现企业人才结构基本改良,间接提高企业后期经济效益。

全面深化产学结合、校企合作、工学结合是我国当今社会发展新型高职教育的必然选择,是培养出更多的新型技能型多元型人才的必然基础。在必然基础和必然选择之下,对直接或间接增强我国职业教育的文化内涵、根本上创新高职教育教学方法有一定长远的积极影响。我国职业教育校企合作的发展有着悠久的历史积淀,从新中国成立前期工业教育的"勤工助学"到现在的"校企合作、工学结合、产学结合"新型高职教育模式。这一新型教育模式是积极适应改革开放下中国社会主义经济高速发展的社会需求,同时也是西方发达国家优秀高职教育经验在结合中国当今教育实情下的具有中国特色的高职教育理论体系。当下职业教育要从原先的封闭式教学积极转变成面向社会办学,以社会主义市场为发展导向,以当今企业为育人导向,是培养高精尖应用型、技术技能型人才的必备条件。校企合作的最突出特点就是互惠互利、合作共赢。双方之间要立足于当下,立足于对方的长期发展,提供对方所需的教学场地和器材以及合格的复合型人才。只有在这样相互合作、互惠互利以及求同存异之下,学校与企业的关系才能更好地形成双赢的局面。特别是进入 21 世纪后,在各级政府职能部门、相关职业院校和行业企业的共同合作下,职业教育校企合作制不断取得创新性进展和创新性进步,高职院校在职业教育改革后服务行业企业的能力明显增强,行业企业在面临"用人难"的问题上,对于参与职业教育中的产学结合积极性也在明显不断提高。职业教育文化内涵以及实用性的增强对于企业及相关中学毕业生的吸引力也在不断提高。

作为我国国民教育序列重要组成的高职高专教育,其现代高职教育体系的核心内容不外乎在于"产学结合、工学结合、校企合作"的运行模式,这种新型的教学方法在快速提升高等职业教育教学质量、提升职业学生综合操作技能及专业文化素质以及促进职业教育的可持续性、长期稳定性的发展具有不可磨灭的重要作用。

现如今,我国校企合作也取得新的发展和变化:职业院校就业率、专业就业率、毕业生工资、正式雇主稳定程度上升,从而有效缓解了近些年来一直备受热议的"大学生就业难、企业招工难"的人企供需不平衡问题。国家对于高职专科教育扶持力度不断加大。2015 年全国高职院校开设"合作企业"所需求的专业占全国高校总数的 50% 以上,约有 900 所高校加大对高职教育的投入。在师资教育方面,绝大多数高职院校采用固定教师和流动教师相结合的人才聘用模式,其中高职院校聘用流动教师远超学校原有正式编制教师人数,流动教师人数约 17 万人。相关专业课程也都积极采用企业需求的形式来开展。

我国国务院在 2010 年《国家中长期教育改革发展规划纲要》(2010—2020)中重点指出要以提高产学结合质量为重点,加大扶持发展职业教育发展的政策倾斜力度。调动行业企业参与积极性,加快面向农村的职业教育,增强职业教育的吸引力。全面实施工学结合、校企合作、实习相结合的人才培养模式,建立健全政府主导、行业引导、企业参与办学机制,建立多方联动机制,建立健全校企合作办学的法律法规,快速推进校企合作、充分调动职教向农村地区加大教育力度倾斜等重大任务;切实有效提高校企合作的显著成效;习近平总书记也多次对加快职业教育发展做出重要指示,强调要牢牢把握服务发展,促进就业的办学方向,深化高职教育体制机制改革,创新职业教育新型模式,坚持产教融合,校企合作,坚持工学结合、理论联系实际,实际运用理论。近年来,国家又颁布多个职业教育政策,如 2017 年 12 月国务院办公厅颁布了《深化产教融合的若干意见》,2019 年 1 月,国务院办公厅颁布了《国家职业教育改革实施方案》,2019 年 3 月,国家发展改革委和教育部共同颁布《建设产教融合型企业实施办法》,2019 年 4 月,教育部、国家发展改革委、财政部与市场监管总局四部门颁布《关于在院校实施"学历证书＋若干职业技能等级证书"制度试点方案》等,这些政策都积极合理地引导高职院校校企合作、产教融合的工作,引导行业企业大力支持职业教育水平的发展,从而快速有效地、高规格地建设成有中国特色的职业教育体系。全国人大十八届三中全会提出"加快现代化职业教育体系改革建设,深化产教融合、校企合作,培养出一批高素质劳动者和复合型技能人才。"职业教育校企合作早已成为我国职业教育改革创新的重大举措。

1.1.3　职业教育校企合作现状的思考

研究来源于问题意识,问题意识来源于多年来校企合作的困惑、质疑和反思。中国高职教育中产学结合的办学模式从理论研究和实践探索上都取得了卓有成效的长远进展。各职业高校在不断探索各种形式的校企合作模式,校企合作的水平、规模和成效也在不断提高。然而,不可否认的是,职业教育学校与企业的合作还面临着许多亟待解决的问题。早在 2010 年的全国职业教育和成人教育会议上,时任教育部部长袁贵仁对高职教育中的相关问题进行了重点讲解,这个问题就是现在探讨的校企合作问题。袁贵仁认为,职业教育还有很多问题亟须社会各方面协同解决,校企合作是职业教育的一个最根本问题。并着重强调下一时期职业教育改革发展的重点是加快产学融合、校企合作。袁贵仁部长指出职业教育改革难点是推动校企深入合作,重点是社会各方要下大力气去推动融合,也是我们要下大力气去探索和解决的一个难点。通过当今研究文献及相关高职院校改革的资料来看,目前社会仍存在认为"教育是学校的事情,产品生产研发是企业的事"的不理解的声音。这一问题不仅是在个别地区有所体现,实际上,放眼全国,职业教育虽然在校企合作这一新模式中取得了一定的成绩,但是职业教育依旧存在着"规模小、稳定性、规范性不够,自觉性、约束性不强,水平和保密程度不高"等十分突出的问题。从政府的角度来看,校企合作的实施缺乏有效的措施,没有形成有效的机制,社会职业教育环境不稳定。尽管国家已经出台了《关于加快发展现代职业教育的决定》等法律法规,展开大型校企合作试点和试用点,积极从各个方面引导职业院校和企业开展校企合作,但收获效果不佳。从行业层面来看,相关企业参与度不高,企业得不到必要的成本补偿,参与者之间缺乏有效的沟通。从学校层面来看,学校人才培养的质量难以满足企业的用人要求,教师资源严重匮乏,软硬件设施不够,企业与学校对接困难等问题突出。总之,这里有很多象征性的和简单意义上的校企合作,但大部分合作停留在实习企业有意愿接收一部分能力较强的实习者。

纵观上述问题可以看出,校企合作中学校和企业沟通存在一定的问题,学校理论研究和企业研发资源共享程度极其低,互惠互利、合作共赢的长效机制尚未良好建立,并长久运行,从而导致校企合作缺乏持续性动力。合作质量和合作效率是长期制约职业教育发展的重要问题,因为现阶段,在尊重教育规律、尊重产业规律的前提下,建立健全校企合作的体制机制,优化校企合作治理结构、产教融合、校企合作等,既是实践的,也是理论的。在研究层面,这也是我们必须研究和解决的重大问题。

1.1.4 技术劳动力日益短缺的思考

中国过去近30年经济的快速增长,很大程度上是由于人口数量的快速增加,是属于发展中国家人口红利期。但是随着人口结构的动态变化和企业操作专业化要求程度加深,使得人口红利期不断下降。随着人口红利期的下降加上人口老龄化的不断加快,青壮年劳动力的就业形势发生了不同于以往的重大变化。目前,虽然劳动年龄人口总量仍在增长,但这完全是由于人口基数过大所导致的,在一定比例的计算下青壮年劳动力的增量实际上在持续减少。中国劳动年龄人口从2012年开始持续性减少,然而,15~64岁的人口比例仍然超过70%。在劳动年龄人口中,35~64岁人口所占比例在持续上升,15~35岁的年轻人的比例却在持续下降。从数据上看,这意味着推动技术创新劳动力的份额在缩小。当然,只是简单从数据上看,就单纯认为劳动力必然会出现短缺不可避免地有点草率。从劳动经济学的角度来看,劳动力短缺是一个非常复杂的问题,它不仅与劳动力的数量有关,还与劳动力的质量密切相关。也就是说,在更多地考虑为什么人提供就业岗位的同时,更应该注重某些地区、行业、部门如何应对劳动力短缺的问题。近年来,中国沿海经济发达地区产业带的"用工荒"问题本质上是沿海企业很难招聘到自己需要的技术和技能性人才,也找不到合适的工人。"中国制造2025"提出了中国应该从制造业大国向制造业强国转变的目标,这就要求复合型人才占比持续性上升,但是目前我国制造业一线高技能人才储备短缺现象严重。据了解,中国制造业高级技术人员短缺。据统计,在中国7 000万产线工人中只有大概1/3是技术工人,其中初级工人占60%,占据了高技能人才的大部分,中级工人约35%,高级工人不足5%,这种高级技能型复合人才的占比不足,导致我国目前只能处于制造业大国而无法向制造业强国转变。据国际资料显示,德国高级技工的比例为50%,日本为40%。大力发展职业教育,培养复合型技能人才,以支持制造业的发展,是德日等制造业强国的多年发展经验总结。如何大力发展职业教育呢?校企合作无疑是最好的选择。纵观世界工业发展史,拥有高素质的技术性人才就拥有了高精尖的科学技术,毫不夸张地说,工业强国必定是高精尖技术大国。学习其他制造业强国的发展经验,结合我国目前职业教育发展形势来看,大力发展高素质职业教育,培养新型高素质多元化人才,是解决好当下我国职教发展矛盾的基本思路。高素质的工人使企业提高对职业教育和职业教育中校企合作的高度认同,能够提升企业参与职业教育的积极性,提高职业教育中校企合作卓越成效,提升职业教育技能人才的专业素养,合理增强职业培训的有效性。提高校企合作的可行性,切实发挥企业在技术技能培训中的作用,学校在技能理论培训中的作用,已成为当下职业教育内涵发展中亟须解决的关键性问题。

1.2 研究现状

近年来职业教育领域的研究热点和重点是关于"职业教育校企合作",相关专家学者和职业教育实践者对此进行了深入解读并取得了一定的研究成果,分析了校企合作中所取得的成就和所存在的问题,试图揭示校企合作有效性的内在特征,以便为今后的校企合作创新发展提供一定的借鉴和启示。下面将根据一些文献检索分别对国内和国外的职业教育校企合作和校企合作的有效性研究等现状进行综述。

1.2.1 国内研究现状

以近十年的发文数量为例,即从 2006 年 1 月 1 日到 2019 年 6 月 10 日为止,通过中国知网,以"校企合作"并且含有"职业教育"为主题进行检索,可以查询到的文献有 19 801 篇,发现国内目前关于对校企合作研究的前期学术成果主要集中在行业参与校企合作的研究、校企合作的重要性和必要性的研究、模式研究、影响因素研究、体制机制研究、有效性研究等领域。

1.2.1.1 有关职业教育校企合作重要性和内涵的研究现状

研究者普遍认为职业教育校企合作是职业教育改革发展的不二法门。

王炜波和孙连勇认为,校企合作有利于解决企业和学校之间供应不平衡的矛盾;有利于扩充高职院校学生的就业途径;有利于解决高职人才培养目标定位;有利于形成高等职业技术教育特色。

高晓辉在他的论文《新时期高等职业教育校企合作的困境》中提出,校企合作有利于缓和我国技术应用型人才断层的矛盾;有利于促进高等职业教育改革与职业教育国际之间的合作;有利于形成高等职业教育办学特色。通过学校与企业之间的合作促使学生办学资源与企业人力与物质资源的相互关联协调,密不可分,从而有效地推动现有的教育体制和人才培养模式改革。

王沐智认为,实行校企合作的有效途径是实践和理论的最佳结合,是培养高技能型人才的重要途径。

学者徐国庆在其《职业教育原理》著作中提出,市场经济体制可以醇化校企关系并生成质的关系,产学合作的内在诉求是在市场经济体制下职业学校发展,职业教育为区域经济发展培养人才的先决条件,是职业教育校企合作深度的突破。

王土星认为,实行"校企合作""产教结合"是职业教育全面贯彻党教育方针的需求,适应经济结构调整,走上新型工业化道路,有助于加快对培养技能型人才的需求,职业教育的原则是"以就业为导向,以能力为本位",从而大力推进对职业教育改革与发展的需求,职业教育与社会经济发展之间的关系是相辅相成的,实现良性互动,形成双赢的局面,这是必经之路。

提高技能型人才加强职业教育院校与企业之间的合作,创造新的教育办学模式是盘海生、王世斌、龙德毅在《中国高职教育校企合作现状及影响因素分析》中提出的,这也是现代教育发展的重点,市场经济体制下企业发展内在需求也是通过加强校企合作来实现的。

孙伟宏认为产学合作、双向参与是校企合作的内涵,其他学者在学术界关于校企合作的研究和探讨也十分热闹,但还没有形成系统的定义,主要来自校企合作研究者和实践者的理解。

陈解放对校企合作提出了四个重心:第一个是资源共享;第二个是积极参与企业办学过程以及强调学校的办学行为是以他方为中心的;第三个是开放性运作的依据是企业需求;第四个是校企双方你中有我,我中有你。

左家奇表示校企合作是前所未有的、效益比较长的一种合作机制,是对传统办学模式的改进,这是每一所高职院校都没有办法逃避的现实问题。

但是,还有其他的学术研究者指出来,校企合作和产学合作概念是不一样的,比如余群英认为校企合作讲的是两个主体之间的关系,而产学合作讲的是两个不一样的教育环境下,学习和工作是可以融会贯通的,这种教育模式有利于培育应用型方面的人才。

总而言之,上述的事例都可以说明,校企合作能把职业院校和企业的关系密切地连在一起,从而达成资源共享,不仅有利于加快职业院校的发展,还有助于加强企业的竞争意识,能让职业院校和企业互惠互利,一起进步,实现共赢,能成功地推进职业教育往纵向发展,是战略引领,也是有效捷径。

1.2.1.2　相关行业参与职业教育校企合作的研究现状

20 世纪 90 年代之前,在许多学者(如李蔺田、申家龙、闻友信、于志晶、吴玉琦等)的著作中,对于我国行业企业举行职业教育的演化历史进行了整理和归纳。主要是针对行业加入职业教育校企合作,是以围绕行业协会的角色定位、教育历史还有参与功能以及问题方针来展开的研究。

孙琳在《转型时期中国职业教育的改革与发展》中提出,行业企业职业教育的基本信息和所要面临的挑战与困难是我国教育部教育研究所要面临的重要课题,文章中还总结了我国行业企业职业教育的发展进程。

王国荣分析了我国目前发展职业教育所要面临的一些挑战与障碍,指出了我国以前行业企业参加职业教育和培训的经验以及现在形式与发达国家相比之间的差距。他认为我国职业教育深入发展的不二法则是通过行业企业举行职业教育,这是教育与生产能更好发展的关键所在,也是职业教育管理的需求。

程贵妞和韩国明认为,行业协会能摆脱政府和市场而独立存在,不仅可以全面关注大局而且消息获取便捷,同时还可以补救政府与市场不足的地方,这也是行业协会可以作为管理指导力量参加职业教育发展的必然结果。

兰自珍分析,就目前来说,我国行业协会参加职业教育和培训的功能还是比较单调的,功能大部分着重于服务和评价与估计等方面。

想要促进行业组织参加职业教育可以从四个方面着手,邓志军和徐跃进提议:健全管理机构、完善利益补偿、完善法规保障、加强组织建设这四个方针能有效促进行业组织参加职业教育的积极性。

推动行业健康发展,充分发挥指导地位,这是潘海生、王世斌、龙德毅等人在《中国高职教育校企合作现状及影响因素分析》报告中提出来的,行业组织在其他方面也充分发挥着它的作用,比如信息平台、技能人才、人才预测,在推动高等职业教育校企合作方面也发挥着重大的影响。但因为不同行业之间组织发展历程和特点不一样,所以在实际的操作过程中,需要分开来教导,指引并推动它们,使行业组织健康发展,并在职业教育校企合作中充分发挥着它们的作用。

1.2.1.3 研究现状关于职业教育校企合作模式

利用文献搜索可以得到很多关于"校企合作"理论方面的研究论文,这些论文当中关于校企合作模式研究是最多的,它的研究是有关于校企合作模式的内涵、必要性、模式类型、基本特点、意义、现状问题与对策方面的理论和实践这些方面。这是当代职业教育办学的一种全新的主流模式,这些形式在实际的操作过程中是多种多样的,不一样的研究者都可以根据不同的定义来划分不一样的模式。

胡常胜将校企合作模式分别归纳为"企业配合的模式""校企联合培养的模式"与"校企实体合作的模式"等。

陈启强依据校企合作中的合作主体,将合作模式分为两类:企业本位培养的模式与学校本位培养的模式。例如,众所周知的有学校与企业之间的合作,分阶段培养的模式以及顶岗实习的模式。叶小明、朱雪梅认为,学校本位模式中占最主要地位的就是高职院校与企业之间的合作模式。林润蕙等认为,可以将企业与学院之间的合作与办学模式和其他机构协作办学的模式综合分类成三大类、二十小类。然而余祖光在机制研究中却认为,学校与企业之间的合作模式的划分主要是以人才培养方案的时间、组织要素等为依据,从实际或者实践当中归纳有关于职业教育的九种不同模式。任聪敏、王芳、倪勇认为,订单培养、校企共同建设实训基地、建立二级学院,学校与企业之间一起参加人才的培养的制定,解决人才培养过程中的问题,改革职业教育集团建设的模式,是现阶段高职院校与企业之间合作所呈现的普遍状态。

1.2.1.4 有关于研究职业教育学院与企业之间合作体制与机制之间的现状

我国近年来不少专家以及学者投放了大量的精力研究我国学院与企业之间的合作机制体制,这些都是可以在中国学术期刊网站上查询到的。当我们梳理他们的研究成果的时候,不难发现这些研究人员在针对学院与企业之间的合作存在着很多的问题以及困难,为了解决这些问题,学者从各自的角度以及立场出发,对我国职业教育与企业合作之间的机制与体制进行研究,在提出对策和解决问题的过程中分别从宏观层面以及微观层面两个方面去寻找。从宏观方面研究的话,主要针对的防线是对于监控机制、法律法规以及财政投入方面的开展以及实施。我国目前的特征呈现出合作疏散化、短期化与低层次化,对于合作的表面化、实习基地的不稳定,教学质量无法把控的问题,有关学者都提出了相应的意见,国家也及时出台了相关的政策法规。所以为了制定相对较好的制度规范,更有效地推动各企业之间的参与,政府加强人才的监管成了重中之重的因素。

余祖光和马树超分别提出了不同的观点,马树超提出的政策环境的观点是优化行业与企业参与高职教育、高职院校的人才培养相关的问题。然而余祖光提出落实国务院制定的学院与企业之间的合作问题,增强职业教育强有力的实施政策,关有政府以及部门积极配合。在对于行业与企业之间的期初上,明确加强政府的责任以及职业院校与企业之间的能力培养,出台更加有效的合作政策,加快职业教育的创新,提出建立学院与企业之间长期合作的建议。

王明达认为线下保证学院与企业之间可持续发展最重要的机制是完善法规政策。在完善制度环境方面,周耕夫等人通过对中国与德国学院在企业合作法律内容分析的基础上,提出政府需要加强对学院与企业之间的合作宣传力度,做好社会的引导工作,纠正企业在职业教育上的不规范之处以及认知不到位的地方,告知企业履行社会责任是他们不可缺少的义务,根据量化制定责任指标,真正意义上让企业承担起社会培养合格人才的责任以及义务,保障企业通过教育获得利益,增强企业参与职业教育与培训之间的意识。

微观层面的研究均是从多角度多方面进行的研究,如从企业的角度来进行研究,像查吉德的调查研究、王文楗的调查报告等;还有不少的学者从学校的角度来研究,如温希东和黄亚妮的调研报告,许士群提供的政行企业与学院合作办学的机制体制,是结合江苏盐城纺织职业技术学院的实践而得出来的。吴建设在 2005 年提出从专业建设、动力、投入、组织、政府保障上构建企业与院校之间合作的设想。宋建军在论述高职教育,企业与院校之间的长期合作的建设上提出了三个方面的利益驱动、激励和规范约束。邱永成提出在构建互动、利益补偿、股份办学机制等设想上激发企业参与职业教育的内在动力。耿洁根据企业与教育之间的合作提出了三个建议,即"建立职业教育与行业协作""进一步完善政府投入的经费保障""健全职业教育与企业合作服务"的机制。王振洪等人提出从利益观念导向、利益激励驱动、诉求协调、保护这四个层面上进行企业与学院合作利益机制共同构建。周建松以及唐林伟的专著中对构建企业与学院之间合作的长期机制提出了构想。除了以上所说的学者之外,国内还有很多学者都大量介绍了关于国外职业教育院校与企业之间的合作管理机构、职能等其他方面的内容。

1.2.1.5 有关研究职业教育与企业之间合作影响因素的研究

学者一直非常关注影响职业教育与企业之间的合作因素。由此,这些学者都研究出了丰硕成果。一方面是企业方面影响因素的研究,早在 2006 年企业规模就已经开始影响职业教育与企业之间的合作,刘春生等人指出企业规模对于其他人力资本的投资问题有着很明显的制约作用。张利等人通过对 114 家全球范围内企业的调查,得出在外部环境条件不改变的情况下,企业规模越大参与学院与企业之家合作的概率就会越高。职业教育与企业之间的合作是会受到企业的性质和类型影响的。张利等人在政府拥有部分产权企业中提出:高端和产业密集对于现代大中型企业的合作需求量是较高的,而且十分重视科研开发上的提高,也相对更加重视企业与学院之间的合作。企业作为主导创办学院,这样成功率更高而且具有较强的稳定性。另一方面职业教育学院与企业合作因素的研究基本来自外部的因素。不少学者研究就业准入制度、经济全球化进程加速发现产业教育的结构调整和劳动力都会影响职业教育与企业之间的合作。石伟平、徐国庆通过对美、德、日的职业教育，发现企业参与决策对所处区域的经济发展水平和职业教育发展有着很大的影响。刘春生指出企业的参与方式，对于外部劳动力市场适合人才有着重要作用。

程培堽、顾金峰认为，目前职业院校还有很多部分的问题会阻碍企业利益，如职业教育院校的人才专业都有待进一步的提高以及发展，职业教育学院在实训上无法保证学生全面受过足够的技能训练，职业教育院校的教师在对于自己的技术上没有全部贡献，所以导致特色课题建设上明显不足。

合作院校能力和资源是决定合作培养质量水平的决定性因素，因此，与企业合作的院校的师资团队、实训的条件、教学的方式以及理念，都是影响学校能否找到合作企业的重要条件因素。

1.2.2　国外研究现状

因为学校与企业一起产生合作共同发展的开端来自国外，并且国外的职业教育与企业合作的水平高于我们国内，在职业学校教育与企业合作的动机、作用、影响要素等研究领域的成果与国内相比较为丰厚。学校与企业的协作的教育形式最早在于19世纪末的德国，实际上这就是德国的"双元制"，被大家称为学校与企业合作的开端。在20世纪中叶，该系统开始在欧洲和美国等发达国家盛行。各个国家在学院和企业合作的这种模式的名称各不相同，比如美国称为"合作教育"，德国称为"双元制"教育等。尽管各国在称呼上各不相同，但从实质上来看，各国之间展开的学校和企业的合作的根本都大致相同，都是对适应经济社会的迅速发展和对技能人才的需要。

国外的学校与企业合作的机制种类繁多，有的以产业为主，比如在澳大利亚的TAFE学院；有些以高校为主，比如社区学院；有些是学校与企业比重一样，比如"双元制"。对学校与企业合作的行为，20世纪后期J.P.Grander进行了详细的分析，经济学家第一次采用定性的分析方法从大学和企业的双边关系以及二者之间互动的角度来进行研究。Peter & Fusfeld从学校与企业的协作的动机上进行深层次的探究，而且提出了实务界与学术界合作的四大原因。

Geisler & Rubenstein将学校与企业合作相关的所有文献与议题，加以分类，分成了六大类：有关于学校与企业的合作的各个方面在目标与任务上的本质上的差异；校园与企业的协作在结构与政策上的不同；某些人员在导向、哲学与乐趣上的差异；学校与企业的合作机制及合作成效的探讨；剖析学校与企业的协作分别对学术界以及实务界的好坏；怎么去评价学校与企业协作的效果。英国的弗里曼教授在《技术和经济的运行：来自日本的经验》中指出学校与企业的合作是一种国家行为，而且国外对于学校与企业的协作的相关探究主要集中在理论构建与实践形式的探究上，这种国家行为对国家整体经济发展和竞争力的提高有非常大的作用。换句话说，便是在国家的经济发展和追逐中，为了保证企业和国家制度的实施，仅仅依赖自由竞争的市场和以往自发的校园与企业的合作是往往不够的，还需要足够的政策干预和制度支持。这一研究为学校与企业的合作的广泛开展奠基了坚实的理论基础，并且明确了政府在校园与企业合作中的重要作用。Bolton &

Robert 也指出了学校与企业关系的六种类型。Senker 研究并提出了实务界与学术界合作迅速密切的原因：① 各个职校都在探索其他的渠道资源，但除政府之外；② 由于市场的迅速转变导致各个企业之间的竞争加倍激烈，从而导致研发过程大大缩短，在这种情况下他们转向科学界寻找其他的研究创新成果比自己独立研究创新更加有力；③ 因当地政府协助的科技项目属于当地政府支持的研发，可以获得丰厚的回报。在学校与企业合作的各个影响因素和研究方面，1996 年世界银行通过对德国职业教育发展的调查中发现，只要企业规模越大，参与"双元制"教育的积极性就越高。

在 20 世纪末美国经济学家布朗等人发现"大企业比同类小企业提供的职工培训更多"；澳大利亚产业集团的安德鲁·史密斯也指出"大型企业更愿意提供有组织的职业培训，对职业教育与培训的投入力度也更大"。与此同时，他们还探究出，企业的规模越大，加入职业教育受到的影响要素就会越来越多；企业的国有性质或者私有性质将会对培训的投入力度和参与职业教育的程度产生影响；企业参与职业培训与教育的方式或模式都会受企业所处的行业性质及其就业准入制度、职业结构、培训传统、政府培训政策等的影响。乌尔里希·韦根认为，促使企业参与职业教育的主要因素是经济全球化进程加快、新产品生产周期缩短、国际市场的竞争、价格竞争压力以及对产品的质量、复杂性、多样化的要求越来越高等。那些发达国家的职业教育学校与企业合作比较成功的两种类型是：一类主要是为了推动职业院校适应企业的需求，通过财政投入实行，比如澳大利亚的"TAFE"教育；另一类则是企业直接通过参与职业教育，比如德国的"双元制"职业教育。德国的"双元制"职业教育作为发达国家中学校与企业合作比较成功的典范，引发了众多对其深感兴趣的学者对其进行深入研究。在德国海因茨·G.格拉斯其著述《职业教育学与劳动教育学》中，从历史改革、特色、课程、教学实施、师资培训、评估和法律基础等方面系统地介绍了德国"双元制"职业教育。

德国的成本与财政研究专家委员会首次开展了"职业教育成本与资助"的调查，调查发现接受学徒除了节约人力成本以外还具有其他更多的优势，比如企业自己培养的学徒充分掌握了企业的特色知识并且认同企业文化，所接受的培训也能够满足企业的特殊要求；从流动市场招收员工所承受的措置风险比聘用自己培养的员工所承受的要高；在劳动力不足的情况下，特别是能够防止缺勤费用的产生，企业在学徒培训期投入的净成本普遍较为乐观。在 2007—2009 年间德国职业教育的研究所开展的企业职业教育投入产出研究项目得出相应结论，德国三分之一的企业已经通过学徒培训可获得可观的利润。这证实了林德利的看法：在培训期间创造的价值超过企业培训成本的学徒，企业才会参与。格罗曼和劳耐尔通过 24 个实例研究论证了在不增加培训投入的情况下，仍然可以提高培训质量。建议企业将学徒培训与生产过程高度融合。不过，也有学者就德国"双元制"遇到的困境和存在的问题展开了研究。弗里德里希·艾伯特基金会关于瑞典和德国青年失业率的研究等都对"双元制"的有效性提出质疑，青年人的失业问题，培训专业的更新缓慢，人口增长缓慢，普教与职教的资源竞争，劳动力结构变化等都在检验"双元制"的适应能力。为此，库查、欧勒认为解决上述问题必须改革学校和企业在"双元制"中的传统职能划分，教育企业和职业学校深层次宽口径的交流合作能够提高职业教育培训质量。更加密切和深入的校企合作是各方的共识与目标。

1.2.3 研究现状述评

在近十年的研究历程来看，学术界对于职业教育学校与企业合作的研究表现出了极高的热情，一批又一批地产出了重要的研究成果，对职业学校教育的学校与企业的合作的实践成长提供了强大的理论支撑。特别是在最近几年，有关职业教育学校与企业合作的研究也开始由以往注重模式研究向体制机制研究转变，并且进一步挖掘了职业教育校企合作研究的深度、宽度和广度：为什么要推行职业教育校企合作，到底职业教育校企合作该如何做，职业教育校企合作如何做才能有效。同时，职业教育校企合作的研究范式也得到进一步丰富，多学科研究范式得到运用；大量职业教育校企合作实践经验类论文相继问世，并且理论性得到明显增强。国外研究也为现阶段我国职业教育校企合作研究提供了多层面的研究基础和研究视角。职业学校与企业合作研究较好地呼应当前加速职教体制现代化建设的时期命题。

然而，从总体来看，职业教育学校与企业的合作的研究还存在以下缺失。

1.2.3.1 关于中国职业教育学校与企业合作有效性的理论研究还不够

近年来，职业教育校企合作研究无论在数量和质量上都有显著的提高，但与当前职业教育校企合作自身发展的要求和校企合作实践发展对校企合作理论的需求还有较大差距。《国家中长期教育改革与发展规划纲要》《国务院关于加快发展现代职业教育的决定》和《现代职业教育体系建设规划》《教育部关于深入推进职业教育集团化办学的意见》《教育部关于深化职业教育教学改革全面全面提高人才培养质量的若干意见》等一系列有关职业教育校企合作政策文件的重磅出台，"创新校企合作办学体制机制""坚持校企合作、工学结合……深化生产教育一体化，鼓励行业和企业组织或参与职业教育，发挥重要作用""完善校企合作的现代职业院校治理结构""鼓励多元主体组建职业教育集团，深化产教融合、校企合作""发挥企业重要办学主体作用，推进行业企业参与人才培养全过程，实现校企协同育人"等，这些都决定了职业教育校企合作研究视角和研究理论要进一步拓展和深化，对职业教育校企合作有效性的研究要加以高度重视，为此可尝试使用新的社会科学研究理论对职业教育校企合作开展深入研究，去研究职业教育校企合作的本质问题，才能更好地为现阶段提升我国职业教育学校与企业的合作有效性发展服务。

1.2.3.2 对我国职业教育学校与企业合作有效性的实证研究比较少

目前，虽然在职业教育学校与企业合作的看法、方法、实施模式上已经取得很多研究成果，但学校与企业合作中的种种困难依然没有得到真正解决，其中一个重要的原因就是当前的研究难以真正深入校企合作问题的本质，难以对校企合作过程中那些可观测、可分析、可评价、可调控的问题做出细致的求证、比较、纠错和深化，因而也难以将大量校企合作具体实施办法落到实处，确保这些办法能真正发挥作用。于是，要广泛开展职业教育学院与企业的合作有效性的实证探究，建立职业教育学校与企业合作有效性评估指标体系，才能发掘各种职业教育学校与企业合作措施背后的深层内容，更好地引导校企之间顺利地开展合作。

1.2.3.3 针对我国商科职业教育学院与企业的合作的专题研究比较少

职业教育校企合作在职业教育人才培养中的作用日益凸显。职业教育校企合作不仅要体现在规模扩张上,更要体现在合作质量上。校企合作的规模也日渐扩大。在职业教育学校和企业合作的运行形式、教学改革、影响因素、政策以及保障制度、监控和动力控制等方面,有大批专家学者对此进行了许多卓有成效的研究,但却忽视了对商科类专业职业教育校企合作的实用性和有效性进行系统研究。

研究职业教育学校与企业的合作有效性,并将问题细化至商科类专业校企合作的机制构建,目的就是为了有效地解决商科类专业在校企合作过程中,如何实现学校与企业的有效合作并可以更科学地认识这当中所遇到的困难和问题,在此研究基础上教育才能够培养出高质量的人才,有效地促进职业技术教育的可持续发展性。这个研究在对已有结果进行有选择的吸收的基础上,以利益相关者理论为理论基础,通过系统的案例分析研究,得到当前商科类专业职业教育学校和企业合作的成绩和存在的问题,积极探索职业教育学校与企业合作的模式与保障机制,从而进一步完善学校与企业合作的理论体系。针对现阶段校企合作"形似而神不似"的尴尬困境,提升校企合作有效性必将会有重要的理论价值和深刻的实践意义。

在理论建设上,当前学术界探讨职业教育校企合作的文献有很多,但是研究重复性比较高,理论研究并不够充分,将商科类专业校企合作机制作为研究对象来研究的更少,特别是从理论层面对其系统研究的更是少之又少。鉴于我们国家职业技术学院的教育学校与企业合作的现状,以及当前国内对学校与企业合作研究的缺失,本文以高职院校和企业合作为研究中心,对我国校企合作的历史、现状进行客观的描述之后,坚持以技能人才的有效培养作为研究的主线,侧重探讨了现阶段职业教育校企合作有效性的问题,之后选取其中商科类专业校企合作机制构建角度,选择江苏财经职业技术学院为研究案例,深入研究其商科类专业开展的各种校企合作项目,分析其存在的问题,并在此基础上提出相应的合作模式和保障机制,为我国职业教育校企合作研究提供崭新的思路和视角,进而弥补理论研究的缺陷,有利于进一步进行校企合作理论研究,推动中国特色现代教育校园和企业的合作理论体系的形成和完善,为强化我国职业教育学校与企业合作的制度提供有益的帮助。

理论研究的价值在于观察实践、引领实践和解释实践。对于职业教育校企合作目前已经开始进入提高质量的阶段。校企合作真正意义上的富有成效,不是停留在规模上,而是要在操作层面有所成效。文章选题具有很强的实践价值:① 有利于企业深入参与职业教育。本研究旨在帮助企业转变传统观念,明确自身也是职业教育,充分认识到校企合作对于企业的可持续发展重要性,从而能够提高校企合作的有效性。② 能够助于推进校企合作的有效开展。校企合作有效性着重于具体分析在当前环境下校企合作的实践图景,并在总结经验的基础上,探讨适应社会经济发展需求并符合未来发展要求的校企合作有效模式,寻找提升校企合作改革的有效路径。

第2章 理论基础

著名哲学家康德曾经指出:"没有理论的实践是盲目的,没有实践的理论是空洞的。"所以在研究之前,最主要的是梳理支持研究的相关理论,这对我们判断整个研究是否合理、是否能准确把握研究的质量是非常有帮助的。被加以运用到职业教育校企合作中来的还包括利益相关者论、契约论,企业生命周期理论、模糊综合评价理论、系统论等,正是这些理论促进了职业教育校企合作的不断产生和发展,它们不仅丰富了职业教育校企合作理论体系框架,还使职业教育校企的基础理论框架更加牢固,这对职业教育校企合作方面有着巨大的意义和影响。

2.1 契约论

有一种经常被用在解释企业社会责任方面的理论,那就是契约论。伊壁鸠鲁就是对社会契约论进行理论上的系统阐述的第一人。人类社会形态的发展导致了社会契约的产生和发展。社会契约在一开始只被视为一种社会规范。社会的进步,技术行业的提升,工业文明的到来,让属于经济层面的社会契约、社会伦理层面的社会契约乘机进入。科技的发展以致社会也随之发展,从而使之建立了企业,即人类经济活动的产物之一,为了生存下去企业必须遵守最基本的社会契约,这一契约有利于人类的社会和经济发展。因此企业学者拜耳利认为,企业在当代实际上处在由众多共同体所构成的一张大网之中,这张大网并不允许企业独立存在或单纯追求经济目的,契约论起到了巩固这个基础的主要因素,并且能够为企业参与其中提供坚实的理论基础。

一位著名的中国学者曾提出,"公司通过与社会建立契约而获得合法性。"因此,一系列合同使企业社会责任正式化。这种合同关系比较严格,要求企业的行为必须符合社会的期望。其自身的责任就是改善和完善社会状况。

李丰团认为,企业是"各种因素捐助者为各自目的组成的契约联合体集团。利益相关者为企业的存在提供条件,因此企业必须对他们承担社会责任",因此一个企业离不开"契约联合体",同时还需要各尽其责。

企业社会契约的最主要内容就是企业的社会责任认知,并且这个企业对社会责任的认知度也是基于企业伦理上的。这些研究给我们带来启发和深思,在研究职业教育校企合作方面,相对应思想资源的提供具有重大意义。企业的理解在契约论方面显得更加细致和详细,在对企业自身的全面了解的基础上对企业社会责任的解释也更合理;契约论不仅能够全面反映企业及其利益相关者的利益诉求,而且对企业社会责任的内容解释更为准确、真实,具有科学性。在对合同理论的基础理论和逻辑的研究中,对我国职业教育院校与企业的合作现状进行了自我审视。最后的研究表明,由于政策和思想的巨大影响和社会的快速进步,我国职业教育校企合作具有强制性、工具性等特点。非契约性合作和契约性合作相比较来说,契约性合作是一种更为高级的形式。在契约制度的限制下,校企合作双方对各自的责任、义务和权力都有明确的规定,建立在书面基础上的校企合作更能反映校企合作的法律规范性和为了利益而从己方发出的一致性,企业和职业院校一致通过构建契约来建立科学、真实的职业教育校企合作关系。企业与职业院校合作,共同培养技术技能型学员是企业在社会责任上的一种体现。为此,企业社会责任发挥的程度直接关乎着职业教育校企合作有效性的高低。

2.2　系统论

系统论的思想于 1932 年被提出,经过五年的发展,于 1937 年形成一套系统的理论,奠定了系统理论作为科学理论基础的基础。1968 年出版的《一般制度理论基础、发展与应用》是系统论学科的代表之作。系统一词最早来源于希腊语,它是若干个有机整体的组成,其某些功能在某种结构形式下由若干元素组成,通常被视为一个系统的定义。这个定义显示元素与元素之间的关系,元素与系统之间的关系,系统与环境之间的关系。系统的整体观念是系统论的最中心的理论。L.V.贝塔朗菲强调,"任何系统都是一个有机的整体,它不是把各个部分机械组合或简单添加,系统的总体功能是将元件隔离其不拥有的性质"。"整体大于部分之和"这样的话语在我们现实生活中通常听到,这充分反映了系统的整体观念内核。从系统论知识体系当中,我们可以把所研究的对象和处理的对象,当作一个系统来分析、研究和处理,是因为系统是普遍存在的。这也是我们进行研究和处理事情的时候,所采取的一个基本策略。无数的要素间的联系和关系要切合实际,同时也要运用科学的手段来调整系统结构、优化目标,使系统达到最佳目标是我们研究系统的目的。系统论反映了现代社会生活的复杂性。聚焦于政治、经济、军事、科学、文化等方面的各种复杂问题在现代社会中会随时出现,让人们防不胜防,可以借鉴系统论给我们提供的方法论的基础处理这些复杂的问题。

系统论是从整体与部分的角度来研究组织系统,却缺乏对组织内部演化动力的研究。而金观涛先生的《整体的哲学:组织的起源、生长和演化》,让我们有了更深入且有层次的哲学思考。《系统的哲学》认为,"整体的哲学是一种研究组织系统的产生、发展、演化以及整体和部分关系的理论"。把随机性和因果性融合起来去解析有结构有组织的整体,这就是整体的哲学,对整体和部分的相互依存和相互规定来说明整体的规定性性质。无论是机器系统还是社会系统,它们都是多种功能耦合系统。

组织系统越复杂,两个事物之间的关系就越复杂,前提是它们之间存在着相互作用。

组织系统结构的是否稳定,是看组织的部分与部分之间的关系能否维持平衡稳定。在这个过程中,一旦条件具备,组织系统便生长、发育。它是由一个稳定性更新的功能再转到一个新的稳定性到新的功能这样一个循环并且不断重复的过程。校企合作组织形态虽不像皮亚杰所说的组织结构,但也是一直确定的组织形态。回顾校企合作发展的过程,有的专家研究发现校企合作这种组织形态是由最初从无序中发生的,是一个准随机过程,并且从没有规律发展成有规律的中间经过状态时期通常都不是保持一个稳定状态,可是一到企业和职业院校在为了共同目标而合作的原因也是可以被理解的,于是众多内稳态被依次自动增加出来,而稳态可以使学校和企业的合作也存在潜在的因果性,稳态得以使两者间的因果性成立,一个新的稳定状态就被创造出来了。

基于系统论的职业教育校企合作是将职业教育校企合作看作是多因素、多变量的有机整体。基于系统论的职业教育校企合作研究可以从诸多要素、诸多子系统和环境等之间的复杂关系中去研究和分析职业教育校企合作,进而全面、客观地认识和把握校企合作活动的复杂性。研究职业教育校企合作有效性的影响程度可以通过对诸多要素、诸多子系统和环境进行研究而展开。因此,各要素或子系统对职业教育校企合作的整体作用的程度必然是研究职业教育校企合作有效性的一个重要前提。在职业教育校企合作组织总在一定时期内保持相对稳定状态的情况下,系统论可促使职业教育校企合作成组织生长,结合外部环境的作用,做到趋利避害、和谐发展,最终可以达到提高职业教育校企合作的有效性。

2.3　企业生命周期理论

自然界中的所有生物都要经历一次诞生、发展、繁荣、衰亡时期。企业也是如此,因而在理论界就有人专门对企业成长、发展、消亡的过程进行研究。该领域的研究历经了从萌芽到逐渐深入和完善时期。在诸多的研究专家中,美国人伊查克·爱迪思博士是关于企业生命周期理论研究方面最有影响力的代表人物之一,他花费了22年研究企业是怎么发展、老化和最终走向倒闭破产的。在其《企业生命周期》一书中,他生动地将公司的整个成长过程分为怀孕、婴儿、蹒跚学步、青春期、成年、贵族、早期官僚、官僚和死亡阶段。在吸收西方学者对企业生命周期研究成果的基础上,我国学者陈佳贵(1995)对企业的生命周期进行了重新划分,李业(2000)提出了企业生命周期的修正模型。进入21世纪,该领域的研究成果越来越丰厚,我国学者吴春波(2010)等结合我国企业的实际情况,用比喻的手法把企业活动的周期划分为幼儿时期、成长时期、大人时期与进步发展时期(即可持续进步时期)。综上所述,企业生命周期理论的主要观点是企业应该被看作是一个有机体,而不仅仅是一个组织。在企业生命周期的不同阶段,企业将根据其周期选择适当的发展战略,以达到延长企业寿命的目的。相关学者已将公司的总体规划大致划分为发展型、稳定型、紧凑型。对商业周期有很大影响的是劳动生产率,而商业周期和商业生命周期的变化方向是一样的。在一开始,刚起步的公司通常规模都不会很大,生产销售方面也不是很丰富,带来的盈利收入也是时高时低;在成长期,生产步入正轨,企业的规模在不断增大,生产经营范围在不断广扩大,企业效益迅速提高;在成熟期,企业已经形成一定的规模,生产经营范围往往比较大,企业效益比较平稳;在可持续发展阶段,企业不断在生产经营、管理模式等方面进行创新,实现了二次创业。职业教育校企合作作为职业教育人才培养模式改革,其核心内容是科学把握学校与企业合作的需要,重视企业的需要,充分调动企业参与学校与企业职业教育合作的积极性。在了解企业生命周期理论的基础上,职业教育校企合作主要目的就是要深入了解和剖析社会企业和非营利组织(如职业学校)这两个目标不统一的组织群体在不同时段的供给和需求特征、配合的目的和影响原因,建立一种适应企业需求、符合企业发展特征的职业院校、企业等相关者共同参与的职业教育校企合作新常态。

2.4　利益相关者理论

弗里曼的《战略管理:利益相关者管理的分析方法》一书重点指出了利益相关者管理理论。利益相关者理论是西方经经济学家在研究型公司管理中提出的理论主张,现在广泛应用于企业社会责任的研究中。利益相关者理论的出现,将业务目标下放,但财政在目标之外,企业还必须承担社会和政治责任。20 世纪 80 年代以来,随着经济全球化的深入发展及企业间竞争的加剧,人们最关心的就是公司治理问题和企业社会责任等。与以往股东拥有最高权力不同的是,利益相关者理论认为,"每个企业的发展和盈利都离不开公司中每个劳动人员的投入和参与,公司的利益也就是全体公司员工的利益。所以企业追求的不是一整个企业的利益,而是包括了所有投入者的利益"。因此,企业应该从另一个角度来看所有者利益的关系、和人类社会的关系,并应具有为自己做出的选择而承担相应的责任意识。企业的目标不再是企业股东的利益,而是公司投入和整个公司的利润,实现企业相关投入的最大利益。大学作为一个非营利机构,同样也是一个非常常见的普遍的利益相关者组织。国内外许多专家和研究者在进行一定的研究之后,都支持并认同这样的观点。北京大学教授张维迎就是其中一个代表性人物,他指出:"大学是一个不为营利为目的的组织,是一个非常特殊而又非常常见的利益相关者组织,每位都有相应的责任要承担,一部分人,不会对自己的行为负全部责任。大学的利益相关者包括教授、校长、院长和行政人员,学生,校友,当然还有社会本身。"美国罗索夫斯基是将大学作为一个利益相关者组织进行系统研究的第一人。他研究指出,学生、校友、捐赠者、政府、公众和社区等个人或群体,和教授、董事一样不仅是大学的"拥有者",对大学的发展也有更厉害的关系。在诸多的相关研究中,学者李福华(2007)研究指出,大学利益相关者分为核心利益相关者(老师、学院)重要利益相关者(股东、董事会)间接利益相关者(为研究学习产品的开发提供资金帮助者、学习产品的研究开发者、提供资金的贷款方等)和边缘利益相关者(当地社会和社会公众)四个层次,运用该理论对教育活动多方参与者的权利、利益和责任进行了深入的认识和分析,并对教育管理实践中存在的问题进行了分析。职业学校合作中的利益相关者理论同样适用。职业教育校企合作的核心内容就是要打破职业院校封闭办学的现状,实现办学主体的多元化,共同参与职业教育人才的培养。这就必然会涉及多个性质不同的组织结构,而他们又都有各自的预期利益,为此就必须要建立一个多主体参与的这个新的教育方式来培养出更加优秀的人才,但参与各方均是为了自身利益而参与的。在进行职业教育校企合作的时候,就应该充分考虑到各利益相关者的利益诉求,只有在广泛征求各利益相关者的意见的基础上,才能充分调动各利益相关者的主动性、积极性和创造性。因此,站在利益相关者的角度,运用利益相关者理论,从"利益"的角度进行分析与探讨职业学校与企业合作的有效性,必将成为一种研究的趋势。人类世界里主要活动就是自身利益。《史记·货殖列传》当中有句话:"天下熙熙,皆为利来。天下攘攘,皆为利往。"利益是人们一切活动的出发点和归宿,"是人们各种行为和行动的内在推动力"。利益不仅仅指金钱或物质,它是人在生存和发展中产生的某物,正好对某种对象来说的话是种需求关系,物质和精神利益、经济和政治利益、短期和长期利益、个人和集体利益等。利益是影响人类行为动力的核心因素,充足的利益激励和和谐的利益关系是人类进行合作的关键。因此,能否为产教融合各主体给予充足的利益激励并协调好不同主体间的合作利益关系,直接从源头上决定着应用型高校产教融合动力的大小。

2.4.1　政府的利益分析

2.4.1.1　政府关注民意和经济社会发展

代表人民利益并关注民意主体是政府。人类为维护自身利益自由契约而成的组织是政府,这是从社会契约论看。每个人自由平等的由自然法统治的状态,是人类最初所处的状态。每个人可以按照认为适合自己的办法来决定他们的行动,在这种自然状态下,不需要有任何人的认可,或者听命于任何人。因为是通过战争或强力分配资源,这种自然状态缺少一个公正的裁判者和一个衡量是非的共同标准,所以是不稳定的。为更好地保障自己的人身和财产安全,人类必须克服自然状态的这些缺陷,因此人类自愿放弃自己的某些权利给政策制定的人来行使,从而产生了公民权利代理者——国家。政府由公民选举产生,它是社会生产力发展到一定阶段的社会分工的产物,它代表着选民的意志。这是从马克思主义角度上看社会公共管理的需求,第一个标志主要是解决社会人民无力解决的问题,政府的职能是不断变化的,既是社会治理的三大制衡主体也是资源配置的三种不同方式。市场和第三部门决定着政府在某一时空的作用,只能是这三大主体的权力边界以及力量对比。以市场的关系和在世界范围内的政府在理论上的演变为例,重商主义经济是在15世纪到17世纪,人类普遍认为的财富就是金钱,而且根源在于贸易顺差。经济古典主义经济学在18世纪到20世纪,指出想要解决经济危机、市场失灵而引发的灾难必须实行凯恩斯主义,主张政府积极干预经济的消费和刺激投资。政府干预失灵出现在20世纪70年代,以经济滞胀为主要表现,政府在经济活动中的作用减弱,有新自由主义开始提出。由此,时代潮流成为市场化改革,经济发展、政府和市场关系的经济理论,并不是严格对应的。但总体来看,历史上不同阶段的世界经济活动的整体趋势,都是由这些理论发展出来的,经济社会的宏观管理就处在这些阶段。自改革开放以来在经济社会管理领域,政府职能转变也在不断发展,《中共中央关于全面深化改革若干重大问题的决定》在一届三中全会审议通过,明确指出,全面深化改革的重点是经济体制改革,处理好市场和政府的关系是核心问题,政府起决定运行作用,使市场在资源配置中更大幅度削弱政府对自然的直接配置。市场规则、市场价格、市场竞争实现效益最大化和效率最大化的依据,是将资源配置弥补市场失灵保持宏观经济稳定,促进共同富裕,加强和优化公共服务,推动可持续发展,保障公共经常维护市场秩序,加强市场监管是政府的作用和职能所在。关心民众民意和管理经济社会,是政府为了推行应用型高校深化产教相融的重要理由。换句话说,解决大学生就业难问题和转型经济问题是政府推动地方普通本科高校面向应用型发生转变的直接源头。自从 2005 年开始,高校扩招效应成为显著问题,社会焦点问题便是大学生就业难。近几年,高等人才的供应和缺少劳动力市场人才问题显著,社会反应很大,并得到了政府的显著关注。从 2012 年开始,中国进入了 GDP 高速增长的阶段,2015 年增长率下降到 6%～8%,这使中国经济进入了新常态阶段,在新常态下,要想保持国民经济一直稳定发展,一定要改变经济结构,变化经济发展方式,加快产业升级优化,推动教育领域的综合改革,坚持驱动创新发展攻略。所以,自从 2015 年开始,政府就鼓励地方普通本科高校向应用型高校慢慢转变,主要目的还是在于促进当地经济的发展同时解决大学生的就业困难的问题。

2.4.1.2　政府官员倾向于追求个人效用最大化

从经济学方面看,生产公共产品和建立好秩序是建立政府的作用。一方面,根据社会产品的使用状况和消费方式,可以分为公共的产品、私人的产品、混合的产品。私人的产品包含消费的竞争性质和排他性质,假设有私人或私人的部门经过市场供给,便会发生外部的效应和"搭便车"问题,引起公共的产品供应不足或者是公共的资源配置低效率。所以,通过种种政治合同或者强权的方式建立政府,并由政府代表公众的利益或集体理性地去生产公共产品,助于提升公共产品的供应效率。另一方面,个人大概通过两个方式使自己的利益最大化:建立在力量的优势的抢夺或者是建立在分工基本要素上的自愿交替。自愿交替是人们最重大的一个发明,也是增加人们福利的方法,因为抢夺最后会变成互相抢夺而形成两败俱伤的结果。为了阻止人们互相抢夺而激励人们互相交换,必须树立一个"秩序"——包含规定产权。预防外面抢夺和里面抢夺,并以一定的群体作为范围建立政府是树立这种"秩序"的首要条件。当然,从某个层面看,"秩序"也是一个公共的产品,能有效地供应也需要人们的团结行动,只是,相比较其他的公共的产品,"秩序"的地位更是基本要素和首要条件,追求个人的效果最大化的经济人组成了现实的政府,政府行为的动机不一定是追逐公众的利益,而结果也不一定是实现公共产品的实际供给。

传统的观念认为,政治家和官员有一种高洁的道德伦理约束,自愿地根据所有公民的利益供给所要的公共产品。但是,以詹姆斯·布坎南为代表的公共选择论者则敏锐地提出,政治家和官员追逐的并不是公共利益,不是其个人效用的最大化也不是公共产品的最大效率。人利己的本性并不会因为时空的变化而改变,这就是人。政府是被赋予代表公众利益期望的组织,与在经济领域中追求个人效用最大化的经济人在一个经济领域,受成本—收益理性计算的支配,而政治领域的人受不计报酬的献身精神支配,这是我们没有理由相信的。提供能使个人最大效用化的公共产品是选民的利益,获得选民的支持是政治家利益的所在,从公共产品生产中获得最大的个人利益是官员的利益。造成政府效率低下,公共政策失误等政府"失灵"现象的重要原因是政府官员追求个人效用最大化。第一,非市场化的产品是政府的行为结果,纳税人缴纳的是政府资源,很难准确衡量这种产品的本身,因此,缺乏利润最大化的是政府,他们并不会因此降低生产成本,把资源配置的效率提高,与此同时,政府官员为了扩大利益,会选择权利的扩大和政府机构人员的增设,以增加政府之间的协调成本,办事效率的降低,从而引发实施的"失灵"。第二,由一些个人做出的决策,在制定政策的过程中,往往追求个人效用最大化,因此会照顾自己的偏好和利益,还要尽量权衡各方面的利益,从而给社会的发展造成负面效应,并且成为满足部分集团利益或者提高政府官员政绩的工具,是公共政策。第三,行贿会接受个人和利益集团的寻租,只为增加自身利益,资源的转移是寻租,会使政府的行为偏离社会的公共利益,不会创造任何价值。因为要诱使利益集团向其寻租,政府还主动设租,谋取之中的利益。

2.4.1.3 政府的利益获得和产教融合的动力随其层级降低而减弱

政产教融合动力和政府的利益获得都会层层下降而消弱,政府推动应用型高校深化产教融合的动力,从总体趋势看,从中央政府到省级政府再到市级政府,随着政府层级的下移呈现出依次递减之势。依次递减的主要原因是各级政府从推动应用型高校深化产教融合中获得的利益剩余在逐级递减。推动应用型高校深化产教融合的动力是教育行政部门(教育部门)和中央政府。一方面,教育行政部门围绕产教融合和中央政府采取了一系列措施。在政策方面发布了一系列强调和推动应用型高校深化产教融合的文件,另一方面应用型高校深化产教融合的策源地是中央政府及其教育行政部门。2010 年以来,中央政府及教育部开始着力推动部分地方普通本科高校向应用型高校转变,试图扭转地方普通本科高校的发展困局并且拉近教育和产业的关系。发展现代职业教育的总体要求和基本原则是产教融合是在 2014 年,国务院发布了《国务院关于加快发展现代职业教育的决定》。在其教育行政部门和中央政府的推动下,"以产教融合、校企合作为突破口,引导部分地方普通本科高校转型发展,把应用型高校的办学思路真正转到产教融合、校企合作上来"。2013 年 6 月在教育部推动下,应用技术大学学院联盟和地方高校转型发展研究中心成立,在这过程中还举行了一些论坛,成立了一些项目和联盟。例如,2014 年春,在教育部领导倡议下开展了"产教融合发展战略国际论坛",此论坛在我国高等教育职业教育领域影响显著,这个论坛每年都要举行两次。2016 年年初,教育部学校规划中心启动了"高等教育产教融合创新实验项目",这个项目包含了兰州文理学院、河北民族师范学院、营口理工学院、滇西科技大学和钦州学院。一个实验基地的核心和突破口,是产教融合。致力于建设有特殊鲜明的有影响力的高水平、应用型高校,此后对全国又推出"数据中国""百强工程"产教融合创新项目和"十三五"产教融合发展工程规划项目。促进科研学科专业建设创新,人才培养和产业发展项目,融合才是目的。除此之外,教育部、中兴通讯、

ICT 产教融合创新基地项目,2025"产教融合促进计划""互联网＋中国制造""高校数字媒体产教融合创新应用示范基地"项目和中美应用技术教育"双百计划"。认识到推动应用型高校的重要意义,行政部门和中央政府推动产教融合的动力是十分充足的。应用型高校深化产教融合的制度从政府的推进中可以看到,它可以扭转高等学校发展的同质化倾向,缓解高等教育的结构性矛盾,促进产业结构优化升级,解决大学生毕业就业问题,服务地方经济发展和国家战略。这些都是应用型高校深化产教融合的预期净收益,其中政府官员的政绩也可以由预期净收益来实现,使政府赢得人民的拥戴和支持。政府官员不仅从中可以获得租金,还可以扩大自己的权利来履行政府的经济,社会管理职能,这些都是从这些收益中可以获得的。政府组织应用型高校深化产教融合教育,与这些获得的收益相对的成本就显得非常低。监督和评价政策执行效果的费用(此项费用可大可小)、出台政策的费用、宣传和推荐正宗的费用(此项费用相对较大)、组织专家进行论证的费用,这些成本都包含其中。由于中央政府的经费是来自纳税人,属于公共资金,所以政府官员推动应用型高校产教融合不需要自费。几乎没有个人和组织是有权利监督政府的制度或者政策执行的效果,由此可见,对政府而言,这些是推进应用型高校产教融合百利而无一害的做法,政府政策层出不穷的主要原因是因为中央政府推动应用型高校产教融合的动力十分充足。《在关于引导部分地方普通本科高校向应用型转变的指导意见》和《关于加快发展现代职业教育的决定》在中央政府发布之后,各级省政府都相继出台了相应的政策文件。转行的核心目标是产教融合,以此来响应中央政策。但是,有少量的省级政府推进的动力并不是十分充足,部分地区至今尚未出台相关政策,教育行政部门和多数市级政府推动应用型高校深化产教融合的动力也不充足。第一要考虑服务所在市区的产业发展和经济发展,第二要考虑服务所在的省区或者周边省区市,这两个考虑点是应用型高校坐落于非省级政府所在的地区是否进行应用型高校转变发展,深化产教融合动力缺乏的原因。因为所在省区的其他地区和市区有相应的应用型高校,但是导致很多市级政府在推进应用型高校产教融合方面动力不充足。由于市政府没有管理相应高校的权力,还有一方面是《指导意见》提出落实,省级政府统筹职责没有对市级政府提供约束的责任,所以才会导致动力不充足。但是有一些市级政府,因为其所在地区应用型高校受到了教育部门和中央政府还有社会各界的重视,所以推动应用型深化产教融合的动力比较充足。

2.4.2　行业企业的利益分析

行业是我国经济统计中最常使用的学术性专业术语。2011 年中国国家统计局修订的《国民经济行业分类》将我国的国民经济划分成农、林、牧、渔业;采矿业;制造业;电力、热力、燃气及水生产和供应业;建筑业;批发和零售业;交通运输、仓储和邮政业;住宿和餐饮业;信息传输、软件和信息技术服务业;金融业;房地产业;租赁和商品服务业;科学研究和技术服务业;水利、环境和公共设施管理业;居民服务、修理和其他服务业;教育;卫生和社会工作;文化、体育和娱乐业;公共管理、社会保障和社会组织;国际组织等 20 个行业门类。《国民经济行业分类》主要按照实体所从事的生产性活动对其进行分类,并不区分市场与非市场活动,所以很难根据行业分类分析行业企业的目标和利益。

从社会组织的角度看,可以将从事生产性活动的行业组织分为政府、企业、非政府组织(NGO)三大类。政府是代替全体国民行使国家公共权力的全部权力机构,包括立法、行政、司法机关以及国家元首等权力机构。政府是不以自身盈利为目的公权组织,政府要立足于国家和社会的整体利益,积极行使全体国民赋予的公共权力,提供公共产品或兼具公共产品属性的相关产品,其主要涉足的行业有:教育;卫生和社会工作;文化、体育和娱乐业;公共管理、社会保障和社会组织。企业是把人的要素和物的要素充分有机结合起来的、自主合法的从事相关经济活动的、以营利性为主要目的的社会经济组织,其涉及的行业广泛几乎包括除国际组织以及公共管理、社会保障和社会组织两类行业之外的所有行业门类。非政府组织是依法建立的、非政府的、非营利性的、自主管理的、非党派性质的、具有一定自愿性质的、致力于解决各种社会性问题的社会组织,如中国红十字会、中国科学技术协会、救助儿童会等。由社会捐赠支撑的非政府组织,主要从事社会公益事业,涉及行业环境保护、社会救济、医疗卫生、教育、文化等行业领域。

2.4.2.1 企业通过生产和交易追求经济利益最大化

分析企业的利益需求的基础在于明确企业的本质。企业的本质在于企业作为一种以营利为目的的经济组织或经济制度,区别于其他经济组织或经济制度的特殊性,它集中讨论企业的最初起源和企业的最终边界这两大问题。

从企业产生以来,人们对企业的性质进行了不懈的探索,形成了一些颇具时代色彩的观点。古典经济学认为,企业是社会分工与协作的结果。社会经济逐渐从自给自足的自然经济发展到专业化的分工协作经济,从而衍生出了企业。亚当·斯密指出,劳动分工是经济增长的关键因素,企业是劳动分工与产业专业化的产物。同时,企业的边界受制于所处的市场范围,这也被称为"斯密定理"。卡尔·马克思则指出,在自给自足的自然经济状态下,社会生产的基本形式是个体小生产或家庭生产,社会生产的主要目的是为了满足一家一户的生存需要,其生产规模狭小,投入与产出不呈正比,个体小生产几乎不与社会生产联系,因而不构成企业组织。

在西方发达国家进入资本主义之后,由于社会分工的不断细化,社会各行业协作得到了长足发展,资本主义生产呈现同一资本雇用较多工人的现象,实际上是各产线分工协作,因此资本主义生产劳动过程是在扩大规模并提供大量社会所需产品之后才开始的。大量的一线劳动工人在同一时间、同一空间或者同一劳动场所,为了生产某种商品,在同一资本家的统一指挥下统一工作,这样便构成了作为协作劳动组织的企业。在新古典经济学中,企业被认为是通过投入大量原始资本,产出来大量产品,从而追求利润最大化的专业化生产组织。新古典经济学将企业定义为由土地、资本、劳动力等生产要素联系在一起的一个生产函数或"黑箱",企业通过生产将这些生产要素转换为一定的产出,实现利润最大化。企业契约理论主要在于强调企业的交易属性,认为企业是市场机制的替代物。罗纳德·科斯在其1937年发表的《企业的性质》一文中提出疑问,既然市场这只"看不见的手"可以实现稀缺资源的有效配置,那为什么还存在企业?他给出的答案是,利用市场机制配置资源存在交易费用,当利用权威配置资源的成本小于市场机制通过价格配置资源的成本时就会形成企业。换言之,企业是对市场的替代,企业的产生是为了节约市场交易的费用,增加了企业的利润。张五常则从契约的角度指出,企业和市场都只是一种交易契约,与其把企业看作要素市场对产品市场的取代(市场交易的主要对象是企业生产的产品,企业内部交易的对象是生产要素),不如说企业是一种要素契约对产品契约的替代。

企业能力理论强调企业的"生产属性",认为企业的本质是能够生产"核心知识和能力"。企业能力理论主要包括资源基础理论、企业动力理论、企业知识基础理论、核心竞争力理论等一系列松散理论,主要从企业内含的"知识和能力"的角度分析企业的异质性,特别注意从隐含知识、技术、技能、高质量的劳动者、能力等内生性因素来理解企业自身的创新力及其竞争行为的多样性。如果说企业契约理论看到的是企业与外部组织在产品与服务方面的"交换"或交易,企业能力理论则看到了产品与服务在企业内部的"转换"或生产。

利益相关者理论认为企业本质上是"生产"和"交易"的联合。利益相关者理论称,企业的利益相关者是那些失去其支持企业就无法生存的个人或团体。企业存在的目的必须综合权衡企业的众多利益相关者之间的利益关系,而不仅仅是为股东服务。企业的核心知识和能力是让企业的利益相关者参与企业的决策和管理,充分利用各方面的智慧和资源,是生产最大化的根本途径。较之股东单边治理,利益相关者共同参与企业治理,更有助于企业追求长期发展,减少员工的偷懒行为和企业的监督成本,降低企业的交易成本和代理成本。由此看来,企业兼具对外交易资源、对内生产资源的双重属性,既是一个具备交易属性的"关系契约网络",又是一个拥有生产属性的"能力集合体"。

综上可见,企业是生产和交易的联合体,企业的目标在于最大化其利益相关者的利益。企业的利益相关者包括,企业内部的股东、经理人、员工,企业外部的政府、消费者和相关的竞争与合作组织。和其他利益相关者组织一样,企业的实际运营,往往追求权力最大的利益相关者(通常是股东、经理人等决策者)的利益最大化。企业是典型的经济组织,经济利益是企业的核心目标,尽管一些企业的利益相关者在企业中并不仅仅追求经济利益。所以,企业的核心利益在于,通过生产和交易最大化地满足其利益相关者的经济利益。

2.4.2.2　行业协会代表同行企业利益和政府管理

行业协会属于非政府组织和第三部门的下位概念,是同行企业为增进其共同利益所组织起来的一种非营利性的、非政府性的、自律性的社团法人组织,其组织形式有行业协会、商会、同业公会、联合会等。行业协会的功能在于降低行业内企业间的交易成本,以政府和市场之外的第三方的角色参与社会治理,协调行业内成员、行业与行业、行业与政府的关系。一方面,行业协会的基本价值导向聚焦于增进同行企业的共同利益。首先,建立行业本身就节约了同行企业间的交易成本,增进了行业会员的共同利益。从新制度经济学的角度看,建立行业协会的本质是为了减少交易成本,以协会内部的管理成本代替企业间经常发生的谈判、签约和履约的交易成本。其次,行业协会代表会员企业的利益。企业的本质追求是赚取利润,企业加入行业协会本能地出于增加自己利润的目的。加入行业协会,有助于企业获取本行业先进的管理方法和技术,了解同行企业的战略,从而提高自己的产品生产能力和市场份额。再次,行业协会可以将同行企业联合起来,防止会员企业之间盲目、过度、不公平的竞争,增加企业和政府、同行企业博弈的力量。最后,行业协会的自律,可以提高产品质量,形成品牌效应,增强会员企业的信誉,扩大会员企业的利益。另一方面,许多行业协会是政府管理的延伸,肩负着一定的行政管理职责。

行业协会产生的基本模式可分为"水平模式"和"垂直模式"。完全以企业自发组织和自发活动自下而上、由内而外形成行业协会,其典型样本是美国的行业协会;由政府运用行政权力自上而下、由外而内地推动协会的成立和运作,大企业起主导作用,中小企业广泛参与,其代表是德国、日本等国的行业协会。受计划经济体制的惯性影响,我国多数行业协会的产生属于"垂直模式",具有明显的"官民二重性"或"半官半民"特征:处于政府和企业中间的行业协会的行为受"自治机制"和"行政机制"双重支配,行业协会不仅要从企业获取资源并维护同行企业的共同利益,还要从政府获取资源,接受政府的干预和控制,一定程度上扮演政府宏观调控企业的"助理"。而且,中国政府是一个强势政府,这决定了行业协会不可能完全脱离政府的控制。实际上,行业协会要想增进同行企业的共同利益,不得不与政府合作,一定程度上满足政府的利益,充当政府社会管理的工具。

2.4.2.3 行业企业从应用型高校产教融合中获利微薄

从应然状态或理论上看,高等学校和企业在人才培养、科学研究和社会服务方面的广泛合作,可以实现优势互补、互利共赢。企业在资金、场地、信息和社会资本等资源占有上处于优势,高等学校在知识技术创新、人力资本和社会服务方面具有优势。企业和高等学校的合作,既有利于企业从高校获得人力资本、原创性知识技术和社会服务等资源,从而为企业带来产品创新、劳动力供给、咨询等利益,也有利于高校从企业获得办学资金、实习实践场地、生产实践经验等资源,从而拓宽高校的经费来源,提高人才培养质量。企业和高等学校的合作,是企业和高等学校生存和发展的共同诉求,也是知识经济时代经济发展的核心力量,因为科技是第一生产力,校企合作正好可以实现科技创新和技术转化的良性循环。现实来看,企业和应用型高校合作并不一定能给企业带来理论上的丰厚收益,这是校企合作中出现"剃头挑子一头热"的根本原因。首先,一些劳动密集型的中小型企业和一些从事服务业的企业,基本不需要本科层次的大学毕业生和先进技术支撑,缺乏和高等学校合作的动力。这种情况,在中西部地区的非省会城市大量存在。其次,应用型高校对大企业没有吸引力。应用型高校的人才培养、科学研究和社会服务水平有限,很难吸引大企业的合作。一些大企业校企合作,科学研究的合作对象基本为"211"大学,近十年来所招聘的人才也几乎是"211"大学的毕业生,甚至还不乏"海归"和博士。从国外应用技术大学的发展经验看,应用技术大学的校企合作主要针对中小型企业。再次,政府缺位。校企合作的结果存在外部性,政府的政策支持可以促使这种外部性内在化,甚至校企合作的长期收益需要政府的短期高投入的激励。然而,部分地方政府在校企合作中的缺位,造成企业无法从校企合作中看到能激励其主动合作的收益。最后,应用型高校在校企合作中存在许多"败德"行为,如科研成果无法满足企业实际需求,学生毕业后不在实习单位就业等,这直接导致企业的利益无法得到保障,很多校企合作成为"一次性博弈"。从应然状态或理论上看,行业协会作为同行企业的代表和政府管理的延伸,应主动为政府和企业的合作搭桥建梁,这样既能为同行企业从高校中争取资源和利益,也可以弥补政府缺位,帮助政府促进校企合作。现实来看,行业协会并没有促进企业与应用型高校合作的能力和动力。一方面,我国的行业协会发育不足,多为松散组织,没有能力在应用型高校和企业的合作中发挥实质作用。改革开放之前,我国实行的是高度集权的"部门管理体制",行业发展规划和目标主要由行政手段确定和实施,企业是执行行政命令的机构,而不是自主的经济实体。在这种情况下,行业协会也丧失了存在的空间和必要。改革开放以来,各行各业纷纷组建了大量的行业协会。然而,行业协会管理体制的落后和企业利用行业力量的"消极"意识形成了恶性循环,导致现有的行业协会绝大多数是有名无实、形同虚设,根本没有能力协调企业和应用型高校之间的关系。另一方面,校企合作对行业协会来说,根本无足轻重。从行业协会的章程看,行业协会的主要职能在于协调企业和政府以及企业之间的利益关系,校企合作属于非必要公益事业和社会责任,是行业协会最不重要的职能之一。除非有政府的行政推动和行业内企业的利益驱动,否则行业协会根本没有时间和兴趣关心企业和应用型高校的合作。

2.4.3　教师的利益分析

2.4.3.1　教师的利益需求分析

教师利益需求分析是受教师身份和人的"经济人"特性双重影响。从身份看,大学教师属于高层次知识分子,传播和创新知识以及提高精神境界是大学教师的职责与追求,所以比较注重求知和道德修养等精神需求的满足。同时,教师是教学的引导者,教师教学的对象是学生,教师在工作中接触最多的也是学生,教师理所当然希望获得学生的尊重。从人的"经济人"特性看,教师和其他行业企业的职员一样,追求基本的物质需求,也希望能自我实现、获得领导认可和职位晋升,同时履行好自己的责任,所以大学教师的利益需求也多是以自我为中心的。此外,由于应用型高校的教师的收入有限,所以他们比较看重物质需求的满足和个人利益的实现。

2.4.3.2　应用型高校深化产教融合伤害了教师的短期利益

从教师的成本—收益分析看,应用型高校深化产教融合短期内增加了教师的教育教学成本,降低了教师的利益剩余,不利于调动教师深化产教融合的积极性。应用型高校深化产教融合大幅增加了教师的工作量,却没有相应地提高教师的薪酬。总体来看,应用型高校、职业院校深化产教融合,改革的重点和难点在教师。应用型高校深化产教融合对教师提出四点要求:更新教学内容、改革教学方法、参加校外培训和侧重应用研究,这都会增加教师的成本。更新教学内容,意味着教师要根据产业发展和生产一线的实际重新备课,打破教材体系,自主构建教学内容。改革教学方法,意味着教师要很大程度上减少使用成本较低的讲授法,更多地使用一些耗费时间、精力且难度更大的案例教学法、发现教学法、程序教学法和实验教学法等。参加校外培训,意味着教师要适应新的环境,放弃假期的闲暇和收入。侧重应用研究,意味着教师要慎重选择研究问题,将研究与生产实践相结合。

可以说,高校深化产教融合的结果,让教师这份职业变得更不轻松,教师自然成为改革最大的反对者,这种反对的表现形式可能不是集会或者"发声",而更多的是一种改革中的"不作为"或"假作为"。严重的是,高校深化产教融合直接关系到教师的"去留"。深化产教融合,要求应用型高校根据地区产业发展需求调整学科专业设置,缩减甚至取消部分不适应产业发展需求的专业。过去,应用型高校、职业院校的学科专业是因教师而设,即因为学校聘请了某学科专业的教师,所以学校要报请教育主管部门开设相关的学科专业,进而再招收学生。现在,学科专业是因产业发展需求而设,专业的背后是教师,调整专业的潜台词是调整教师,让被调整的教师"转业"或"失业"。

虽然,从长期来看,教师与学生、学校休戚相关,教师深化产教融合有利于提高人才培养质量,促进学生就业,增强应用型高校的市场竞争力,从而增加自身的福利——包括获得尊重、稳定工作、晋升职位和增加薪酬等。但是,短期来看,应用型高校深化产教融合,增加了教师的成本,伤害了教师的利益,且没有为教师提供相应的奖励或补偿,降低了教师的产教融合动力。深化产教融合无法改善自己的物质需求、精神需求和社会需求的满足情况。

2.4.4 学生的利益需求分析

学生的利益需求分析需要结合大学生的自身的特征和人的"经济人"特性综合分析。一方面,大学生是拥有教育需求的求学者,有较强的求知欲,渴望通过学习提升自己的能力,促进自己的发展,所以比较关注精神需要的满足和自身能力的提升;另一方面,大学生也具有"经济人"特性,希望通过大学教育提高自己的收入进而过上幸福的生活,而且他们的物质需求相对迫切,所以比较关注工作、收入等基本生活需要。

应用型高校或职业院校深化产教融合主要是通过学校变革促进学生的发展和地方经济社会的发展,学生是产教融合最主要的受益主体,本该具有较强的产教融合动力。然而,调查发现,不少学生对产教融合持漠不关心的态度。出现这种情况的原因如下:深化产教融合短期内无法显著提升学生的就业水平。1789年,德国学者席勒(Friedrich Schiller)在耶拿大学的一次演讲中指出,在大学中存在两种类型的学生,一种为谋生而求学,另一种是为学术或学问本身而求学。在席勒看来,谋生型求学者学习的目的仅在于得到好的职业,改善其物质情况,满足其追逐名誉的需要。反对大学中功利观念的席勒提倡学生应追求学问及其探究与整合本身,而不是将其视为达到世俗目的的手段。然而,席勒的主张可能更多地适用于古典的研究型大学,在现实的应用型高校之中,大量学生是为谋生而求学,更直接地说为找到可以为其带来丰厚收入、名誉和社会地位的工作而选择读大学。但是,应用型高校的文凭价值有限,在高等教育劳动力市场供过于求的情况下,应用型高校深化产教融合很难在短期内提高其文凭价值,让学生找到好的工作。所以,不少学生对产教融合漠不关心,只希望尽快毕业。

学生在应用型高校产教融合中处于被动的地位。在应用型高校产教融合的诸多主体中,政府属于推动者,学校管理人员属于改革方,教师属于改革对象,行业企业属于配合方,学生属于改革的受益方和服从者。从理论上说,学生不应仅仅是改革的服从者,而应充分维护自己的受教育权,给产教融合的改革方施加压力,并发挥主观能动性积极参与产教融合。实际上,在教育生产者导向的推动下,学生及其家长几乎没有能力和权力监督学校提高教育质量,只能被动地接受教育的低质量或者学校变革或好或坏的结果。如此,学生也很难发挥自身的主观能动性,积极参与到应用型高校深化产教融合的改革之中。学生也具有机会主义倾向,有着反对应用型高校深化产教融合的一面。学生不是完美的天使,他们同样追求享乐和不劳而获,希望尽可能轻松地通过考试和毕业,学生在求学过程中偷懒、蒙混、作弊的现象也屡见不鲜。其实,学生的机会主义倾向早已被人所认识,为此还制造出一系列抑制学生机会主义的措施,如教育惩罚和道德教育。中国古代的《学记》有云,"夏楚二物,收其威也",指的是没有惩戒的教育不是完整的教育。夸美纽斯则指出,教育要从一个无可争辩的命题开始,即犯了过错的人应当受到惩罚,而为了制止学生的邪恋倾向,必须适当使用纪律与惩罚。

应用型高校深化产教融合增加了学生学习和考试的难度,要求学生更加勤奋和务实,这使学生的学业变得不那么轻松,一些学生受机会主义驱使反而变成了产教融合的反对者。

第3章 我国各职业院校教育 合作发展以及挑战

对于现状分析和未来预期的任何形式的研究,都会带有历史经验的影子。作为历史的产物,职业教育院校和企业之间的合作是一种最为普遍的教育现象。随着历史迁移的变化以及发展,对职业教育的研究就要把历史当作根本,作为其考察的目标。整体性和普遍性是现代教育制度所具有的特征,是行为规范最正式的规范体系,不同构成方式的规范体系,虽本质不同,但它们之间有着稳定和有机的联系。本章主要对我国职业教育院校与企业之间的合作从历史的角度进行分析、梳理。以不同阶段的我国经济社会发展的不同变化划分,辨析我国职业教育院校与企业合作发展历程的三个阶段,运用归纳的方法,分析每个阶段职业院校与企业之间的合作特点,从一定程度上丰富了我国职业教育院校与企业合作的演变研究。三个发展层次划分我国职业教育院校与企业合作,对快速发展当前社会经济时期校企合作具有伟大的使命。

3.1 校企合作从近代到现代的发展概述

我国职业教育院校与企业之间的合作是于十九世纪中期,从福建船政学堂孕育而生的,所以职业教育的发展历史是源远流长的,要从福建船政学堂的建立开始系统论述我国职业教育院校与企业合作。

3.1.1 校企合作从近代到现代的发展概况

职业教育院校与企业之间的合作由萌芽向产生的发展伴随着我国民族近代工业的产生。中国一个极其深刻的教训是鸦片战争的爆发所带来的严重后果。中国近代军事工业的发展是源于现实的落后必然挨打。25家船舶修理厂或修造厂是国内从1845年到1860年建立的。清政府在长江沿岸的安庆、上海以及苏州、福州、南京和天津等地建立了近代化军工厂仅仅花费了几年的时间。左宗棠在1866年在福州依托船厂创办的学堂是近代中国职业教育的第一所学校,取名为"求是堂艺局",学堂分为前学堂和后学堂,在1867年将名称改为"福建船政学堂",注重培养学生造船技术是他们对于人才培养的重点目标,培养学生的驾驶技术是他们的另一个重点。提高教学质量始终是学堂的第一目标,一方面,学堂聘请英、法等国家的技术人员作为学堂的教师,保证学堂的师资力量;另一方面,学堂对学生采取了"末位淘汰制",保证了学堂学生的学习质量。造船专业的学生,掌握本专业实际知识;学习驾驶专业的学生,有很多人接近工程师水平也达到了近海航行的培养目标。其中不少优秀的学生具备了远航能力,充任教师和翻译,甚至还担任了轮船机长。

邓世昌、刘步蟾、詹天佑等人就是当时学堂培养政府所需要的一批海防、造船、矿物等方面的技术骨干和领军人物。从资料上我们不难看出,中国造船工业的发展和福建船政学堂的创办和发展紧密地联系在一起,打开了中国近现代学校教育与工业生产结合的肇始。开启中国近现代学校教育与工业生产结合萌芽的同时,也昭示着我国职业教育院校与企业之间的合作的萌芽。学生在学堂学理论的同时也有机会得到实操锻炼,福建船政学堂创建船厂、校厂一体化,这样可以更好地在学习理论知识的同时,在船厂进行现场操作。为方便研究各种机件施工图和说明书,需要培养通晓各设计原理,建造熟悉机器构造和生产过程的绘图设计人才。学生每天需要花若干小时在工厂同工人打交道进行交流,熟悉轮机和工具实际细节。军事工业的发展进一步促进了职业学校的建立,民用企业也在军事工业迅速发展的带动下产生和发展,职业教育院校与企业合作模式的开端就是这种理论与实践结合的模式。光靠传统学徒式的教育不能满足当时社会对人才的大量需求,因为需要大量懂技术、会操作的人才来支撑发展,在这种社会条件下,一批民用企业纷纷成立。出于企业生产的需求,各地纷纷开办、发展农、工、商、矿等实业学堂、实业补习学堂和实业教员讲习所来补给社会所需要的人才。依附在所属实业公司或者企业的也多数是实业补习学堂、实业学堂和实业教员讲习所。我国社会改革的一个重要时期,主要是民国到新中国成立前的 40 年之间。因为农村和内地基本是一个自给自足的社会,所以整个社会劳动分工和职业结构的变化很不平衡。沿海地区和大城市的冲击主要是因为西方先进的工业技术、文化教育的大力引入中国,也致使中国沿海地区和一些大城市社会经济迅速发展,这段时期是我国近代职业教育院校与企业合作的重要时期,社会分工拥有较高水平,在中国沿海地区和大城市出现了很多内地所没有的新的职业和产业。职业教育体系雏形的建立,确立于 1922 年壬戌学制的颁布,职业教育成功代替了实业教育。中国近代工业的酝酿和发展使得企业不再需要创办职业学校来缓解劳动力的缺乏,为缓解工厂、企业用人过度紧张的问题,农、工、商等各职业院校纷纷开展萌芽。因为时局动荡的问题,学校为了解决自己生存问题,缓解经费紧张问题,职业学校都开始建立属于自己的工厂,运用自己工厂的生产可以增加收入,减少创办学校的成本,减少为学生提供工作场所的开支。多数职业学校创办工厂所以社会对于工厂的要求也有了更高的要求。《修正职业学校章程》中规定农业职业类学校应该设立在农村,而商业职业类学校应设立在商业较为繁华的城市中心。适合学科环境设立学校地址是职业学校的重点,政府颁布各规章制度,对如何实施好教学生产都有了严肃的规定以及限制。

3.1.2　校企合作从近代到现代的发展的合作特点

职业教育院校与企业之间的合作萌芽与初步发展主要产生在鸦片战争到民国时期,培养企业和社会所需要的人才,解决社会所需要的人才,壮大国家才是根本利益问题。所以不管是早期的学堂还是后来的实业学堂,衙门都是依附于他们的企业或者工厂,他们的根本目的都是以企业的利益为核心的。虽然当时职业教育学院与企业之间的合作层次不是很高,但最紧密往往最原始的就是这种合作,民国时期一直到新中国成立前,是我国对于职业教育与各企业合作的一个重要时期,中国最需要的知识以及技能是对学生培养和专业的设置。中国社会经济的发展促使中国近代职业教育的发展变化而变化,职业院校与企业之间的关系也再也不像以前那样仅仅依附于工厂和企业,而是更好地适应社会,从企业中慢慢脱离出来,学校成为教育的主要方,所有都要从学校的利益出发,围绕职业学校为中心,更好地设计教学模式以及生产模式,为满足学生实习,学校举办校内实验室、校内工厂和农场满足社会需求。职业教育因为过分想要强调专业知识上的系统与完整性,忽视了社会的实践性,从而职业学校和企业慢慢分割。

3.2 校企合作在计划经济体制时期的概述

在新中国成立初期,处于整个国家首要地位的就是经济的建设问题,我国经济发展在新中国成立后到 20 世纪 80 年代中期先后经历了战后重建、社会主义改造和十一届三中全会等历史时期。在高度计划经济的管理下,职业教育的发展有了进一步的推送,职业教育院校和企业之间的合做出现了另一种风采。

3.2.1 校企合作在计划经济体制时期的概况

为了适应建设的需要,更便于实际社会之间的联系,1950 年周恩来总理提出现在经济处于恢复阶段,各行业人才紧缺。所以企业部门举行训练班或者专科学校是很有意义的。从计划经济体制时期开始,职业教育的主力军慢慢变成了企业的需求,国家在很长一段时间将中等专业教育和技工教育当作我国教育发展的重点。根据资料,在计划经济体制的时代,企业办学和培养专业技术性型人才开始萌芽,有一大部分的技工学校和职工大学的创办人都是企业,所以各阶段中等职业学校和技工学校的设置,教学内容以及专业课的老师都是根据企业生产需要和技术需要的技术人员来担任。各企业为了建立定期交流制度,中等职业技术学院的各主管下属都可以申请担任职业技术学院的老师。中等职业技术型学校不乏出现家庭比较困难的学生,他们可能毕业以后会面临无法继续升学或者无法找到自己适合的工作,所以政府为了解决这些困难学生,提出了勤工俭学、半工半读的措施,可以更好地解决上述问题。勤工俭学、半工半读主要提倡学生在学校学习的课余开展课余劳动,用自己的劳动力来换取相对应的报酬。政府也随之推出了教育制度和劳动制度两种制度,可以同时进行,教育制度是一种现在普遍存在的全日制教育制度,另一种是半工半读制度,可以选择 8 小时劳动制度或者 4 小时劳动制度,更好地给予困难学生以经济帮助。自此,半工半读成为一种重要的职业教育合作办学的模式,这也成为当时教育思想的核心。各企业积极参与职业教育主要表现在收取刚毕业的学生进行生产方面的实习,使得企业中中等职业技术学校在校生的数量增长迅速、半工半读在全国各地成为流行因素。

3.2.2　校企合作在计划经济体制时期的特点

"你中有我,我中有你"这几个字在计划经济时期用来描述学校与企业之间的亲密关系再合适不过。学校与企业之间的合作往往都是有计划的合作,主要依靠的是主管部门的行政命令,这种密切的关系,在职业教育与企业之中发挥了积极的作用,当时的时代背景对于这种紧密的关系,是适合国家经济建设的。"教育制度"和"半工半读"的两种职业教育办学形式代表着中央领导的职业教育的思想光芒。通过这种学校与企业之间没有利益矛盾的合作,学校与企业之间更加紧密配合,政府主导创办的职业教育与企业的合作,培养专门为企业需求、行情服务的技术人员。但由于过分注重了行政命令,所以一定程度上却限制了学校与企业的自主性,这也是历史发展的产物。

3.3　校企合作在市场经济体制时期的概述

把党的工作重点转移到社会主义现代化建设上变成了新的重点,在十一届三中全会上纠正了职业技术教育院校与企业合作不当的错误做法,此后我国处于经济体制的转型阶段,国有企业改革逐渐深入,需要建立现代企业制度。经过政府大幅度的调整,校企合作的关系在建设期间逐渐弱化,它们的关系也不像以前那样亲密了。

市场在配置中的作用迅速扩大,全国大中型企业多实行经营责任制,都源自 1986 年全民所有制企业的启动。我国正式步入社会主义市场经济建设是在党的十四大召开之后。国家要求企业之间依法自主经营的背景下,许多企业的人情在逐渐消退,因为没有充分地考虑到自身的实际情况。伴随 1995 年与 2002 年相关政策的颁布,我国职业院校与原主管部门之间的关系开始产生分离。一部分国有企业交给了当地的地方政府管理,虽然有着共同建设的形式,但是仍然是按照地方政府的管理为主的,导致职业院校的创办越办越少。企业被划分政府地方管理之后,学校的办学经费也因此被割断,中等职业学院和技校的招生分配计划也被取消。有关于我国产教的结合的指导思想得以更进一步的发展。在 1991 年颁布的决定中指出职业技术学院应该根据教学需要的调剂,积极配合以及发展学校开办的产业,开创好生产实训的场合,主张提倡产业和教育的结合,工作与学习的结合。同时指出了职业技术学院的教育要大家一起才可以办好的方针。要在各级政府、发展行业、事业单位一起创办,鼓励社会团体之类的个人办学;各职业技术学院要主动配合和适应政府当地的经济需求,在政府的正确领导之下,倡导联合办学,坚持走生产教学结合的路线,更好地开办发展学校的产业,增强学校之间的自我发展的能力,做到用工厂养育学校。随着 1998 年和 1999 年相关政策文件的发布,对"生产和教育"相结合的模式给予了极大的肯定,并规定了其内涵、服务对象、人才方面问题,进一步体现了社会主义市场经济建设阶段我国生产和教育相结合,企业与学校互相合作的发展。到 2002 年的时候基本确立了我国市场经济的体制,我国经济结构的转型升级和发展,坚持走工业化的道路,工业化的发展对于人才的需求量日益增加,也相应地更加需要技术技能型的人才。在这样的社会背景下,不断焕发新的生命活力,职业教育学院与企业之间合作要不断改革创新以适应社会经济中的不断变化。我国职业教育院校与企业之间的合作在很长一段时间处于比较困难的阶段,缺少各行业之间的参与积极性,导致学校与企业之间的合做出现了脱节。国家重新认识到要对行业企业参与职业教育予以高度重视,在社会主义市场经济体制的基本确定之时,国家推出多项教育改革政策,来解决当时生产和教育结合所发生的困难。2002 年国务院颁发的新决定政策提出职业教育要充分依靠企业,企业根据自己所需要的技术人才来创办职业学院和培训机构,实行多种形式一起联合创办学校。开展各种技能上的培训,积极将本单位的人才大量投入学院的教师队伍上,提供先进的实操设备,创造更优良的实习场所等。2014 年,教育部联合其他部多次出台有关于指导教育与企业结合、学校和企业互相合作的政策。2014 年 6 月,习近平总书记在全国职业教育工作会议中做出了重要指导,指出要坚持把将生产与教育相融合、学校与企业互相合作、工作和学习相互结合,企业要积极配合参加和支持职业教育。许许多多的例子都证明了生产与教育相融合、学校与企业互相合作、工作和学习相互结合已经成为职业教育院校的一种新型方向,并在许多多元办学的模式中得到了强化。在全面建设小康社会的进程中,人力资源成为我们强国不可缺少的资本,在这种经济发展环境和职业学院教育环境下,职业教育与企业之间的相互配合成为必不可缺的一部分。在经济社会的推崇下,职业教育产教结合、工学结合在时间上都得到了快速发展。所以,当下产教结合、学校与企业之间的合作已成为职业教育改革过程中的一个重要问题,也是企业未来十年乃至更久的时间内我国职业教育发展的重点方向,基本方针战略地位也基本确定。生产和教育结合、学校和企业合作将成为中国特色、世界一流的建设特色。

3.4 我国工作教育校企互助现阶段的成长条理

为了更全面、更确切地显现我国工作教育校企互助成长的条理性,明确了我国工作教育校企互助所处的成长条理,能够透视工作教育校企互助方式的本质属性,为了提升校企互助水准,深化互助条理,于是在已有的对于工作教育校企互助的成长条理钻研基础上,联合工作教育校企互助成长的特征,对工作教育校企互助成长条理举行进一步区分。

3.4.1 区分工作教育校企互助成长的条理

由于企业的参与才能称为校企互助,企业的生命周期能够被区分为创业期、成长期、成熟期、可持续成长期,由于生命周期存在差别阶段,企业的成长会显现差别的特征。和企业的生命周期一样,校企互助的成长也要经历这种阶段性的成长过程,由于工作教育校企互助处于差别的成长条理,也就具有差别的成长特征,于是互助的方式、互助的内容都要随之转变,校企互助采取的互助策略与成长措施也就会有所差别。对工作教育校企互助的成长条理进行区分要根据工作教育校企互助的成长特征进行分析,无论是何种校企互助方式,校企互助的内容与专业人才培养的联合水平应该是工作教育校企互助成长条理区分的首要根据,校企互助的内容与专业人才培养的联合水平越高,校企互助的成长条理越高。由于肯定了区分根据,就能够肯定工作教育校企互助的成长条理。

成长期,企业已经有了一定规模和实力,企业越来越重视人才的成长,注重通过人才的培养来支持企业的发展,但这一阶段的校企互助大多是表现为工作院校和企业在教育教学的各个方面实现的一系列互助活动,如互助实行工作情况,互助展开门生研习实训,互助展开员工培训,互助举行专业人才培养方案制订,互助举行研习实训基地建立,互助展开课程建立或讲授资源库建立,互助展开产品研发及技巧服务等。这种互助具有单一性或单向性、短期性,校企互助的目的更多为了企业用工的需要,是工作教育校企互助的初级成长条理。办理新产品建立、企业员工培训、教师培养、门生综合素质培养、校企两边职员交换等项目,是工作教育校企互助的中级成长条理。随着校企互助关系的进一步深入,校企两边关注人才培养质量、产品质量、博得各自的用户与市场。处于校企互助的中级成长条理,校企两边根据本身资本优势及需要配合投入人力、物力创建并运转一种互助平台,并依托这个平台配合展开差别水平的专业建立,利用这个平台配合培养门生及举行员工培训,如互助创建"订单"班,互助创建技巧改进中心或研发基地,互助创建并互助运转研习实训基地等。这种互助强调两边的人力、物力的配合投入与配合管理。校企两边配合投入人力、物力建立某一专业及专业群,并校企派人全程参与该专业或专业群的教育讲授与管理,包括配合制订专业人才培养方案、展开课程及讲授资本库建立,配合投入人力、物力举行校内外研习实训基地建立,利用共建的平台展开员工培训与技巧服务,配合建立专兼联合的"双师型"讲授团队,配合派人全程参与教育讲授及讲授管理,配合实行门生创业与工作情况。这种互助强调专业(专业群)建立与专业(专业群)讲授的校企全程参与,校企人力、物力的配合投入,校企可根据投入与承担的职责大小分享校企互助的成效。这种互助具有双向性和长期性,是一种紧密和全方位的互助,是中级成长条理。

完成了正确意义上的校企互助,创建起一个可持续成长的良性循环机制,完成教育资本的优化组合,完成办学的整体效益的进步。工作院校与企业深度融会阶段,这种互助在全方位互助型的基础上校企两边根据互助企业的人力资本规划肯定互助的专业及招生计划,并根据互助企业的用人请求校企两边制订专业人才培养尺度、人才培养方案及课程讲授尺度,相符结业条件的门生到互助企业工作情况,互助的企业是直接用人的生产性(经营性)企业,企业参与校企互助的目的完全是为了得到相符企业需求的人力资本。这是工作教育校企互助的高级成长条理。将国家经济结构调整、当代工作教育体系建立与当代产业体系建立与校企互助深度融会联合起来,以服务经济、服务社会民生为互助两边的配合方向,强调互助过程的多元主体,并将"互助办学、互助育人、互助工作情况、互助改进、互助成长"连接于工作教育校企互助的全过程。这种互助具有多向性或多元性,是一种深度融会而不仅仅是互助,往往是处于这种高条理的校企互助成长阶段。

3.4.2　判别我国现阶段工作教育互助成长条理

根据工作教育校企互助的成长特征,通常来说,企业参与工作教育校企互助积极性越高,水平越深,工作教育校企互助成长条理越高。由于目前国内学者对工作教育校企互助的成长条理还没有举行深刻、体系的钻研,于是已有的结果大多细碎地散漫在相关工作教育校企互助钻研之中,没有概括工作教育校企互助差别成长条理的成长特征,进而不能全面、清晰的显现工作教育校企互助成长的条理性。企业在生命周期的每一个差别阶段,在成长计谋、构造特征等方面都会显现差别的特征。因此,企业与工作院校的互助也伴随企业的成长处于差别的成长条理,具有差别的成长特征。我国工作教育校企互助历史悠远,最先能够追溯到近代洋务运动期间。由于诸多原因校企互助的水平普遍较低,即使是进入 21 世纪之后,工作教育校互助成长尽管非常迅速,但是成长极为不平衡。重要表现在,一些中小型劳动密集型企业,因面临产业转型升级的压力,企业的效益又不佳,对技巧改进、科技改进型人才的需求较为迫切,这类企业是目前工作教育校企互助的主体,但是整体而言,由于企业的综合实力和在政策扶持方面的劣势,于是这类工作教育校企互助是一种浅条理、低水准的互助,校企互助水平整体较低。由于劳动密集型企业互助展开门生研习实训,互助展开员工培训,在互助院校设立共建学院,企业所眷注的重点在于参与工作教育校企互助的经济效益和办理企业用工的需要,于是我国工作教育校企互助的热情高涨。根据我国工作教育校企互助成长的近况,参照前述校企互助成长条理的区分尺度,本文以为,我国实际状况的工作教育校企互助目前正处于中级成长条理的中级阶段,并成为限制我国工作教育成长的"瓶颈",校企互助的深度融会停留在观念层面的表象较多。于是目前大多数工作教育校企互助未能有效整合学校资本与企业资本及社会资本,从而协同效应也无从谈起,即使是工作教育校企互助做得比较成功的工作院校和企业,在互助的过程中,也没有完成达到深度融会的水平。

3.5　社会经济快速成长对当前工作教育校企互助有效性的挑战

自改革开放以来,我国的政治、经济、文化和社会生活等各领域产生了巨大的转变,获得了令人瞩目的成绩。进入 21 世纪,我国经济成长方式由粗放型转变为集约型。针对中国制造业成长提出的一个首要计谋办法,而工作教育又是为制造业等实体经济培养运送技巧有能力人才的主渠道。2015 年,我国提出"中国制造 2025",它是中国政府实行制造强国计谋第一个十年的行径纲要。为了全面晋升工业基础能力,2016 年国家颁布了《国民经济和社会成长第十三个五年规划纲要》,刚要提出要加快成长新型制造业,推动传统产业改造升级,全面晋升我国企业核心竞争力。现阶段中国制造大而不强,需要工作教育供给"技巧有能力红利"支撑制造业的转型升级。根据《中国劳动力市场有能力缺口钻研》

报告显示,有能力劳动者数量占全国工作情况职员总量的 19% 左右,技能高且有能力的人才仅占全国工作情况职员总量的 5%。现在和未来一个期间,我国处于全面建成小康社会的关键期间,为完成"中国制造"到"中国创造","中国制造"升级为"优质制造",在转变经济成长方式和调整优化经济结构的情况下不仅需要一批高条理专业技巧人才,还需要一大批掌握精湛有能力的高水平技能型人才。我国工作教育校企互助面临的严峻挑战是重振和培育精益求精的"工匠精神",离不开工作教育校企互助。面对社会经济快速成长对有技巧有能力得人才需求量的加大,如何为经济社会成长供给更多、更优秀的技巧有能力人才就是当下需要考虑的问题。

3.5.1　工作教育校企互助在社会经济快速成长进程中所面临的困境

从总体上说,工作教育校企互助在实践中得到不断推进,方式在不断改进,内容在不断扩展,成效在不断显现,获得了比较大的成绩,但由于制度保障缺乏、教育资本短缺等各方面的原因,工作教育校企互助在缓解技巧有能力人才短缺方面,依然长路漫漫。突出地表现为两个方面:

第一,工作教育校企互助长效机制还没有创建所谓"机制",是指"事物内部结构关系及其运转方式"。工作教育校企互助具有艰巨性、长期性、复杂性和首要性的特征,是校企互助为培养技巧有能力人才的必要条件,决定了工作院校必须与企业互助才能培养出合格人才的这一规律。工作教育校企互助是一个复杂的体系工程,需要各方参与的密切配合才能得以顺利举行,因此就需要创建起一种工作教育校企互助的长效"机制"。根据上文述,学术界对于工作教育校企互助长效机制题目的探讨内容比较丰富,代表作品的有耿洁博士(2104)在其博士论文《工作教育校企互助体制机制钻研》,其在文中提出了"创建工作教育与产业行业协作机制""进一步完善政府投入为主的经费保障机制"和"健全工作教育校企互助科研服务机制"的三条建议。原教育部工作技巧教育中心钻研所副所长余祖光在对行业企业举行调查的基础上提出,在加强校企互助基础能力建立、加快工作教育改革与改进等方面需要创建工作教育校企互助长效机制的建议。由于当前校企互助法律法规的不健全、财政及政策支持的缺失、咨询和信息服务的低效、协调沟通的不到位,导致工作教育校企互助长效机制至今还没有创建,校企互助面临的困难重重。

第二,工作教育校企互助不断进步办学质量,增强办学特色,但有效性依然不高。"产教融会""工学联合""校企互助"是工作教育成长的必由之路。校企互助还没有在价值观、资金、资本等方面形成准确的利益配合体,实践讲授薄弱,企业参与工作教育校企互助动力不足,校企互助的深度、广度和持续度受到了严重限制,时刻牵绊着工作教育的成长和人才培养的质量。由于当前国家缺少校企互助相应的法律法规,根据相关数据显示,2016 年中国虽然有 700 万名本科生和高职院校结业生求职,但还有不少雇主依然很难找到合适的人才。"有限的课程""有限的实训""有限的环境""有限的教师""有限的评价""有限的制度"等诸多的"有限"必然造成工作教育校企互助难以落实到技巧有能力人才培养的各个环节。总之，"有限"的工作教育校企互助带来的必然是工作教育校企互助的低效。

3.5.2 工作教育校企互助的必然选择是晋升校企互助的有效性

中国对高技术有能力人才的需求跟着经济结构的进一步转型和调整正飞速增长。随着经济结构的进一步转型和调整，据预测，2015 年有能力劳动者的需求将比 2009 年增加近 1 900 万人，2020 年有能力劳动者的需求将比 2009 年增加 3 290 万人（不含存量缺口 930 万人）。假如劳动者的能力不能进一步得到晋升，中国将面临 2 400 万的人才供应缺口。中国劳动科学钻研所《2010—2020 年我国有能力劳动者需求预测钻研报告》也指出，在未来，我国高技术有能力人才队伍建立将面临三大突出矛盾，一是总量的矛盾突出，二是结构性的矛盾突出，三是经济社会成长过程中有能力劳动者需求的结构和形态特征不断转变。深化工作教育改革的一个首要方向，工作院校的一个重大使命是培养高素质劳动者和有能力型人才。诸多原因导致会导致工作院校有能力人才的培养不能很好地完成预期方向；工作院校培养出来的人才不能很好地满足社会经济成长的请求；工作院校有能力人才的培养不能很好地满足门生的成长需要。总而言之，我国现阶段工作院校有能力人才培养比较低效。校企互助是一种高职院校需要寻找的相符其有能力人才培养需要的互助，是一种高职院校有能力人才培养"效果"的兑现所需要采取的"手段"。当代社会经济成长快速，只有晋升工作教育校企互助的有效性，工作教育才能有效地承担起高技巧有能力人才的培养，工作教育人才培养质量的职责得到进步，高技巧有能力人才日益短缺的问题才能得到解决，企业全面的有效的介入工作院校人才培养的过程，有助于工作院校完成人才培养的目标。于是，在新的历史条件下，时代诉求和现实呼唤就是提高工作教育校企互助的有效性。

本文是以时间为线索，是以我国社会成长的经济差别体制阶段的转变为界限，将我国工作教育校企互助大致成长的历程分为三个阶段。通过体系的梳理我国工作教育校企互助成长的历史进程，能够发现工作教育校企互助的每一个阶段的成长状况及特征都有明显的时代烙印，校企互助的水准得到不断的进步，在进入 21 新世纪后，"产教融会""工学联合""校企互助"的地位得以基本肯定，作为一种遵循工作教育高技巧有能力人才培养规律的办学方式，将会成为一种"新常态"。同时，在已有的对工作教育校企互助的成长条理钻研基础上，根据我国现阶段工作教育校企互助成长的特征，能够对我国现阶段工作教育校企互助成长条理举行进一步区分为三个成长条理，现阶段我国工作教育校企互助正处在中级成长条理的中级阶段中。而我国工作教育校企互助长效机制至今还没有创建的原因还有很多。工作教育校企互助有效性不高，直接影响我国高技巧有能力人才的有效供给，是由于校企互助在现实环境下困难重重，理想很难照进现实，导致目前跟着我国经济成长方式由粗放型转变为集约型，产业优化步伐升级的加快，迫切需要大力加强高技巧有能力人才队伍的建立，更加显现工作教育校企互助有效性的价值，同时也对我国现阶段工作教育校企互助的有效性提出了的挑战。

第4章 职业教育校企合作有效性的国际经验与启示

总体来看,国外的职业教育学校和企业之间的合作关系可以分为以下两种类型:第一,以学校为主的校企合作;第二,以企业为主的校企合作。英国和澳大利亚等国家的校企合作基本上属于以学校为主的校企合作,而日本和德国等国家的校企合作基本上属于以企业为主的校企合作。从以上两种类型的职业教育校企合作中各选取一个具有代表性的国家进行有关职业教育校企合作的分析和阐述。

4.1 德国职业教育校企合作概述

自古以来,德国一直非常重视职业教育,职业教育的这个"秘密武器"使德国实现了经济腾飞和持续发展的重要性。德国职业教育的核心和支柱是"双元制",是德国职业教育享誉世界的制度设计。由国家立法肯定的制度是"双元制",作为学校和企业之间合作教育的开端,更加充分地体现出德国教育企业和职业院校之间的密切配合,为德国提供了大量优秀的产业工人,是我国研究和学习的模范。

4.1.1 德国职业教育阐述

在德国的职业教育体制在所有教学体系中占据非常重要的领导地位,更重要的是,学生拥有学校和求职的主要渠道,因此德国职业教育为经济发展做出了巨大贡献并引领了全世界职业教育热潮。职业教育体系在整个德国中,最著名、最受人们欢迎的是双元体系。而双元体系的成形大致经历了"二战"前和"二战"后的两个阶段,它源于14至15世纪的双元体系,是德国工业革命的重要时期。招收从事商业、农业和手工业等职业为主的中等职业技术学院大量出现,职业教育在当时的德国教育事业中已占有非常重要的地位。随着职业教育的一步一步地发展,形成了企业教育和学校教育相结合的"双重职业训练体系"。在"二战"结束之后,德国重建了美丽的家园,并且德国的政府着力于职业教育和经济发展之间的密切关联,使得德国的职业教育成为经济发展的核心工具。但是,很多企业并没有认识到对职业技术学校的重要意义,对职业学校的支持力还不够,所以导致德国的职业教育学校在和企业之间的合作并不是很理想。德国职业教育法于1969年颁布,正式明确了双重生产作为一项完整的培训工作的重要性,促进了世界职业技术教育的全面制度化。德国教育法重点关注职业教育学校和商业合作的重要性:"职业学校和企业合作的质量的有效性的关键取决于相关参与者之间合作的深化和完整性"。1972年颁布的《职业教育领域培训条例和框架教学计划协商协议》标志了学校与企业真正的合作开始,使其成了联邦和各地方政府落实职业教育合作事项的制度基础。2005年新颁布的《职业教育法》,为德国各个职业教育技术学校和企业合作事项中提供了法律依据,明确了企业在参与职业教育的过程中的权利和义务,《职业教育法》中的一些新规章大大地促进了学校和企业之间的进一步合作和发展。同时,政府为配合《职业教育法》的规章,又颁布了一系列有关教育的行政法规和相关规定、条例。总而言之,在继承德国职业培训的基础上,德国的"双元制"职业教育经历了一百多年的变化和蜕变,而且这种变化还会随着德国不断变化的经济建设和社会发展而变化。

4.1.2　德国提高职业教育校企合作有效性的方法

德国"双元制"职业教育以雇主供给的培训工作为基础的。德国教育与职业学校的合作使双重职业教育体系取得了里程碑式的成功。两者之间的对立使得"双元制"基于合作的共识受到了威胁。虽然两者共同存在,但是在独立的工作状态下"双元制"发展的需要得不到满足。在协调的、合法的规章制度下,企业和学校必须进行全方位的合作。企业自主决定着职业学校从招生到培训,再从培训的岗位数量到培训规划的确定和设施的配套,在政府的协调下,学校和企业共同对学生们举行素质教育和专业的知识理论学习。德国为了培养大量的高质量技术职业工人,企业直接参与了"双元制"职业教育。德国职业教育学校和企业高效合作的有力保障来源于完善的科学"双元制"体系框架、便于操作的法律规章政策和优秀的专业企业老师。

4.1.2.1　德国完善双重制度框架概述

德国是世界上的联邦制国家,行政组织框架可以将其分为三个层次:联邦政府、州和地方。联邦教学与专业部、咨询部、处事与社会秩序部和职业教育研究所是德国"双元制"的管理机构,处在联邦政府层面的主要部分。联邦层面的重要的部门是联邦教育和研究部,并且它们拥有专门制定的职业教育政策的领导权,所有有关于职业教育的发布都必须由它来认同;政府相关专业领域的发言人是专业部;在预测劳动力市场变化和劳动力需求以及在职业培训、就业等方面发挥主导作用的是劳动和社会秩序部;从事职业教育研究的问题、商议、配合和参加会议等工作都由职业教育研究所来负责。学校和企业合作的决策中枢机构组成了联邦教育与研究部、专业部、劳动与社会秩序部三个部门,并对德国职业教育学校和企业的合作进行了一系列的规划管理,还建立了监督机构和协调机构。职业教育校企合作核心机构、协作机构和监管机构实现从政府层面到各个州、各个地方的全面覆盖。各机构中的管理部门对自己的定位和分工非常明确,各司其职。例如,国家教育主管部门重要职责是负责职业教育教学工作,德国经济管理部门主要负责职业教育监督工作等。

在职业教育校企合作管理权限方面,实行国家统一管理和地方自治管理的相互结合,各州政府拥有高度的办学自治权,充分保障各州政府在校企合作中发挥的重要作用。值得一提的是,代表德国经济界利益的行业协会在职业教育校企合作中发挥至关重要的协调作用,在双元制中有着举足轻重的角色,参与职业教育校企合作的各个方面,被看作校企合作中最适合的协调单位。这也是德国全面的双元制框架的一个重要特点。

综上所述,德国职业教育规模行政组织框架层层分明,联邦政府、各州政府、各地方以及各职业学校、企业必须遵守法律法规的要求各司其职,各自发挥自己的功能。德国职业教育中重要加入者是行业协会,并在职业校企合作的过程中发挥了核心作用。如果没有行业协会的介入,那么德国职业教育校企合作是没有办法取得如此成功的成就。

4.1.2.2　便于操作的法律法规和政策

德国国内现在已经形成了一系列内容饱满、相互贯穿、操作简单的职业教育法律法规和相配套的政策。在德国,只要是开展职业教育,必须遵守特定的法律法规的规定和约束。立法开始于德国的校企合作。德国法律中明确规定,老师必须带着学生在行会办理相关的手续,会中要严格评审老师的资历,会中规定可以将德国现代企业培训法规的原型。德国在1889年颁布的《工业法典》规章中明确表明企业学生务必要与职业教学相结合,并在1897年颁布的《行业条例法》中,表明规章的形式规定了必须遵守行业中的条件,也确定了现代化培训要求。同年,德国随后颁布了《手工业保护法》,明确规定允许体力劳动者保护本行业的利益,并对从业人员提出一些要求,使协会更加完善。在1869年的《强迫职业实习教育法》中,实施了德国联邦企业职业教育的任务和要求。"二战"后德国颁布相关校企合作的核心法律法规有《手工业行业协会》《联邦职业教育法》《企业基本法》《青年劳动保护法》《劳动促进法》《实训教师资格条例》《联邦德国职业教育促进法》《强化职业教育的几项重点措施》等一整套法律法规,明确规定企业、学校、学生的权利、义务,为校企合作和平发展奠定了牢固基础。在1972年的《企业基本法》中提出企业的职业教育的重要性,要求严格企业管委会在对企业职业教育中应有的管理和责任,企业咨询委员要和企业配合做好培训工作,禁止把徒工当作劳动力利用。《青年劳动保护法》明确规定,年轻培训师必须有权获得保护;《职业教育促进法》规定,德国所有企业必须支付国家资金用于职业教育和培训。在很多的规章中,1969年颁布的《联邦职业教育法》是具有重大意义的,被称为现代企业职业教育的基本法。第一次将企业培训的各种离散法规集中在一起,明确而又细致地规定了职业培训关系的确定、内容、解除和终止。在2005年,德国社会的经济发展要求,《德意志联邦职业教育促进》合并为一部新的《联邦职业教育法》,改良后的《联邦职业教育法》是德国职业教育领域统领性的政策法规,它不仅确定了校企合作在德国经济社会发展中的主导地位,而且也证明了职业教育校企合作的重要性。

综上所述,德国通过一系列既关注了行业、企业、职业学校和学生,又触及了联邦政府、各州政府和各地方政府的有层次的法律体系来完善与职业教育校企合作,该法律体系缜密、标准、拥有可操作性,并能够做到有法可依、依法治教、违法必究,是德国职业教育校企合作成功的"保护伞"。

4.1.2.3 拥有正规的专业企业教师

在德国的"双元制"职业教育体系中,比职业学校更为重要的学习领域是企业,教学的主体也是企业。在德国联邦职业教育法中,优秀的公司可以成为校企业的合作对象,优秀的企业在生产设备、人员比例的"硬件"条件和企业教师的素质、学历的"软件"条件等要求,需要符合法律规定的前提。尤其是对优秀教师的要求,必须严格依照规章执行任务。这就说明,任何一家企业在德国不是很容易与职业教育校企合作。其中,一条最重要的规定是该企业中必须配有资质优秀的专业化的教师,从而改善职业技术学校的老师来到企业中不能完全适应教学或企业中技术性人才不懂如何教学的局面,以保证学生来到企业之后能接受正规的、优秀的教学。作为企业的"优秀实训教师"或者"优秀培训师",他们的责任远远超出了人们所想的范围。作为领导者,他们必须根据"职业教育学"或者劳动教育学中从事有关的教育教学活动。1972 年,德国颁布了《企业教师资格条例》,并对企业员工的资格进行了改进。从原来只需证明具备职业教育学和劳动教育学的企业教师,到现在必须要求获得职业教育学和劳动教育学的技巧、学问和才华才可以胜任。21 世纪初,由于德国技术工人的短缺现象非常严重,国家为解决这一大难题,鼓励有开展职业教育意愿而没有职业教育资质的企业开展职业教育。作为一个阶段性的办法,2003 年 5 月28 日,联邦政府经过与行业协会和工会商量,并于 2003 年 8 月 1 日至 2008 年 7 月 31 日期间签订了"职业教育合同",取消了教师资格要求。

因此,由于对企业教师的资历要求大大降低,各企业参与的职业教育的数量明显增加。在 2003 年到 2006 年中,每个企业的参与者的数量增加大约 2 100 个,学习位置数量增加大约 4 250 个。但是德国联邦职业教育研究中心和一家研究所的调研结果指出,真正的职业教育质量有很大问题。如果每个人严格按照《企业教师资质条例》中的规章去聘用教学优秀的教师,那么受教育者的转学率只有仅仅的 13%。从中反映出,校企合作的有效性在很大的程度上取决于合作企业是否拥有一定资质的企业教师,而不是考虑合作企业的范畴等其他方面。

4.2 澳大利亚职业教育校园与企业的合作概述

澳大利亚作为全球经济发达国家之一,着力于建造体系的职业化教育和培训系统,其职业化教育和培训系统是在全球上最完美的国家之一。澳大利亚的职业化教育里的职业技术教育学院的教育较为著名,职业化教育和培训提供者是校园和企业合作的重要代表,更是职业化教育校园与企业合作的核心。因而,职业技术教育学院校园与企业合作在澳大利亚职业化教育中占有主导地位。根据统计,"在澳大利亚就业队伍中大学和高等学校出来的专业人才只占了 2%左右,然而在职业技术教育学院出来的技术员和专业员占了40%"。经过了不同时期的改变,职业技术教育学院的校园与企业已经取得很大的成功,它的成功值得我们学习。

4.2.1　澳大利亚职业教育校园与企业合作开展简述

澳大利亚是英国的殖民地,第一个职校于 1827 年成立于霍巴特,在 1833—1840 年之间,在悉尼、墨尔本、纽卡斯尔、阿德莱德以及布里斯班先后都建立了职校。第一批职校成立是在澳大利亚建国以前。在这个国家还没有独立的时候,就已经展开了职业教育校园与企业合作。在早期,在职业教育校企合作下学徒制形成,仅次于手工商业者与职业院校的无组织无纪律的初始合作,官方也没有支持和重视校园与企业的合作。职业教育校园与企业合作在这个时期是"自由合作"的状态生存着,职业教育的主导并不是它。澳大利亚联邦政府在 1901 年建立,澳大利亚开始慢慢建立起属于自己的职业教育体系。澳大利亚政府在 1927 年建立了有关学徒制度的法律,以法律的形式第一次确定校园与企业合作的开启。在这时候,按照学徒制规定,在职工作和离职培训相结合,职业技术教育学院缓慢生长,还没有形成成熟体系,以专业技能为主,校园与企业合作里的职业技术教育与培训依旧是学徒企业自己承担。与此同时,职业技术教育学院的校园与企业合作并没有什么起色,企业处于一个被动的非主动化阶段。在 20 世纪 70 年代澳大利亚经济体系发生了重大的变化,在经济中已经不再是占主导作用的传统行业,通信业、金融业等新兴行业发展持续不断,对职业教育与培训的需要越来越强,澳大利亚政府也慢慢认识到职业教育对经济的主导作用,职业技术教育学院得到了重视。《坎甘报告》在 1974 年的时候成为职业教育和培训的转折点,同时职业技术教育学院也开启了创办职业教育的新面孔,使在制度上的职业教育校园与企业合作得以认证。报告提出,技术教育和继续教育和学历教育以及岗位培训相结合,成立新型的技术和继续教育学院。报告还同时提出,要把职业教育收进澳大利亚教育系统,并要求行业和企业参与到职业教育的合作中。职业技术教育学院得到了政府的重视和支持后,进入了迅速发展阶段。在 20 世纪 80 年代中期,职业技术教育学院和企业的合作越来越紧密,数量远超大学和高等教育学院的总和。

4.2.2　澳大利亚推进职业教育校园与企业合作的有效性的办法

联邦政府之前明确提出"很少有国家像澳大利亚那样一直坚持职业教育改革"。职业教育与培训的全面发展成为推动社会经济发展的重要力量。政府的大力支持,行业的巨大推动,使职业教育和培训走上了一条与其他国家不同的发展道路。澳大利亚职业教育校园与企业合作以职业技术教育学院为实施主体,在政府管理下职业教育机构的建设、调整和在行业的领导下澳大利亚职业教育校园与企业合作谱写了辉煌的篇章。

4.2.2.1　政府管理下的职业教育机构的建设和调整

澳大利亚政府对于职业教育改革的推进一直以来不遗余力。之所以能够开展得如此顺利,并且成效突出,职业教育校园与企业合作与政府管理下的职业教育机构的建设和调整是不可分割的。在澳大利亚,除了从核心到地方全有专门管理职业教育的政府机构之外,还有澳大利亚培训产品公司、国家行业培训顾问机构、国家职业教育研究中心等管理机构。在政府方面上,澳大利亚负责职业教育政策及计划的最高政府现实机构属于就业、教育、劳资关系部的职业技术教育委员会,由政府职业技术教育和各州培训的所有部长组成,由联邦职教部长担任委员会的主席,这个机构设立了国家质量委员会、国家行业技能委员会、国家高级官员委员会。对国家培训系统负总责的是部长委员会,他们对国家的职业教育培训系统进行管理,和下面的部门互相协作,利用职业教育全方位的所有力量,为促进职业教育校园与企业合作的进行给予了必要的保障;由雇主和雇员代表组成了国家行业技能委员会,它的职责是为职教部长委员会供给劳动力资源计划以及未来的重点培训提供有实际依据的高质量建议。澳大利亚政府决定于 2007 年后的三年中,提供 5 100 万澳元用于促进行业技能委员会建设,为了促进行业企业更好地参与职业教育与培训。国家质量委员会里的成员都是由职业教育供给者、行业以及工会的代表所组成的,他们的主要职责是监督质量的保证和保障澳大利亚的质量培训方面的审核和培训机构的注册认证及课程认证机构的国家统一性。国家高级官员委员会是由澳大利亚与各州政府的培训部门所有的 CEO 而组成的,主要负责部长委员会的大体的行政工作。在各州的条理上,各州都有州培训局,主要是负责本州执行及管理培训质量方面,管理因为公共资金所支持的职业教育的培训项目,实行职业教育培训的兴办和规划。值得关注的是,澳大利亚职业教育体系发展的一个重要转折时期是在 20 世纪 90 年代。在这之前,职业教育项目的设想大多都是在各州和各地方层面上进行的;在这之后,澳大利亚联邦政府和各州及各地方实行了很多的有效的沟通与合作。澳大利亚国家培训局是在 1992 年成立的,是在 2005 年被调整的。在此之外,国家行业技能委员会和国家质量委员会在 2010 年被高等教育和就业部长委员会所取代,对国家职业教育与培训体系管理安排的充分审查,是为了更主动适应职业教育的改革与发展。这足以表明联邦政府在职业教育的管理实践中不断地丰富自己,推陈出新,积极进取,安排国家管理实践机构,这让职业教育校园与企业合作更加规范而又合理。澳大利亚联邦日渐施展调整与整合的作用,为推动职业教育的发展和校园与企业合作的推进给予了庞大的推动力。

4.2.2.2 行业在校园与企业合作中占有核心地位

行业带领职业教育,职业教育浸入行业,已成为澳大利亚的职业教育的办学的特色。澳大利亚的职业教育校园与企业合作之所以会进行得那么顺利,且成效明显,除了与政府管理的职业教育机构的设立及主动调整有关,还与行业在校园与企业合作中占有核心地位都是密不可分。行业在澳大利亚的校园与企业合作中占有核心地位主要通过参加行政管理、宏观决策、提供资金、监督等各方面来体现。1992 年成立的国家培训局的大部分成员都是各行业和企业的代表,在 2005 年之前国家培训局是负责澳大利亚的职业教育与培训的国家机构。国家行业技能小组在 2005 年取代了国家培训局董事会。在国家行业技能小组中行业代表占了其中的 2/3,行业是有着最高发言权的。澳大利亚在此之外还特地成立行业培训的咨询委员会,就是为了给职业教育和培训进展提出最有用的建议和意见。在职业教育与培训系统之中,无论在咨询层、决策层还是在执行层,全部都有行业组织分布在这之中。在管理体制中行业占据了核心。行业有了政府的充分放权,可以自由发挥,行业代表决定相关决策。近年来,虽然由澳大利亚联邦政府管理职业教育的相关机构,但是这并没有削弱行业主导职业教育管理的机制。行业组织每年还会对职业技术教育学院的教师教学质量实行一次评估,并且会对企业开展满意度调查,达成了行业组织对职业技术教育学院办学的水平的监督,这也推动了校园与企业合作的高效地进行。

综上所述,经过几十年的改革,澳大利亚的职业教育已经形成了一种在国家资格层次下以行业为基础推动力,联邦和各州、各地方政府全力支持、行业合作紧密,和中学、高校、大学有效的衔接,相对独立的、多层面的综合职业教育与培训系统。澳大利亚职业教育校园与企业合作在行业引领下也成为当今世界职业教育校园与企业合作又是一道靓丽的风景线。

4.3　国外职业教育校企合作的启发

校园与企业合作涉及面特别广,因此影响职业教育校园与企业合作有效性的因素也非常多。从德国、澳大利亚这两个国家的职业教育校园与企业合作成功的经验来看,想要提高职业教育校园与企业合作的有效性,以下四个方面是不可缺少的。

4.3.1　施展政府在职业教育校企合作中的核心作用

国外的职业教育学校与企业合作的有效运行经验来看,政府非常重视。学校与企业合作发展的重要前提是职业教育,从政府层面来说,对职业教育学校与企业合作持续、有效的关键是职业教育学校与企业合作进行管理、规划。职校学校与企业合作的基础不同,利益核心也不同,有着天然的冲突性,在我国职业院校与企业合作模式是以学校为主的,这就更加强了这一冲突。所以,政府应该加强法律和经济以及协调者这三个角度入手,加强化自己的角色,明确自己的功能,发挥出最大程度的影响力。

4.3.2　行业有效参与校企合作体制中

国外的职业教育校园与企业合作的成功经验来看,最主要就是行业的作用,它是推进职业教育校园与企业合作的最有力的保证。国家职业教育纲要明显指出:建立健全政府主导、行业指导、企业参与的办学机制,制定促进学校与企业合作办学法规格化,推进学校与企业合作制度化。鼓励行业组织、企业举办职业学校,鼓励委托职业学校进行职工培训。所以,可以吸取别国的经验,在国家层次做好最好的设想,为行业的权威给予制度的保障,产业部门领导要参与到职业教育管理之中,让行业企业渗透到职业教育培育人才的各环节中。

4.3.3　强化职业教育校企合作的法制化建立

法律法规的建立和相关政策的颁布可以有效地为职业教育学校与企业合作提供保障。德国和澳大利亚等职业教育发达的国家在拟定和执行职业教育学校与企业合作的法律、法规和政策上有着最严密的流程,所有的法律政策也很完善很细致。结合我国当前的职业教育学校与企业合作进展的实际情况来看,有必要建立一套完整的职业教育学校与企业合作法规系统。这个法规体系应由众多组织参加。内容要完整和具有可操作性以及时代性,可以让职业教育学校与企业合作足够做到有法可依、有法必依、执法必严、违法必究。

4.3.4　强化职业教育校企合作中企业利益的关联度

职业教育学校与企业合作的一个首要的利益核心是企业。在市场经济的条件下,如果企业没有经济利益的推动,就只有职业教育的理念和热情去坚持的话,那肯定是不能长久下去的。放眼看这个世界,西方国家的职业教育的学校与企业合作展现出了非常良好的发展趋势,类型各异、特色丰富。以特色和特长赢得竞争力的各个类型的职业教育学校与企业合作,真的是数不胜数。比较成功的两种不同类型的职业教育学校与企业合作:一种是德国的"双元制"职业教育。它是以一种企业直接渗透到职业教育,以企业或者雇主供给培训岗位作为基础,以企业为渗透到核心的现代化企业的学徒制度。德国职业教育学校与企业合作高效运行的有力保障是完整科学的"双元制"体制、方便操作的法律法规及正规的专业企业教师。"双元制"的职业教育高效地达成了教育企业和职业院校紧密合作,为"德国制造"提供了很多优秀的人才。另一种是澳大利亚的"职业技术教育",它是以一种靠着财政投入来进行的职业教育。澳大利亚职业教育学校与企业合作是以职业技术教育学院为执行核心,在政府管理的职业教育实际机构的建设、积极调整及行业的领导下谱写了职业教育学校与企业合作璀璨的篇章,也是世界职业教育学校与企业合作一道靓丽的风景。德国和澳大利亚的职业教育校园与企业合作各有各的特色,其中也不乏不足的地方。通过对德国和澳大利亚职业教育学校与企业合作的了解,得出企业、政府、法律法规和政策、行业、师资是影响职业教育校企合作有效性的主要因素。根据国际比较,所得的结论对提高我国职业教育校企合作有效性的四个启发:① 发扬政府在职业教育校园与企业合作中的核心作用;② 设立完美的行业有效渗透的校园与企业合作系统;③ 强化职业教育校园与企业合作的法制建立;④ 强化职业教育校企合作中企业利益的关联度。

第5章 当代高职院校产教融合的探索历程

如今,世界上许多国家的教育发展中都存在产教融合的身影。我国高等职业教育起步较为缓慢,仔细研究我国近十多年的高职教育发展历程,可以发现高职教育以规模发展为主体转变为规模、结构、质量水平为主体,具体表现在产教融合上先后经历了"工学结合"人才培养模式改革、学校与企业的合作关系探索阶段,"十三五"以来进入了"教育与生产的交叉制度"探索的新历程,其发展过程与许多国家教育相一致。

5.1 "工学结合"人才培养模式改革
探索(2005—2010)

2005 年,国务院召开了全国职业教育工作会议,并印发了《关于大力发展职业教育的决定》(国发〔2005〕35 号),普遍认同当时职业教育主要存在的问题是办学投入少条件偏差、整体发展不平衡、办学机制滞后、人才培养不能满足需求等。为了解决上述存在的主要问题,以促进高等职业教育发展,于 2006 年 11 月,教育部、财政部联合出台了《关于实施国家示范性高等职业院校建设计划加快高等职业教育改革与发展的意见》(教高〔2006〕14 号)(以下简称《意见》),决定在"十一五"期间实施"国家示范性高等职业院校建设计划",对这些职业教育发展较为落后的进行资助,并对高职院校进行教育的深化改革以人才培养为中心,大大提高师资队伍水平对社会服务的能力,形成较为特别的办学模式,并起着示范性作用。

根据《意见》精神,结合当时高职教育发展的实际情况和主要问题,这一时期的大多数研究者探讨结果都认为"工学结合"的人才培养模式改革创新是示范院校建设的一面红旗,引着方向性作用。"工学结合"也是这一时期高职教育研究与实践的关键词,在中国学术论文网上,以"工学结合"展开进行大规模搜索发现,2007 年之前,相关文章基本上在百篇以下,2008 年以后开始频繁增长,2011—2013 年达到最大值(年均发表 2 400 篇以上),李敏就提出人才培养模式改革是高职院校教育改革的重中之重,是示范性专业建设的突破点。示范院校创建特色的目标就是打造拥有特色的高技能人才培养模式。罗海滨认为,示范院校的特色建设主要是要制定出具有工学结合特点、目标定位准确优秀人才培养方案,而其突破口就在工学结合上。丁建石指出,在当时情况下高职院校发展的首要问题是专业设置,示范院校在专业设置上应按照"工学结合""校企合作"的原则,按照当地的经济发展相照应而设置专业。2006—2008 年间,先后分三批确立了 100 所国家示范高职院校建设项目,并于 2008—2010 年间分批进行了终期查验。工学结合建设过程中,各示范院校积极开展了配合工作过程的课程开发,深入挖掘各具特色的工学结合人才培养模式,比如浙江金融职业学院,在会计专业"订单式人才培养模式"的实践中,创新性的践行"岗证单一体化"模式,与社会工作岗位相对应实现毕业与上岗零过渡。徐州建筑职业技术学院针对建工专业教育的特点,构建了"一年三学期工学交替"的人才培养模式,该校学生每年都要参加一些社会工作实习岗位,较好地解决了学生"目的不明、动力不足"、毕业生职业岗位能力差的问题,让学生提前适应社会环境同时也有利于学生的成长。

"十一五"期间高职示范院校建设计划的实施是我国高职教育从规模发展转向内涵发展的重要标志。示范院校以建设坚持校企合作、工学结合的人才培养模式为改革方向主线,在人才培养模式改革和建设等方面战果累累取得了明显的进步,进一步确立了一条符合我国国情、适应我国社会经济可持续发展需要的高职院校建设发展之路,我国高职教育逐渐走出了传统学科体系,体系也不断地完善成熟。

5.2 "校企合作"人才培养模式改革
探索(2011—2015)

2010 年 7 月,在示范院校建设的基础上,教育部、财政部联合发出了《关于进一步推进"国家示范性高等职业院校建设计划"实施工作的通知》(教高〔2010〕8 号)(以下简称《通知》),决定继续实施"国家示范性高等职业院校建设计划",新增 100 所左右骨干高职建设院校(以下简称骨干院校)。根据《通知》,骨干院校建设的主要方向有三点:第一是创建新的办学体系,增加院校的活力;第二是深化内部教育体制,增强区域经济对社会的发展的能力;第三是不断对教育进行深化教学,大大提高人才培养计划和办学质量。骨干院校建设是在示范院校建设取得了显著成效基础上的延续与深化,骨干院校建设与示范院校建设既一脉相承,但又不是简单重复,而是在承接的基础上有所侧重,在借鉴的基础上有所变化创新,实践才能够检验是否存在,实践探索中解决示范院校建设未能解决的校企合作办学体制机制创新、专业服务产业发展等深层次难题。马杰认为,"与示范校建设相比,骨干校建设更加侧重于顶层的系统性设计,突破点由自身转向更多利益相关方,需要解决的也为较强的复杂综合性更强的问题,最大的不同之处在于骨干校建设的重点由人才培养模式转为校企合作体制机制的创新。"闫宁也明确地提出,骨干院校建设宗旨目的"旨在汲取前百所示范院校专业建设经验的基础上以体制机制创新提升校企合作水平,以全面带动院校专业建设,对社会具有影响力和吸引力"。如果说"工学结合"是示范院校建设的关键词,"校企合作"就是骨干院校建设的代言人。2010—2012 年间,总共 100 所国家骨干高职院校建设项目先后获批,并于 2013—2015 年间先后通过了最终的验查。在项目建设过程中,各骨干院校深入研究和借鉴与吸纳示范院校建设的方案,在此基础了进一步开展校企合作体制机制建设,重点深化了校企合作关系,强化高职教育校企合作办学的改革和发展方向。例如,江苏常州机电职业技术学院把体制机制创新作为合作办学的内生动力,联合政府、行业、企业,建立了数百家单位组成的校企合作理事会,在理事会带领下,在院校内建设了"江南装备制造产教园",在校外设立 8 个校企合作工作站,创新了"四方三层、内园外站、互利双方共赢"校企合作办学模式。山东职业学院创新"四方四层多边"的合作办学体制,牵头创建了山东省轨道交通职业教育集团,创立了学院校企合作办学理事会、6 个校企合作委员会和 21 个专业建设委员会,初步形成了"政府主导、学校主体、行业指导、企业参与"的"四方四层多边"校企合作办学平台。成都职业技术学院坚持以地方为主体、服务立足于地方,根据不同产业和人才培养的特性,形成不同的校企合作新体制机制,尤其在软件人才培养上,更是与相关企业共同创建"成职软件教育园",构建高职软件人才"一体化"培养体系,在旅游服务业人才培养上利用成都现代服务业聚集的优势,与成都市旅游龙头企业——文旅集团共同组建成立了成都旅游职教集团;电子商务专业主动融入成都北部商贸城,创建了"城中校"的电子商务模式;在创业教育上,与政府、企业合力一气打造青年创业综合服务体系"成都创业学院",实践"企业＋教育"创业平台。显然示范院校建设是我国高职教育内涵建设的起步阶段,普遍示范院校建设重点主要还是着力于学校内部,形成聚焦人才培养模式,注重"一种人才培养模式"的创新与改革。骨干院校建设开始解决更为复杂的问题,研究高职教育办学体制机制的上层设计,注重"一种学校与企业的合作关系"建立与运行,进一步加深强化了高职院校与企业深度交流、高职教育与区域经济互促发展的特征,引领推动我国高职教育发展再上一个新的台阶。

5.3 "产教融合"人才培养模式创新探索(2016—　)

2013 年 11 月,党的十八届三中全会首次明确提出,目前我国职业教育要"深化产教融合、校企合作",为我国现代职业教育发展提出了新的更高的要求。为了进一步全面贯彻落实十八届三中全会精神,2014 年 5 月,国务院印发《关于加快发展现代职业教育的决定》(国发〔2014〕19 号)(以下简称《决定》),并于同年 6 月召开了 21 世纪以来第三次全国职业教育工作会议。习近平总书记强调发展深化教育所做出指示,提出职业教育要"坚持产教融合、校企合作,坚持工学结合、知行合一"。为了贯彻落实"深化产教融合、校企合作"的要求,《决定》第一次把"产教融合、特色办学"作为职业教育发展的基本原则之一,要求"同步规划职业教育与经济社会发展,协调推进人力资源开发与技术进步,推动教育教学改革与产业转型升级衔接配套。突出职业院校办学特点,强化校企协同育人"。第一次提出要"深化产教融合,大力鼓励行业和企业举办或参与举办支持职业教育,充分体现出企业以办学为主体"。第一次首要提出"推动政府、行业、学校、企业联动,促进技术的发展与变化。推动职业院校与行业企业共建技术工艺和产品开发中心、实验实训平台等,成为国家技术技能进步的积累与创新的重要载体"。决定进一步明确了产教融合的主体定位、实施路径和内容,是推进高职教育产教融合的重要标准依据。为了进一步贯彻落实决定的有关要求,2015 年 10 月,教育部印发了《高等职业教育创新发展行动计划(2015—2018年)》(教职成〔2015〕9 号),意思明确提出"坚持以示范建设引领发展,需要鼓励支持地方建设一批办学定位准确、专业特色鲜明、社会服务能力强、综合办学水平领先地方与经济社会发展需要相一致、专业优势突出的优秀专科高等职业院校(简称优质校)"。2015 年12 月,国家发改委、教育部、人力资源社会保障部联合推出了职业教育产教融合发展工程规划项目,以进一步"深化职业教育产教融合、校企合作,发挥企业重要办学主体作用,加快建设现代职业教育体系,使职业教育成为转型升级的'助推器'、促进就业的'稳定器'、人才红利的'催化器',全面增强服务经济社会发展能力。"中央财政对获得立项的应用型本科高校项目将予以 1 亿元的定额资助,对高职院校项目予以 5 000 万元的资助。其财政中心对高职院校足以体现出支持,并对教育产业的高度重视。目前,职业教育产教融合发展工程规划项目已进入实施阶段。虽然国家的优质建设计划尚未出来,但教育部相关职能部门的配合和督促下,广东、浙江等省份率先启动了省级层面的优质校建设计划。很显然优质校建设计划是在"十一五"示范院校建设、"十二五"原本骨干院校建设基础上继续深化与提高,是落实十八届三中全会和《决定》精神的具体举措,其建设重点就在于探索推进"产教融合"。以浙江省为例,浙江省教育厅、财政厅于 2016 年 9 月联合印发了《关于在高职院校实施优质暨重点校建设计划的通知》(浙教高教〔2016〕114 号),在全省高职院校中一次性公正选取认定"优质高职院校"20 所(其中重点校 5 所)。

优质校建设的内容主要有五个要点:第一是改革管理体制机制,重点是"深化办学体制改革,教育产学深度合作机制";第二是建立优势特色专业群,专业布局要与区域产业形态相适应,专业实训基地和教学资源同等重要,且要与企业联合开发建设;第三是建设优质双师型教师队伍,重点是"建立体现产业与专业特色的教师分类培养与管理制度";第四是促进技术技能的积累,在技术技能积累下,要与行业企业协同共建,在技术服务上要面向行业企业;第五是推进国际交流合作。以上五大建设内容中前四个方面都是与产教融合相关的。

综上所述,我国全面推进的优质校建设,是我国高职教育在实践探索人才培养模式、校企合作关系的基础上,继续深入探索产教融合的重大而漫长工程项目,将不断地探索解决"高职教育与生产交叉"的制度性问题,示范并引领我国高职院校进一步深化内涵发展,最终实现"世界一流"的宏伟目标。

第6章　我国职业教育有效的校企合作发展模式

　　从双方自身的实际情况和当下技术技能人才成长的规律与特点出发,选择不同的职业教育校企合作发展模式来实施校企合作对于企业和职业院校来说都是一个不错的方案。结合当下国内外职业教育校企合作的成功的例子,选择不同的职业教育校企合作模式可能会直接影响职业教育校企合作的实施效果,所以,保证职业教育校企合作有效性的重要前提即职业教育必须选择合理、有效、符合自身情况的校企合作发展模式。通过调查研究和实地考察一些职业教育校企合作成功范例,如宁波职业技术学院的基于产业园的职业教育校企合作、江西现代职业技术学院的基于职业教育集团化办学的职业教育校企合作、四川工程职业技术学院的"校中厂,厂中校"的职业教育校企合作、中山职业技术学院与温州职业技术学院的"政校企"共建二级学院的职业教育校企合作和唐山工业职业技术学院的基于现代学徒制的职业教育校企合作等。

6.1　基于产业园的职业教育校企合作的有效实践

6.1.1　概念介绍

　　基于产业园的职业教育校企合作是指在高职院校教学用地上建设与学院主体专业相符的产业园,通过优惠政策吸引与学院主体专业对口的企业入驻园区,成为高职院校校企合作平台,政、校、企共同育人,是融人才培养、产业培育、研究开发为一体的职业教育校企合作办学模式。对于合作育人这一方面,地方政府主要给予政策扶持和制度保障;高职院校和合作企业主要共同承担合作办学、合作育人的具体任务。

6.1.2　优点分析

6.1.2.1　便于校企合作的有效开展

　　在当下社会中,职业教育院校与企业之间的合作并非受单一要素的影响,因此合作的意愿和积极性与企业的意愿和积极性往往不在同一个状态,也就是它们之间往往处于一种不对等的状态。通过把产业园建立在高职院校,基于产业园的职业教育校企合作模式,可以便于企业和学校互相了解并且相互利用资源;同时该合作模式也为学生去企业实习、实训提供极大的便利,企业也可以非常便利地来指导学校的教学、专业设置等工作。正如斯坦福大学校长约翰·亨尼斯所说:"尽管我们生活在数字时代,但是距离近还是有好处的,面对面的沟通是重要的。产业人员来大学也方便。"

6.1.2.2　可以提高合作的经济效益

产业园区的集中性,能为企业走向产业化铺平前进的道路。即能成为某产业的聚集区或是技术的产业化项目,并具有较强的针对性,也就是我们通常听到的孵化平台的概念,形成一个良好的平台,为企业的发展提供机会。通过把产业园建立在高职院校,让产业园与高职院校之间形成一种亲密的合作关系,为此可以降低合作成本,提高经济效益,并且在一定程度上合理规避市场经济所带来的市场风险。产业园中与学院主体专业相关的企业为高职院校的学生提供实习、实训基地和兼职教师的机会,能够在提高质量的基础上,降低学校的办学成本;企业通过合作获取高职院校的资源特别是在人力资源方面,创造更多的财富。

6.1.3　基于产业园的职业教育校企合作的成效

本部分内容将通过分析宁波职业技术学院的实例来看基于产业园的职业教育校企合作的成效。建立宁波数字科技园后,宁波职业技术学院职业教育校企合作水平得到了很大的提升,"院园融合"也成为宁波职业技术学院"校企合作升级版",中国高等教育学会会长瞿振元调研宁波职业技术学院校企合作如是说,使得社会资源被导向服务外包产业、物流信息化产业,使得宁波地区加快建成全国一流的服务外包产业基地、物流信息化基地、国内具有影响力的服务外包人才培养基地的步伐进一步加快。

6.1.3.1　推进了专业与企业深度融合

依托数字科技园,企业真实项目的解决方案就能与宁波职业技术学院的专业教学对接上,与此同时学院紧跟企业的技术发展,可以及时了解到企业的新技术、新工艺、新方法。

目前园区200多家新型企业和科技企业与宁波职业技术学院工业设计、电子商务和动漫设计与制造等主体专业的关联水平较高。宁波职业技术学院和驻园企业共同参与专业设置、人才培养计划的制订,共同参与教材编制、课程建设与教学的工作等,园区企业成为学院相关专业的实习实训基地。据统计,有200多名来自企业的技术骨干担任专业课教师,企业参与建设课程114门,为4 300多人次提供职场化训练、项目和实习实训岗位。

6.1.3.2　满足了教学管理服务工学结合的需要

为了很好地满足学院教学管理服务工学结合的需要,科技园的部门往往是企业或职能部门与宁波职业技术学院院系或职能部门合署办公,为了在工作中便于日常教学与工学结合的有效连接,部门负责人由宁波职业技术学院任命;在科技园,成立一个带有产业集群性质的服务外包学院,实行园区托管的"教改特区"政策,在人才培养目标、课程设置、教学内容、教材使用等人才培养诸环节方面拥有话语权,便于日常教学与工学结合的有效进行;科技园为学生实习实训提供了多样的岗位,实现了学院教育环境与企业工作环境的有机结合,提高了人才质量。据统计,宁波职业技术学院目前有合作办学企业 500 多家,学生因"工学结合"的受益面在 60% 以上。

6.1.3.3 吸引了企业共同参与育人

在合作育人过程中,校企合作必然会涉及各种利益问题,这些问题关系到合作开展的效率。基于产业园的职业教育校企合作模式,对合作育人给予了政策和制度方面保障,当地政府拨入科技园的资金是来自于企业所缴纳的税款,对此科技园拥有二次调配权,其可以对参与职业教育校企合作表现优秀的企业给予物业费用减免、办公设施低价租赁、科技研发创新补助等税收优惠政策和专项支持,由此吸引企业参与共同育人的项目;科技园还通过搭建"科技创新服务中心""宁波模具汽配检测中心""人力资源开发与服务基地""中小企业服务中心"等多个公共服务平台,为企业提供技术开发、员工培训等服务,让企业从中得到真实可见的利益,以此吸引企业参与共同育人。据统计,2013 年科技园共为区域企业完成各种项目申报 661 项,调研企业 630 多家,帮助企业获得授权专利 1 000 件、注册商标超过 300 件。

6.1.4 经验分析

宁波职业技术学院数字科技园较好地解决了职业教育人才培养过程中通过实施"校企合作""工学结合"来提高职业教育人才培养质量方面的难题。通过以上的分析,综合起来大概有以下 4 个方面的成功因素。

61.4.1 职业院校的素质

宁波职业技术学院属于国家首批建设的示范性高职院校,学院综合实力较强,体现在领导能力、综合水平、教育教学改革、专业建设、社会服务等各方面,学院领导班子特别是主要领导在充分把握地方经济发展和产业发展动向的前提下,果断地在学院西校区建立数字科技园,实行院园融合,打造校企合作升级版,展现了宁波职业技术学院领导班子尤其是主要领导的办学理念、决策力和创新力,能够清醒认识和把握高等职业教育人才培养规律,并且能够很好地把这一理念贯彻下去。

6.1.4.2 地方政府的支持

公共政策具有管制、引导和调控等功能,可以使整个社会生活由复杂的、多面的、相互冲突的、漫无目的的行为,有效地纳入统一的明确的目标上来,使之按既定目标有序前进。在宁波职业技术学院的校企合作上,地方政府亮出的"尚方宝剑"为校企合作提供各种优惠政策,如缴纳税收地方留成部分、人才引进支持等,吸引了大批优秀企业入驻科技园,有效地推动职业教育校企合作的开展。

6.1.4.3 与区域经济相契合

宁波职业技术学院地处宁波经济技术开发区,毗邻北仑港,宁波经济技术开发区是中国建区最早、面积最大的国家级开发区之一。经过多年的发展已经形成了电力、化工、不锈钢、修造船、汽车、现代纸业、机电、轻纺、粮油食品、塑胶、建材为一体的产业群,众多国际著名企业也纷纷在此投巨资兴办企业。在宁波北仑新区,有一座著名的由宁波职业技术学院、宁波经济技术开发区、宁波信息产业局和中科院华建集团四方共同出资成立的数字科技园,以宁波职业技术学院为载体,紧密结合区域产业结构特色,契合了地方经济和支柱产业发展的需求。

6.1.4.4 与区域产业经济发展相得益彰

区域产业经济的发展需要众多企业的发展作为推动力,而且区域经济的发展水平是职业教育校企合作发展的基础。宁波地处我国东南沿海,世界第四大港口城市,中国大陆综合竞争力前15强的副省级城市,长三角五大区域中心之一,长三角南翼经济中心和化学工业基地,浙江省经济中心之一。是国内经济最活跃的区域之一。高水平的区域经济极大地推动了当地职业教育校企合作的发展。

6.2 基于职业教育集团化办学的职业教育校企合作的有效实践

6.2.1 概念介绍

20世纪90年代初是职业教育的快速发展的阶段,以相关职业院校与合作企业为主体,以行政区域或行业领域为划分,以相互促进、利益共赢为基本共建原则的职业教育集团也开始在我国应运而生。职业教育集团作为一种教育组织形式,除了职业院校和合作企业参加之外,还有政府机构、科研机构、社会组织等与职业教育有关的多元主体参与进来。依托职业教育集团进行联合办学,是当前我国推进职业教育改革与发展的一项重大举措。依托职业教育集团进行联合办学有利于整合多方力量;有利于建立健全政府主导、行业指导、企业参与的职业教育办学机制;有利于深化职业教育校企合作。进入21世纪,特别是2005年的《国务院关于大力发展职业教育的决定》明确提出要"推动公办职业学校资源整合和重组、走规模化、集团化、连锁化办学的路子"。全国各地纷纷组建多种类型的职业教育集团,职业教育集团迎来了发展的黄金时期,到2013年年底,全国共有各种类型职业教育集团927个。《中国职业教育集团化办学发展报告(2015)》指出:"至2014年年底,据不完全统计,全国已成立职业教育集团1 048个,基本覆盖了全国除西藏以外的所有省、自治区、直辖市、计划单列市和新疆生产建设兵团,以及全国主要行业,1 048个集团共有成员单位 46 400 家,平均每个集团有 44 家单位。其中参与职业院校 833 多所(本科院校 180 多所),参与集团企业 23 500 多家,政府部门 1 630 个,行业组织 1 680 多个,其他组织机构 1 450 多个。"2015 年 6 月,教育部颁发了《关于深入推进职业教育集团化办学的意见》,旨在继续鼓励由多元主体来组建职业教育集团,以此深化职业教育办学体制机制改革,推进具有中国特色的现代职业教育体系建设。"以服务为宗旨,以就业为导向,走产学研结合的发展道路"是我国职业教育的最高纲领,而校企合作又是职业教育成功与否的最核心要素。现如今的职业教育集团绝大多数都是以解决校企合作、工学结合为最主要的任务,因此几乎没有哪个职业教育集团没有企业参与,校企合作成为职业教育集团产生的源动力。基于职业教育集团办学的职业教育校企合作模式可为企业的发展提供技术和人才的储备,职业院校依托职业教育集团开展校企合作、工学结合有利于培养和提高学生综合职业素质。实践证明,职业教育集团为职业教育校企合作实现校企互利共赢搭建了便利的平台,是职业教育发展的一个崭新思路。

6.2.2　优点分析

6.2.2.1　提升职业院校的影响力和话语权

实力的强弱影响着影响力和话语权的强弱。要形成自己的优势,打造特色,实现吸引足量的生源,维持和推动学校的可持续发展的目标,职业院校只有不断地对职业教育人才培养模式进行改革,加大对职业教育人才的培养,培养技能型人才,使人才能够满足市场的需求。以资源集约式发展让高素质技能型人才的培养和供给有更高的效率和更高的质量是职业教育集团化办学最高宗旨。基于职业教育集团办学的职业教育校企合作有利于整合资源,走产学研结合的道路,了解技术发展需求,有利于职业院校在高质量和高效率的模式下培养人才,提高社会辨识度和知名度,增强职业院校的影响力和话语权。

6.2.2.2　为企业提供技术和人才储备

不断充实当前所急需的工作在生产经营一线的高素质技能型人才,是企业要稳固和提升自身核心竞争力的必由之路。企业的发展既需要依靠少数的高素质技能型人才,而且还需要大量的技术人才。为此,就需要从量和质两个方面为企业发展做好技术技能人才储备。基于职业教育集团办学的职业教育校企合作有一个最大优势,该优势可以充分整合来自各方面的资源,包括职业院校、政府、行业企业等,通过了解本行业发展对高素质技能型人才的需求情况,帮助和引导职业院校做好技术技能人才培养规划,为企业输送合格技术技能人才。

6.2.3　基于职业教育集团化办学的职业教育校企合作的成效

江西现代职业教育集团在职业教育校企合作方面取得不俗的成就,其通过抱团借力、共建共享、共赢共长,有效地促进职业教育改革与发展,打造江西职业教育升级版。

6.2.3.1 推进了校企合作向更深层次的发展

在 2014 年,江西现代职业教育集团成立了校企合作工作部,搭建了职教集团成员院校校企合作交流平台,该平台及时总结并巩固了实践中校企合作的经验,使得双方对未来如何开展职业教育校企合作有了更深入的思考,推进了职业教育校企合作向深层次、高水平发展。同时,江西现代职业教育集团还与南昌市多个政府部门,包括人社局、工信委、财政局,共同发起成立了南昌市校企合作发展协会,通过该校企合作发展协会为职业院校和南昌市工业园区企业校企合作搭建平台,推动形成"政府引导、市场运作、社会参与"的工作格局,着力解决园区企业技能人才短缺的问题。

6.2.3.2 创新了职业教育校企合作模式

一是创新了合作模式,实现互利发展。通过积极搭建行业、企业、职业院校合作平台,江西职业教育集团合作共同创建了若干个校企合作示范基地,并取得了明显的成效。在南昌市测评的 10 个"校企合作示范基地"中,职教集团就占了 6 个。二是创新合作模式,实现发展多元化。江西职业教育集团通过开办多个定向、订单、现代学徒制等特色班级和共建校内外生产、实验、实训基地(项目)参与职业教育校企合作。据不完全统计,江西职业教育集团开办的特色班级有 120 余个,共建的项目达 200 多个。除此之外,通过创新"职业模拟"人才培养模式和现代学徒制人才培养模式,实现了学校与企业的无缝对接和"招生即招工,上课即上岗,毕业即就业"的完美结合。

6.2.4 经验分析

基于职业教育集团化办学的校企合作模式以另外一种路径也较好地解决了职业教育人才培养过程中实施"校企合作""工学结合"人才培养模式改革方面的难题。分析该合作模式成功的主要因素在于以下几个方面。

6.2.4.1 在本行业中职业院校主管部门具有领先地位

江西现代职业教育团是由国家骨干高职江西现代职业技术学院为龙头,联合其他职业院校、企事业单位、行业协会和工业园区组建而成的。江西现代职业技术学院接受江西省国资委下属的江西省建材集团公司管理,江西省建材集团公司长期立足行业建材特色,在江西省建材领域处于领军地位。领先的行业地位为江西现代职业教育集团和职业教育校企合作的健康发展奠定了坚实的基础。

6.2.4.2 职业教育受到集团公司的重视

没有集团公司对职业教育的真正重视,江西现代职业教育集团就不能得到如今的发展。2010 年,冶金、石化、纺织、医药和电子等 5 家集团公司原有的 11 所职业院校,全部委托给江西省建材集团公司管理,2011 年 1 月,江西现代职业教育集团组建成功。然而摆在现代职教集团面前的一道大难题就是如何真正实现"抱团"的总目标,从而规避"集"

而不"团"的松散状态。为此江西现代职教集团积极开展工作,去争取得到政府部门的支持。2013年,经过各方努力争取,现代职教集团获得了独立法人资格,从而把政府的管理职能有效融入集团化办学的管理中,实现了建材集团公司的学校管理办公室和现代职教集团合署办公的目标。经过四年的发展,江西现代职业教育集团从成立到现如今实质性运行,充分体现了江西现代职业教育集团对职业教育的重视和支持,不断密切与多方的合作关系,搭建了良好的平台来实现职业教育校企合作。

6.2.4.3 职业教育集团对职业教育的办学理念的深刻认识

无数真实案例证明,发展职业教育的必然要走上校企合作之路。校企合作的有效开展,与高职院校对职业教育校企合作办学理念的认识和把握有很大的关系。在充分发挥"集团"优势的基础上,江西现代职业教育集团,通过实现资源共享优势互补,突破单兵作战的"瓶颈",积极探索建立新的合作体制机制——"政行企民校",成立校企合作理事会,始终以人才培养为核心开展合作。将开放合作贯通的办学理念,贯彻在和省外企业合作共建科技学校,为学生搭建的工学交替平台的工作过中,把校企合作前移到了企业门口。

6.3 "校中厂,厂中校"的职业教育校企合作的有效实践

6.3.1 概念介绍

"校中厂"一般是指由职业院校提供场地,与学院主体专业关联度较高的企业合作,将企业一部分的资源,如生产设备、技术人员等引入共建的实训基地,在进行产品开发、生产和研究工作的同时开展校内教学实习。"厂中校"是指职业院校接受合作企业具有一定规模、相对稳定的帮助,建设满足职业院校学生校外实习、实训、实练、教师培训、产学研合作和社会服务的重要基地。针对我国职业院校办学经费有限、企业参与职业教育动力不足的问题,"校中厂,厂中校"应运而生,提出了一种解决方案来加快职业教育校企合作,是校外基地教学化与校内基地生产化思维的拓展。

6.3.2 优点分析

(1)可以降低职业院校的办学成本,职业院校学生进行专业实习,需要不菲的资金来购置实习实训器材、实习实训的耗材,对于职业院校来说,这肯定是一笔很大的消耗。"校中厂,厂中校"的职业教育校企合作模式实现了在校内建设生产流水线,据此学生可以根据需要开展生产性实训,也便于教师及时学习企业一线技术工人的先进的生产技术,除此之外,这也降低了校企合作相关的交易成本。

（2）创新了"做中学、学中做"人才培养模式。可以将实训教学转化为深刻的实践，使得学校与企业的合作相得益彰。这种合作模式可以明显地提高教育教学质量，丰富教学内容，保障职业院校人才培养的质量。

6.3.3 "校中厂，厂中校"的职业教育校企合作的成效

四川工程职业技术学院通过体制创新，开放办学，与大型企业共建"校中厂，厂中校"实训教学基地，使"校中厂，厂中校"不仅成为学院的实践教学基地而且成为企业的生产车间，达到了校企合作的共赢目的。

（1）通过"校中厂，厂中校"的职业教育校企合作，构建了一个开放的资源共享平台。东方汽轮机有限公司向四川工程技术学院提供了许多资源，与其同共建了一个校内数控实训基地。该校内数控实训基地拥有五轴加工中心等总价值 7 000 万元的生产设备，实训基地建筑占地 8 000 平方米。东方汽轮机有限公司的工模具研究所、工具分厂一个车间，共有 3 500 万元的设备、42 名技术人员和一批科研项目进入校内数控基地。共建的校内数控基地主要承担从简单轴、套到复杂叶片等 20 余种零件的生产和数控等 6 个专业的实训任务，进而形成了"校中厂"的职业教育校企合作模式。另外，四川工程职业技术学院还与中国第二重型机械集团公司签订了协议来培养大型模锻高技能人才，利用该企业大型先进设备和工程技术人员，在生产过程中进行主要实践技能课程的教学，实施"与项目同步"的人才培养，形成了"厂中校"的职业教育校企合作模式。

总之，四川工程职业技术学院通过与当地大型企业、集团公司共同建立"校中厂，厂中校"实训基地，推动了职业教育校企合作的高效率开展。一是通过"校中厂"，把企业的设备和技术引入校园、产品引入实训、工程师引入课堂；二是通过"厂中校"，教师深入车间、学生参与工段、教学引入现场。实现企业生产和实训教学的有效结合，有力地推动了职业教育校企合作的开展，进而构建一个共享平台开放资源。

（2）通过"校中厂，厂中校"的职业教育校企合作，创新了人才培养模式。四川工程职业技术学院身处"国家重大技术装备制造业基地"——四川德阳市，学院的发展一路上与中国装备制造业同舟共济。重型装备产业具有产业链长、技术密集、工艺复杂、协作配套紧密等特点，企业生产一线需求的学生不仅要有过硬的实践经验，还要有丰富基础理论知识和足够的再学习能力。

通过"校中厂，厂中校"的职业教育校企合作的有效实践，可将系统的技能训练与产品加工相结合，由企业工人和学校老师共同指导学生层层推进完成实训和生产；在课程体系上围绕基础理论知识和实践技能"两条主线"，系统设计，相互融通，对学生进行全面培养，推出"双证书制度"，实现与就业岗位的对接。同时，针对毕业生对后期工作的发展要求，将培训延展到学生的就业岗位上，学生就业以后，学校仍然与企业一起实施延伸、回炉培训，培养毕业生的可持续发展能力。人才培养模式的创新和实践的有效运行，促使毕业生质量不断提高，近几年就业率保持在 98% 以上，不断培养出高级技术技能人才，也推动装备制造业转型升级。

6.3.4　经验分析

通过体制机制的创新,四川工程职业技术学院合作办学,与大型企业共建"校中厂,厂中校"实训教学基地,"校中厂,厂中校"不仅成为学院的实践教学基地而且成为企业的生产车间,学校与企业、工厂之间的良好互动,实现了校企合作的双方共赢。

分析其成功的关键在于以下几点。

6.3.4.1　职业院校本身的实力和特色

四川工程职业技术学院是国家首批(28所)国家示范性高等职业院校,综合实力较强,办学特色显著。尤其是伴随学院一起成长的机械制造类专业为其重点精品专业,在四川省乃至全国具有较好的声誉。企业也因为四川工程职业学院的办学实力和专业特色乐意与其开展校企合作,并且到目前为止已经取得了较为明显的效果,实现了校企合作真正的双赢。

6.3.4.2　专业设置契合区域产业发展战略

地处成都平原的德阳市是四川省主要工业城市,也是中国重大技术装备制造业制造和研发基地,其主导产业为中高端装备制造业。而地处德阳市的四川工程职业技术学院一直与装备制造业唇齿相依,装备制造类专业的大批次的开设既能符合区域产业发展又能与当地装备制造类企业有效地开展校企合作,实现了校企合作真正的双赢。

6.4　"政校企"共建二级学院的职业教育校企合作的有效实践

6.4.1　概念介绍

"政校企"共建二级学院一般是指在高职院校和行政辖区内产业特色鲜明的地方政府合作开设二级学院,二级学院开设的专业直接对应当地产业,直接服务于当地特色产业发展的需要。从形式来讲,该模式主要是一种以职业院校、地方政府、企业三方合作为主办学的模式。地方政府负责提供教学用地、教学设备等;职业院校担任师资队伍配置、专业设置、人才培养方案制定、课程设置、学生管理、招生计划和校园规划等工作。

6.4.2　优点分析

6.4.2.1　职业教育校企合作针对性强

职业院校与各个产业特色鲜明的产业乡镇联合创办的二级学院能够在一定程度上更

有效率地直接为产业服务,在这种模式下的高职院校与产业乡镇的合作具有针对性强的特点,能够根据当地产业发展的现状、企业的需求提供技术技能人才培养服务,保证技术技能人才在数量和质量上的供给;同时又可以有针对性地引导职业院校学生进行专业学习,有利于学生的培养和就业。

6.4.2.2　便于职业教育校企合作有效开展

在现实中,由于职业教育办学成本较高,相比较而言职业院校办学经费比较短缺,这也成为职业教育进一步发展的困难。"政校企"共建的二级学院都是建立在一些产业特点比较鲜明且经济相对发达的区域。因此,"政校企"共建二级学院的地方政府可以为职业院校提供较为丰厚的发展资金,承担相关学院的基础设施及实训设备等需要的资金。

6.4.3　"政校企"共建二级学院的职业教育校企合作的成效

不管是中山职业技术学院还是温州职业技术学院,各个学院都积极融入当地的社会经济发展之中,努力推动学校与地方经济的深度耦合,探索符合地方产业发展的"政校企"共建二级学院的职业教育校企合作人才培养新模式,为区域经济社会发展做出较大贡献。

6.4.3.1　创新了职业教育校企合作办学模式

所选两个案例都较为生动形象地说明了职业教育校企合作眼光向"下"也会有很大作为。温州职业技术学院原院长丁金昌认识到,"职业教育要有一种另类的'眼高手低',我们的'眼'界要高,要有高度、气度,但我们的'手'要放低,要立足基层、生产第一线,让学校走出去,深入到产业需要的地方"。2010年,国务院开展各地政府推动高等职业教育发展综合改革试点工作,温州市也属于其中之一;2011年,温州市又明确提出在全市范围内选择经济发达市和人口大县创办高职院校,作为优质高职院校的分属校区之一。温州职业技术学院当机立断,积极利用这一难得的机会,前后在瑞安市、永嘉县共建二级学院。中山职业技术学院也先后在古镇镇、沙溪镇等地方政府共建二级学院,为当地经济建设与发展做出了贡献,培养了一大批高端技能型人才。

6.4.3.2　创新了职业教育校企合作育人模式

"政校企"共建二级学院的根本出发点是具有针对性地培养符合当地特色产业所需要的技术技能人才,特别是本地人才。在当地政府引领下,将职业院校的教育资源引入地方政府,协助地方政府和企业共同在新材料、新技术、新设备、新标准方面开展合作,进行研发和应用,同时也要与企业建立实习实训基地,将企业真实项目与广大学生的课堂结合起来,创新"合作办学、合作育人、合作就业、合作发展"的职业教育校企合作育人模式。

6.4.3.3　提升了学院服务企业和区域经济能力

"政校企"共建二级学院作为校企合作的一个综合平台。在中山职业技术学院和温州职业技术学院的社会服务中发挥了很大的作用、产生了重要的影响,构建了以政府为主导的政校企合作联盟。例如,中山职业技术学院设立校企合作专干服务镇区和教学;设科技特派员教师入驻企业服务企业创新,共建了共性技术平台,这样既可为企业解决技术方面的难题,又能促进新产品开发工艺水平提升。中山职业技术学院所取得的一批职业教育校企合作成果,为服务地方经济发展与企业科技创新以及学院职业教育校企合作做出极大的贡献。温州永嘉县是"中国泵阀之乡"。而温州职院拥有全国唯一的阀门设计与制造专业,两者的紧密合作助推县域经济发展。

6.4.4　经验分析

在地方政府带领之下,中山职业技术学院与温州职业技术学院的"政校企"共建二级学院不断融入地方社会经济发展,这是政府、学校和企业三方共同联合的产物。上述职业教育校企合作办学模式带有明显地当地特色,改变了职业院校的办学体制和人才培养机制,促使职业教育校企合作的有效性得到较为明显的提高。分析其成功的关键在于以下几点。

6.4.4.1　地方政府的大力支持

中山、温州两地都是职业院校的发展的重要支柱,将学院的建设发展归入发展职业教育的战略规划之中,从经济社会发展的战略高度谋划、指引、支持学院的发展。在中山,学院院长身具高等教育学历和政府背景,往往是由市人大领导担任,这样有利于职业院校与地方政府有效率的开展合作,并专项成立"政校企"合作人才培养体制改革领导小组和成立由各级政府部门和企事业单位参与的联席会议制度,为"政校企"合作工作的开展提供引导、政策支持和资金帮助,推动了校企之间的合作进程。

6.4.4.2　与区域产业关联度高

中山、温州两个地区是浙江、广东两省经济实力较强的城市之一。温州曾经被誉为中国民营经济发展的先发地区与改革开放的前沿阵地。专业镇经济是中山产业发展的优势所在,中山市几乎每个镇都拥有属于当地的主导产业,基本形成了"一镇一品"的产业发展格局。中山职业技术学院的"政校企"二级学院坚持服务区域经济发展的办学方向,围绕镇区产业布局设置专业,紧扣镇区产业发展建设专业。因此,地方政府的大力支持中山、温州职业技术学院。

6.4.4.3　与区域产业经济发展水平相结合

企业的发展是区域经济发展的推动力所在,而职业教育校企合作的发展又需要以区域经济的发展水平为基础。所以,职业教育同企业的合作应该与所处区域的经济水平以及职业院校的特征相结合,开展多样化的路径从而达到优势互补目标。区域经济发展水平较高可以保障职业院校从企业获得较为超前的技术,同时也可以保障企业从职业院校获得更加符合的实践型技术人才。无论是中山职业技术学院还是温州职业技术学院,它们所处的地区都是该省甚至是全国经济发展水平较为高的区域。因此,该区域的职业教育校企合作的发展水平略高也是十分正常的。

6.5 基于现代学徒制的职业教育 校企合作的有效实践

6.5.1 概念介绍

现代学徒制是在传统学徒制上建立起来的,是通过校企双方加深合作、教师与工人的联合传授,对学生以技能培养为主的现代人才培养模式,是一种集招生与招工于一体的人才培养模式。学生在不脱离工作岗位的前提下,学校指派专任教师传授基础理论性知识和基本的相关技能,企业派任师傅传授专业技能实施正规学历教育,从而获取知识、技能和学历的提高。它使学历职业教育和在职职业培训两者的优点综合在一起。从理论的角度出发,它是职业教育人才培养中一种较为理想的教育形式,推动职业教育体系和劳动就业体系互相发展,能有效地解决目前我国职业教育校企合作存在的一些问题。

6.5.2 优点分析

6.5.2.1 有利于提高顶岗实习质量

基于现代学徒制的职业教育校企合作可以从指导人员的配备、实习时间的充裕、职业技能的考核等多个层次上来确保提高企业内顶岗实习的质量。在指导人员配备方面,企业会主动派出经验丰富的师傅来指导学生实习;在实习时间方面,因学徒多数时间在企业,所以就有充足的岗位实习时间和最新设施设备直接接触机会;在职业技能考核方面,考核时间不固定,多个考评主体,在工作场所内进行,考核内容兼顾职业资格和实际工作两个方面。

6.5.2.2 有利于人才培养与企业对接

基于现代学徒制的职业教育校企合作是一种典型的以企业为主体的校企合作。在企业主导之下的人才培养方案能够契合生产岗位的需要,同时以实践性为主要特征的工作本位课程模式又能过让学生接触和使用最新的设备,真正学到技术和方法,改变知识技能的教育方式,让学生在实践中学、在工作中学。

6.5.3 基于现代学徒制的职业教育校企合作的成效

唐山工业职业技术学院充分利用河北省曹妃甸工业职教集团的平台,选择唐山市美术瓷厂、长春合心机械制造有限公司、唐山客车轨道有限公司、亚洲陶瓷时代有限公司等企业与其成为合作伙伴,坚持不懈地探索具有中国高等职业教育特点的现代学徒制实施方案,进一步深化了校企深度融合,促进了该校职业教育校企合作水平的不断提升,最终实现了职业教育校企合作真正的双赢。

6.5.3.1 创新职业教育育人模式

充分发挥企业的带头引领作用,企业参与职业教育人才培养的整个过程。一是企业和学校一道联合进行招生招工,对校企双方的现代学徒制人才招生计划进行优化,签署两份书面协议;二是企业和学校一起联合进行培养,优化校企双方的现代学徒制人才培养方案,制订两套方案;三是企业和学校共同联合进行教学,优化校企双方的现代学徒制人才教学过程,制订两套标准。校企合作分别实施,相互协同,创新了职业教育人才培养模式。

6.5.3.2 推进了专业与企业的深度融合

唐山是历史悠久长达百年工业重镇,是中国近代工业的摇篮,津京唐工业基地的中心城市,工业基础十分的雄厚,一贯有"北方瓷都"之称,被国务院列为新型工业化基地和科学发展的示范区。唐山 10 大支柱产业包括煤炭、钢铁、电力、建材、机械、化工、陶瓷、纺织、造纸、物流。唐山工业职业技术学院前身是唐山职工大学(陶瓷分校)、唐山高级技工学校(唐山陶瓷集团公司技工学校)合并升格而成。学校以唐山支柱产业为核心,推动学校主干专业建设,与当地企业的校企合作十分密切,推进了专业与企业的深度融合。

6.5.4 经验分析

以现代学徒制为基础的职业教育校企合作良好地解决了职业教育校企合作存在的一些问题,如企业内顶岗实习质量较低、人才培养与社会需要脱节等。其成功主要因素如下。

6.5.4.1 地方政府的大力支持

唐山市政府大力支持唐山工业职业技术学院的发展,将学院的建设发展归到社会经济战略发展规划当中,前前后后了投资 16 亿元,在曹妃甸区建设了 1 644 亩的大规模生态型新校区,校内设有多次生产性实训基地。这些基础设施都为学院和职业教育校企合作的发展平台提供了良好条件。

6.5.4.2 学院的高度重视

学院对高等职业教育办学理念有了充分的理解和把握,较为深刻地认识了职业教育校企合作的切入点和时代要求,大力开展以现代学徒制试点的职业教育校企合作。同时还专门成立校企合作办这一机构来具体负责。

6.5.4.3 与区域产业关联度高

唐山工业职业技术学院新校区地处于曹妃甸区。曹妃甸区是国家级经济技术开发区,现如今建成了东北亚区域合作的窗口、环渤海地区的新型工业化基地、首都经济圈的重要支点,正朝着其目标迈进。机械、陶瓷又是唐山市的支柱产业。学院的主干专业与区域联系密切,这有利于现代学徒制试点的展开。

本章内容立足于我国职业教育校企合作的总体现状,在遵循职业教育校企合作有效性逻辑起点的基础上,提出了我国职业教育校企合作进程中校企有效性的体现,主要表现为:一是高效的发挥校企自身的功能;二是积有效率的寻求地方政府的支持;三是积极有效地发挥市场的作用。选取了五种比较具有代表性的职业教育校企合作,即基于产业园的职业教育校企合作、基于职业教育集团化办学的职业教育校企合作、"校中厂,厂中校"的职业教育校企合作、"政校企"共建二级学院和基于现代学徒制的职业教育校企合作进行了解析。借助经典实例分别对上述五种职业教育校企合作有效实践的内涵、优点、成效、经验和启示等方面进行分析,发现隐含在这些职业教育校企合作有效性背后的影响因素。以上五种职业教育校企合作虽有其不同,但在培养职业教育人才,提高职业教育人才培养质量方面各具特点和好处,同时,又互为补充,相互联系,相互促进。

第7章 江苏财经职业技术学院商科类专业校企合作实践

7.1 与江苏今世缘酒业股份有限公司的校企合作

江苏财经职业技术学院与江苏今世缘酒业股份有限公司的合作始于2006年,合作专业为市场营销,依托校企资源,携手培养人才,服务地方经济。

江苏今世缘酒业股份有限公司是中国白酒业经济效益十佳企业,"今世缘"是"中国驰名商标""中国十大文化名酒",2010年的销售收入达30亿元,利税10亿元。

江苏财经职业技术学院是2004年7月经江苏省人民政府批准的一所省属全日制普通高等学校,是教育部高职高专人才培养工作水平评估优秀学校,江苏省省级示范性高等职业院校建设单位。

7.1.1　创新机制，携手培养人才（酒类营销）

7.1.1.1　共建二级学院，创新办学体制机制

淮安是著名的酒乡，名扬天下的"三沟一河"（洋河、双沟、今世缘（高沟）、汤沟）均产于此。"好酒不怕巷子深"的营销理念早已过时，新的营销模式对酒类营销人员的素质要求越来越高，高素质的酒类营销人员供不应求。

结合淮安当地实际以及今世缘酒业实施营销人才培养和引进的"十百千"工程，江苏财经职业技术学院和江苏今世缘酒业股份有限公司经过调研和磋商，达成共识，于2011年3月18日签订了共建"今世缘营销学院"的协议，首届"今世缘订单班"于2012年5月启动。校企双方明确企业和学校职责权利，成立今世缘营销学院理事会，实行"双主体"办学、"双院长"负责、"双导师"教学、"双身份"学习。

为切实保证今世缘营销学院的良好运转，学院、系部、公司从组织机制、日常管理制度、质量管理与监控等方面给予了大力支持。根据专业建设实际需要，在校企合作理事会的领导下，制定《专业建设项目建设情况定期检查制度》《任务责任人计划完成情况检查制度》等保障性制度；建立项目质量管理与监控体系，加强项目过程管理，实施项目责任制度，系主任为项目第一责任人，对项目实施负有全面责任；建设资金实行目标管理。

7.1.1.2　订单培养，工学交替，改革人才培养模式

面向全院学生，通过校企宣讲、学生报名、企业面试的流程，组成"今世缘班"。在"校企双主体"的管理体制下，实施"旺工淡学，螺旋提升"的人才培养模式，该模式获得院级教学成果特等奖。为"今世缘班"配备由学院导师和企业导师共同组成的"双导师"，校企双方全程指导专业教学和实训实习，共同评价学生能力，共同落实就业岗位。

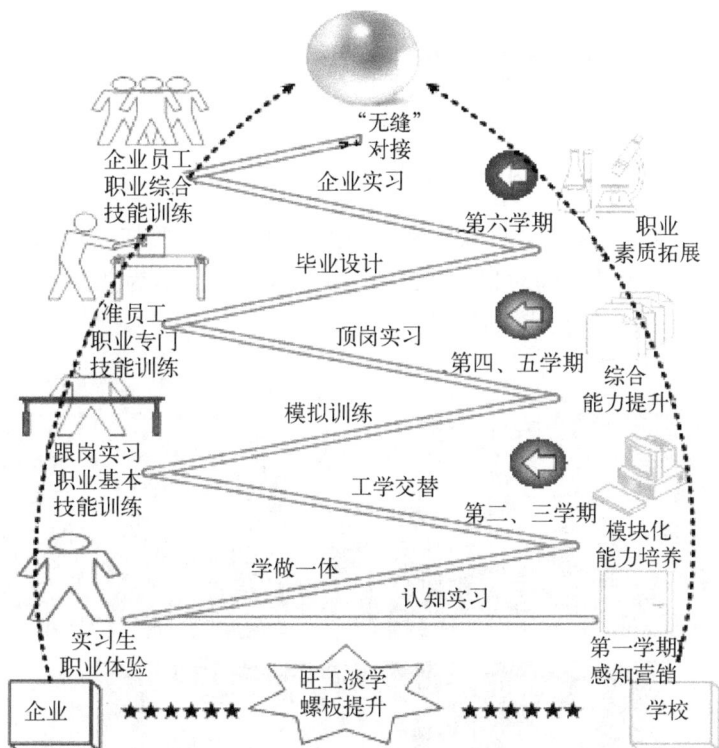

7.1.1.3　真诚协作,资源共享,建设实习实训基地

在校内,由校企共同投资建立"今世缘"酒类营销实训基地,一方面为学生提供真实的经营环境,实现"教、学、做"一体化,强化学生职业技能和可持续发展能力的培养。另一方面为企业开展员工培训,满足企业对员工进行技能培训、资格认证等方面的需要。

在校外,今世缘酒业有限公司和其设在各地的办事处作为学院的实习基地,为学生的认知实习、工学交替、顶岗实习和毕业实践提供岗位和场所,为培养和提升学生的职业能力和综合素质提供必要的物质保障。

今世缘校外实训基地揭牌仪式　　学生在今世缘酿酒车间学习　　学生在今世缘文化长廊参观学习

7.1.2 互惠互利，校企合作共赢

7.1.2.1 借助学院平台，为企业提供多种服务

2009 年和 2010 年学院为今世缘集团营销人员开展了素质拓展培训，提升了今世缘酒业集团员工的综合素质。同时积极为公司培训员工，几年来，为江苏今世缘酒业有限公司培养和培训营销、管理和技术人员 500 余人。

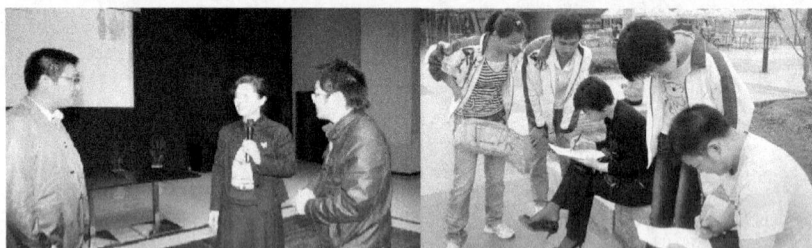

陆霞主任为今世缘作商务礼仪培训　　　订单班学生为今世缘酒业做市场调查

7.1.2.2 依托企业资源，提供实习就业岗位

在今世缘及其他合作企业的大力支持下，我们在校内举办了 5 届"学做小老板，勇当创业人"的实践创业活动，先后有 2 000 余学生得到了创业实践锻炼；有百余名学生先后在今世缘酒业参加认知实习、专业实习和顶岗实习；有 37 名学生在今世缘酒业预就业。通过实习，学生的专业能力和职业能力得到了大幅提升。

学生在今世缘文化广场参观　　　学生参观今世缘文化展示馆　　　订单班同学在今世办公楼前合影

校园模拟市场

7.1.2.3　校企互设工作站，合作共赢谋发展

学院在今世缘酒业设立"学院驻企工作站"，派出以教授领衔的营销教师团队：学习和研究今世缘的企业文化、酒文化和"缘文化"，通过编写案例、开发教材等形式将企业文化融入校园文化；开展横向课题研究，为企业营销决策提供咨询；参与企业营销策划和促销活动，提升专业教师实践技能；为企业提供营销理论培训，提高在职营销人员知识水平。

今世缘公司在学院设立"企业专家工作室"。公司的营销精英、促销能手来学院指导人才培养方案的制定；参与工作过程课程的开发、学习领域课程标准的制定、项目化特色教材的编写；开设讲座，传播企业文化、传授实战经验；承担实践教学任务、指导学生毕业实践和毕业论文的写作。

江苏今世缘酒业有限公司在江苏财经职业技术学院设立了奖教、奖学基金，冠名举办了四届"今世缘杯"教学竞赛以及学生奖学金。

文化交流　　　　　　　　　经理讲座　　　　　　　　专业建设指导

7.1.3　辛勤耕耘收获累累硕果

在双方不懈的努力下，校企合作取得了丰硕的成果。

7.1.3.1　学生层面

获江苏省普通高等学校本(专)科优秀毕业论文评选一等奖、二等奖和优秀团队奖；获第二届、第三届全国大学生"创新、创意及创业"大赛一等奖、二等奖和最佳创意奖；获全国商科院校市场营销专业技能竞赛二等奖；全国商科院校商业服务业店长"明日之星"大赛三等奖；"昆山杯"全国大学生创业大赛优秀团队三等奖；《淮安市婚庆用酒市场调查与研究》获得江苏省大学生实践创新训练项目立项；五届"学做小老板，勇当创业人"不仅锻炼了学生的专业能力、创业能力,还受到了多家媒体的青睐(江苏教育网、江苏教育报、淮安电视台、淮安日报等重点报道)。

7.1.3.2　教师层面

获江苏省普通高等学校本(专)科优秀毕业论文评选优秀指导教师奖;第二届、第三届全国大学生"创新、创意及创业"大赛优秀指导教师奖;全国商科院校市场营销专业技能竞赛和全国商科院校商业服务业店长"明日之星"大赛优秀辅导教师奖。

7.1.3.3　专业层面

市场营销专业获江苏省示范高职院示范专业建设立项;江苏省重点专业群建设核心专业;"旺工淡学,螺旋提升"的人才培养模式获得院级教学成果特等奖;获批省级现代贸易与电子商务实训基地立项并建设完成。

7.1.3.4　企业层面

江苏今世缘酒业股份有限公司的知名度和美誉度大大提升,2010年的销售收入达30亿元,利税10亿元。

7.1.4　今世缘校企合作相关文件

7.1.4.1　今世缘营销学院建设方案

1. 建设背景

江苏今世缘酒业有限公司是中国白酒业经济效益十佳企业,现有员工2 700余人,年产"今世缘"系列白酒3万余吨。"今世缘"是"中国驰名商标""中国十大文化名酒""中华婚宴首选品牌",2010年的销售收入达30亿元,利税10亿元。

作为一家区域性品牌企业,今世缘人弘扬"战胜自我,追求卓越"的企业精神,扎实推进"打造品牌、以质取胜、文化营销、人才强企"的战略,致力于品牌文化的传播,致力于产品质量的追求,以敢为人先的胆识和持续引爆市场的创新智慧,创造了中国白酒业的"今世缘现象",历史性地成为"振兴苏酒"的首倡者和实践者,中国文化酒的倡导者和先行者。但是要实现"十二五"销售百亿的战略目标,则需要扎实推进营销改革的各项措施。

企业的竞争,最终是人才的竞争,员工素质的竞争、企业文化的竞争。"人才强企"是今世缘"打造品牌、以质取胜、文化营销、人才强企"战略的重要组成部分。为了更好地方便和满足消费者的需求,提高产品的美誉度、忠诚度和市场占有率。今世缘酒业正在实施营销人才培养和引进的"十百千"工程,即"十二五"期间,培养和引进10名大区营销经理、100名营销骨干、1 000名营销员,从而创建一个自成体系、基础巩固、运行灵敏的市场营销网络,打造一支思想素质高、业务能力强的营销队伍。

2. 建设基础

江苏财经职业技术学院与江苏今世缘酒业有限公司有着良好的合作基础。从2006

年开始江苏今世缘酒业有限公司就已成为江苏财经职业技术学院市场营销专业的实习基地；2009 年江苏财经职业技术学院为其营销人员开展了素质拓展培训；2010 年江苏今世缘酒业有限公司又在江苏财经职业技术学院设立了奖教基金，冠名举办了首届"今世缘杯"教师教学系列竞赛。

为了进一步加强校企合作，积极探索"工学结合"人才培养模式，实现教育资源共建共享、优势互补，江苏财经职业技术学院与江苏今世缘酒业有限公司本着开放、互惠、共赢的原则，经双方友好协商，于 2011 年 2 月达成了共建"今世缘营销学院"的协议，并于 2011 年 3 月 18 日举行了揭牌仪式。

3. 建设目标

依据"江苏财经职业技术学院、江苏今世缘酒业有限公司关于共建今世缘营销学院的协议"，把"今世缘营销学院"建设成为：酒类营销人才学历教育和继续教育的共享基地；企业发展战略、酒类营销策划等课题的研究中心；缘文化传播的重要基地；"校企双主体"办学的典范。

充分利用今世缘营销学院这一平台，扩大影响、锻炼队伍、塑造品牌、提高地位、提升水平，为实现校企双方"走出去"战略、品牌战略奠定坚实基础。经过校企双方共同努力，实现江苏今世缘酒业有限公司和江苏财经职业技术学院的合作办学、合作育人、合作就业和合作发展。

(1) 成立"今世缘营销学院理事会"，完善"校企双主体"合作办学体制机制。

(2) 开展企业培训，实施订单培养，实现校企合作育人、合作就业。

(3) 校企互设工作站，通过智力合作，研究企业和学校发展战略，诊断校企发展中的问题，开展课题研究，实现校企合作发展。

(4) 共建实习实训基地，实现校企资源共享。

4. 建设内容

(1) 完善"校企双主体"办学体制机制。

江苏今世缘酒业有限公司与江苏财经职业技术学院合作成立今世缘营销学院，成立"今世缘营销学院理事会"，实行理事会领导下的院长负责制。"今世缘营销学院"的组织架构如下图所示。

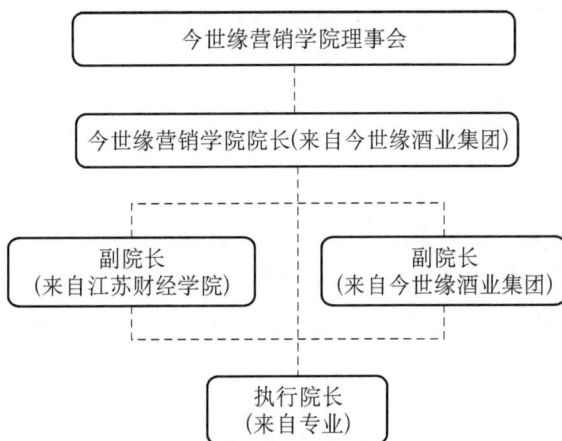

制订课题研究、咨询培训、订单培养、课程建设、教材开发、师资互聘、顶岗实习、学生就业等相关的管理制度。

（2）实施合作育人、合作就业。

① 企业培训。面向今世缘在职员工、新入职员工开展诸如普通话水平、个人形象塑造、计算机应用能力、现代企业管理知识等培训，全面提升员工素质；面向营销人员开展企业形象塑造、顾客满意度分析、推销技巧提升、现代企业管理知识培训和营销素质拓展活动，提高他们的理论水平和营销技能；面向中高层管理人员开展现代企业管理、战略管理、人力资源管理、财务管理和公共关系管理等培训，强化管理人员的执行力，打造企业核心竞争力。

② 订单培养。面向全院学生，通过企业宣讲、学生报名、企业面试等流程，挑选知识、能力、综合素质较好的学生，组成"今世缘班"。江苏今世缘酒业有限公司和江苏财经职业技术学院围绕企业人才需求和培养目标，创新人才共育内容和方式。依据企业人才规格，共同制定培养计划；在"校企双主体"的体制下，实施"旺工淡学，螺旋提升"的工学交替人才培养模式；依据企业技术标准，共同开发专业课程和教学资源；依据企业岗位任职和能力要求，共同组织校本教材开发；依据人才培养计划，共同实施教学内容；为"今世缘班"学生配备由学校导师和企业导师共同组成的"双导师"，提高课堂教学质量、强化实践教学效果，建立校企双方共同、全程指导专业教学和实训实习，共同评价学生能力，共同落实就业岗位的机制，实现教育教学双导师，评价双认同，就业双帮助。

（3）互设工作站。

① 在江苏今世缘酒业有限公司设立教师工作站，学院派出以教授领衔的营销教师团队：学习和研究今世缘的企业文化、酒文化和"缘文化"；与企业专家共同为企业把脉问诊，开展横向课题研究，为企业营销决策提供咨询；为企业提供营销理论培训，提高在职营销人员理论水平；参与企业营销策划和促销活动，提升专业教师实践技能；通过编写案例、开发教材等形式将企业文化融入校园文化。

② 在江苏财经职业技术学院，设立企业专家工作室，聘请江苏今世缘酒业有限公司的营销精英、促销能手来学院：传播今世缘先进的企业文化；指导人才培养方案的制定；参与学习领域课程的开发、项目化特色教材的编写；承担实践教学任务、传授实战经验；指导学生毕业实践和毕业论文的写作。

通过校企双方的共同努力，实现校企双方相互促进，企业与学院和谐发展。

（4）共建实习实训基地。

在校内，由校企共同投资建立"今世缘"酒类营销实训基地，一方面为学生提供真实的经营环境，学生直接参与经营与服务活动，实现专业教学情景化、真实化，融"教、学、做"为一体，强化学生职业技能和可持续发展能力的培养；另一方面为企业开展员工培训，满足企业对员工进行心理健康、综合素质、技能培训、资格认证等，以实现"打造品牌、以质取胜、文化营销、人才强企"的战略目标。

"今世缘"酒类营销实训基地包括今世缘酒文化熏陶实训室（70平方米）、酒类产品终端促销创意设计部（35平方米）、酒类产品销售情景剧演练室（35平方米）、酒类营销人员拓展训练场等 4 部分。可根据江苏今世缘酒业公司对一线营销人员的职业要求,全面提升其员工的专业素养和各项技能。基地建成年培训规模达到 1 200 人次。

今世缘酒类产品营销实训基地一览表

实训室名称	主要设备	专业素养与技能培养
酒类营销人员素质拓展训练场	胜利墙、断桥、空中单杠、天梯、合力桥、攀岩墙等 安全衣、制动器、主锁、主绳头、盔钢等	团队合作精神训练
		压力承受能力训练
		身体技巧性训练
		团队组织协调能力
酒类产品终端促销创意设计部	计算机、打印机、办公桌椅、今世缘促销展板、不同规格和款式的酒瓶、酒具等	终端市场公关活动策划能力
		终端市场广告活动策划能力
		终端市场营业推广策划能力
酒类产品销售情景剧演练室	酒柜、货架、吧台、计算机、打印机、办公桌椅、沙发、茶几等	主动沟通能力
		谈判能力
		演示能力
		处理异议能力
今世缘酒文化熏陶实训室	白酒生产工艺流程模拟设备、酒瓶、酒具; 酒文化相关图片; 笔记本电脑和投影仪等	了解中国酒发展史
		熟悉今世缘酒业
		认识白酒生产工艺
		学习酒俗
		理解缘文化

在校外,今世缘酒厂和其设在各地的办事处作为学院的实习基地,为学生的认识实习、工学交替、顶岗实习和毕业实践提供岗位和场所,为培养和提升学生的职业能力和综合素质提供必要的条件保障。

5. 建设进程

(1) 第一阶段:筹备阶段。

2011 年 1 月—7 月,方案制定。双方在经过充分协商、调查和论证的基础上,签订合作协议书,制定建设方案。

2011 年 8 月启动今世缘营销学院教学场所等硬件建设,制订相关设备预算和采购计划。

（2）第二阶段：教学准备。

2011 年 9—12 月，组建今世缘营销学院管理和教师队伍；制订培训计划和人才培养方案；确定课程体系，开发课程，编写教材等。制订今世缘营销学院培训和学历教育人才培养标准，完成实训基地建设。

（3）第三阶段：教学实施。

2011 年 11 月开展企业培训，2012 年 3 月，"今世缘班"开班上课，学院各项工作健康稳定有序运行。

6. 保障条件

（1）组织保障。

由江苏今世缘酒业有限公司和江苏财经职业技术学院共同成立"今世缘营销学院理事会"，实行理事会领导下的院长负责制。

（2）人力保障。

江苏今世缘酒业有限公司和江苏财经职业技术学院抽调精明强干、经验丰富的管理骨干专门负责今世缘营销学院的管理，教师由校企双方共同选派。

（3）制度保障。

今世缘营销学院将有针对性地制定相关管理文件和规章制度，并制定建设、教学和学生管理质量评价和保障制度，建立完善的监督和保障体系。

7.1.4.2　2010 级"今世缘营销班"实施方案

为了将课堂教学更好地与企业实践相结合，真正实现学以致用，积极推进校企合作办学。2012 年江苏财经职业技术学院与江苏今世缘酒业有限公司达成"今世缘营销班"订单式培养联合办学协议，校企共同培养高素质技能型专业人才。"今世缘营销班"所招学生在校期间以校企共同制定的人才培养方案为指导，完成方案中规定的所有课程的学习、课程实践技能训练和职业素养训练，毕业后考核合格者直接进入江苏今世缘酒业有限公司工作。

1. 招生对象和学习时间

招生对象：江苏财经职业技术学院 2010 级学生。

学习时间：2012 年 4 月—2013 年 6 月。

2. 专业名称与专业代码

（1）专业名称：市场营销。

（2）专业代码：620401。

3. 培养目标

订单式培养面向今世缘酒业营销一线岗位，培养德、智、体、美全面发展，心理健康，具有较高文化基础、道德修养和坚实的营销基础知识；具有适度的酒品营销专业知识和较强的专业技能；具有良好的职业个性特征和创新能力；从事酒品营销及相关工作的高素质技能型人才。

7.1.4.3　校企合作"订单班"培养协议

甲方:江苏财经职业技术学院

乙方:江苏今世缘酒业股份有限公司

为适应社会主义市场经济发展的要求,加强校企合作,积极探索高职院校与企业合作培养人才的新途径和新方式,满足企业对人才的需求,增强企业竞争实力。双方本着互利互惠、共同发展的原则,经友好磋商达成如下订单式人才培养协议:

一、甲方责任:

1. 根据乙方对人才的需求量,负责为乙方推荐符合条件的学生作为订单培养对象。

2. 根据乙方对人才的知识结构要求,结合技术领域和职业岗位(群)的特点灵活设置专业。采取"企业参与教学"的教学模式,缩小教学与工作实际之间的距离。

3. 实行灵活教学管理制度,实现"一专多能、学用互动、素能为本、能力与职业资格证并举"的教学目的,确保人才培养的质量。

4. 加强对"订单生"的思想品德教育,把企业文化融入学生管理的各个过程。使学生在校就能养成良好的学习和生活习惯。

5. 从乙方经营管理实际出发,合理安排实习,要求学生接受乙方经营管理实习指导,遵守乙方的各项规章制度。

6. 甲方负责"订单生"在校期间人才培养方案课程教学考核,"订单生"必须完成人才培养方案规定学习环节,不毕业者,乙方不办理录用手续。

7. 甲方负责在学生毕业时,将学生的学籍档案、报到证、户口迁移证、毕业证书等转交给乙方。

二、乙方责任:

1. 与甲方共同制定订单班人才培养方案、共同开发课程,选派相关人员与甲方共同授课、共同考评、共同实施管理。

2. 为甲方提供实习场所,为甲方学生的参观、实习、实践等提供方便。

3. 在"订单生"就读期间,在"订单班"设立 20 000 元的奖学金用于鼓励、表彰该班品学兼优的学生。

4. 在毕业实习期间,为学生发放一定数额的生活补助费。

5. 乙方应与取得毕业资格及符合乙方用人条件的"订单生"签订正式劳动合同。

三、本协议有效期为　　年　　月　　日起至　　年　　月　　日止。

四、本协议未尽事宜,由甲、乙双方协商解决。

甲方单位(盖章):　　　　　　　　　　乙方单位(盖章):

甲方代表(签字):　　　　　　　　　　乙方代表(签字):

　　　年 月 日　　　　　　　　　　　　年 月 日

7.1.4.4　今世缘营销学院办学体制与管理机制

江苏今世缘酒业有限公司与江苏财经职业技术学院合作建设今世缘营销学院,实行以校企联合成立的"今世缘营销学院理事会"为领导核心的校企双主体办学体制、理事会领导下的院长负责制的管理机制,校企共同管理,互利共赢。

今世缘营销学院的组织架构框图

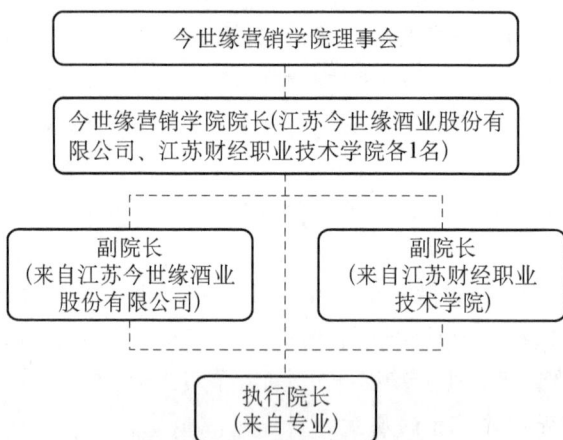

```
┌─────────────────────────────────┐
│        今世缘营销学院理事会        │
└─────────────────────────────────┘
┌─────────────────────────────────┐
│ 今世缘营销学院院长(江苏今世缘酒业股份有 │
│ 限公司、江苏财经职业技术学院各1名)    │
└─────────────────────────────────┘
    ┌──────────────┐   ┌──────────────┐
    │    副院长      │   │    副院长      │
    │(来自江苏今世缘酒业│   │(来自江苏财经职业│
    │ 股份有限公司)   │   │  技术学院)     │
    └──────────────┘   └──────────────┘
            ┌──────────────┐
            │   执行院长      │
            │  (来自专业)    │
            └──────────────┘
```

今世缘营销学院第一届理事会

理 事 长:周素明(江苏今世缘酒业有限公司董事长、总经理)

副理事长:倪从春(江苏今世缘酒业有限公司副总经理)

　　　　　程淮中(江苏财经职业技术学院副院长)

常务理事:胡跃吾(江苏今世缘酒业有限公司总经理助理)

　　　　　郑先锋(江苏今世缘酒业有限公司人力资源部经理)

　　　　　刘丹(江苏今世缘酒业有限公司淮安分公司经理)

　　　　　沈艾琳(江苏财经职业技术学院教务处长)

　　　　　梁丛平(江苏财经职业技术学院企合作办公室主任)

　　　　　尹玉珍(江苏财经职业技术学院科技与产业规划处处长)

　　　　　杨步刚(江苏财经职业技术学院招生就业处处长)

　　　　　陆　霞(江苏财经职业技术学院经济贸易系主任)

　　　　　笪建军(江苏财经职业技术学院经济贸易党总支书记)

秘 书 长:卢海涛

副秘书长:周永刚

今世缘营销学院常设管理机构

院　　长:倪从春(江苏今世缘酒业有限公司副总经理)

　　　　　程淮中(江苏财经职业技术学院副院长)

副院长:胡跃吾(江苏今世缘酒业有限公司总经理助理)

　　　　陆　霞(江苏财经职业技术学院经济贸易系主任)

执行院长:卢海涛(江苏财经职业技术学院经济贸易系副主任)

7.1.4.5　关于今世缘奖教基金使用情况的说明

2009 年今世缘酒业有限公司投入人民币六万元(60 000 元)在我院设立奖教基金以

来,我院十分重视基金的使用,建立基金管理办法,通过定期举办江苏财经职业技术学院"今世缘"杯教学竞赛,用来奖励获奖教师。"今世缘"杯教学竞赛采用系部初赛,学院决赛进行,并分别针对年轻教师、骨干教师、专业带头人三种不同的层级,采用"精心一节课""精彩一次课""精品一门课"三种竞赛方式,目前已成功举办了四届"今世缘"杯教学竞赛,受奖教师达近百人次,取得较好的效果,受到广大教师的充分认可,对提升我院教师的教学水平、教改能力和教学质量起到很好的作用。

目前该奖教基金已经基本使用完,为更好地帮助我院教师进一步提升职教理念、提高执教能力,学院希望今世缘酒业有限公司继续注入奖教基金,一如既往地支持帮助学院师资队伍建设;同时学院希望能与今世缘酒业有限公司建立全面合作的长效机制,深化"今世缘营销学院"办学机制体制,培养更多的服务地方经济的高端技术技能人才。

7.1.4.6　今世缘营销班教学计划表

时　间		单元内容	课　程	主讲人	课时(分钟)	方　式
第一阶段	2012.5.22		开班仪式	倪副总、陈院长等		
			白酒行业的发展形势及公司营销战略		120	
			白酒酿造及品评的特点简介		120	
			酒店渠道开辟		120	
			财务知识		120	
			品牌建设与广告宣传		120	
			白酒销售心态与异议处理		180	
			商务礼仪及公关人际沟通技巧		120	
			单元测试	人力资源部牵头,市场部和销售部等部门负责人		
第二阶段	暑假	营销见习	安排学生到市场实习,实习结束后提交市场实习培训总结报告	人力资源部牵头,市场部和销售部等部门负责人		
第三阶段		操作实务	白酒营销模式的特点及其发展趋势		120	授课
			客户购买行为分析及选择模式		120	
			如何进行客户拜访		120	
			市场调研的有效方法			
			销售渠道建设与维护的重点环节		120	
			如何有效进行团购市场的开发与维护		120	
			新市场招商的技巧与策略		180	
			心得交流、单元测试	人力资源部牵头,市场部和销售部等部门负责人		

时　间	单元内容	课　程	主讲人	课时（分钟）	方　式
	营销实践	安排学员到市场实习，实习结束后提交市场实习培训总结报告	详细方案由人力资源部会同市场部、销售部，另行细化报批		
第四阶段	营销理论培训	区域市场深度营销务实		180	授课
		商务谈判与缔结协议		120	
		客户关系开拓、维护与管理		120	
		今世缘主导产品的认知、推广与简析		120	
		如何有效设计并实施促销活动		120	
		对销售新人的十大忠告		180	
	交流总结	综合学习培训心得交流答辩	人力资源部牵头，市场部和销售部等部门负责人		
		综合考试	人力资源部		
		结业典礼	公司领导，人力资源部、市场部和销售部等部门负责人；全体参学人员		

注：此课程表安排内容，将根据实际情况适时调整

7.1.4.7　今世缘营销学院建设工作成效

校企合作是高等职业院校改革发展的根本性举措。近年来，学院以大力推进"合作办学、合作育人、合作就业、合作发展"为主线，积极探索"校企合作、工学结合"的新的人才培养模式。通过组建由众多企业参与的校企合作指导委员会；积极与淮钢集团、苏宁电器、淮阴卷烟厂、新亚集团、淮安富士康科技集团等多家知名企业开展"订单式"培养。同时，还与企业密切合作建立了一百多个校外实习实训基地。尤其是近年来，我院与今世缘有着深度密切的合作，从2009年6月今世缘实习基地的挂牌，到2010年5月"今世缘杯"教学竞赛奖励基金的设立，再到今天"今世缘营销学院"的成立，无不印证了学院与今世缘之间深深的情谊。"今世缘营销学院"的成立不仅标志着双方的友好合作进入了一个新的阶段，为学院深入开展校企合作、创新人才培养模式揭开了新的篇章，挥写了浓墨重彩的一笔，更为学院进一步提高人才培养质量，加快省级示范性高职院创建，提高服务地方社会经济发展能力注入了新的活力。

"营销学院"成立以后，学院将与今世缘酒业有限公司在人才培养模式、师资队伍建设、实验室建设、科研成果转化和学生奖助学金管理等方面共同努力、创新机制，促进今世缘营销学院在更高的平台上发展成长。学院将整合各种优质教育资源，充分发挥各自优势，深化校企双方的实质性合作，努力为企业发展提供高质量的技术服务，加速实现科技成果的转化，想企业之所想，急企业之所急，努力为今世缘集团培养更多的高素质高技能创新型人才，切实将今世缘营销学院办出水平、办出特色、办出影响。套用今世缘的一句

广告台词,"今世有缘、相伴永远",希望学院与今世缘的合作深入持久地有效开展,真正实现"资源共享、人才共育、校企共赢"。

(1) 2011 年 3 月 18 日成立"今世缘营销学院"。

(2) 2011 年 12 月投资 31.5 万元"今世缘酒品营销实训基地"建成并投入使用。

(3) 参加全国商指委年会的领导和专家参观"今世缘酒品营销实训基地"。

(4) 2012 年 5 月 22 日"今世缘营销班"开班。

7.2 与北京正保会计教育科技有限公司的校企合作

正保远程教育(China Distance Education Holdings Ltd.，CDEL)为美国纽约证券交易所上市公司，是一家在北京注册成立并合法存续，从事会计教育的专业公司。中华会计网校是正保公司旗下最有权威，最具有专业性的大型会计远程教育基地。正保远程教育于 2000 年成立，从"中华会计网校"(www.chinaacc.com)起步，目前拥有 16 个品牌网站，开设 200 多个辅导类别，覆盖了会计、医药卫生、建设工程、法律、创业实训、中小学、自考、成人高考、考研、外语等 13 个不同行业，2014 财年培训规模达 320 万人，高居中国远程教育领先地位。

江苏财经职业技术学院自 2013 年起就与北京正保达成了长效的深度的校企合作事项，主要合作专业为会计专业。

设备陈旧软件落后	• 实训室由机房和普通教室改造而成，设备较陈旧 • 会计软件更新速慢，与会计行业发展相脱节
管理严格利用率低	• 传统的会计实训室由实验室老师管理，只能上课时使用，学生下课后无法进行练习，实训室利用率较低
实训课程内容匮乏	• 高校教师具备丰富的理论基础，但是缺乏行业工作经验，因此在实训课程内容的安排上捉襟见肘
教师主导缺乏互动	• 传统的实训室保持了普通教室的格局，方便老师授课，然而不利于师生和生生之间的交流和讨论
规模有限功能单一	• 传统实训室往往只具备会计技能实训的功能，缺乏对于职业素养和管理综合能力进行训练的条件

会计专业是一门实践学科，在理论知识学习的基础上，还需要进行大量的岗位实训实践，才能做到理论联系实际。因此，会计专业实训室的建设和使用对于会计人才的培养起着至关重要的作用。然而对于当前我国很多高校而言，现有的会计实训室存在着以下的问题：

在教育部等六部门印发的《现代职业教育体系建设规划(2014—2020 年)》文件中提出，要建立真实应用驱动教学改革机制，要求职业院校按照真实环境真学真做掌握真本领的要求开展教学活动。对于会计实训教学而言，这意味着要给学生提供真实的企业会计工作环境和实训任务，对于高校财会专业的实训实践体系提出了更高的要求。

中华会计网校在十五年会计教学经验的基础上，整合多年积累的优质教学内容、专家团队、实训技能、实习就业、产业需求等资源，依托先进的云平台和智慧教室多媒体技术，为高校提供能满足会计综合实训、分岗实训、职业素养实训、模拟经营实训以及岗位实习需求的智慧云会计实训实践基地建设方案。

7.2.1　校企共建"正保学院"

随着国家对教育结构实施战略性调整,全国超过半数高等院校将转向以职业技术教育为核心,淡化学科,强化专业,建立以就业为导向的现代职业教育体系为方向发展。但高校受制于政策体制、学校资源、师资队伍、资金设备等条件制约,在人才培养、教学创新、产教融合、信息化建设等方面始终难以形成有效机制。

为此,正保远程教育依托美国纽约证券交易所上市公司国际背景、资金实力和产业资源,在数百万专业人才培养经验基础上,整合多年积累的教学课程、专家团队、技能实训、实习就业、国际合作、产学研一体化、校园信息化等资源,与高校共同创建二级学院——"正保学院"。

正保学院采用基于互联网的大数据技术和云计算平台,对学院的教学教务、学科建设、师生考核、后勤保障、空间管理等进行信息化改造,通过"线上/线下结合＋双师教学"模式深度融合学历教育与职业教育,全面提升专业人才培养质量。

高校通过正保学院的创立,充分发挥校企合作优势,引入领先的信息技术、优质的教学内容、知名的专家学者、先进的教学理念、丰富的教学手段、成熟的教学平台和完善的支持服务,进而带动其他二级学院的变革创新,促进高校整体的进步和发展。

正保学院由校企双方共同建设管理,借鉴传统二级学院运作模式,组建专门管理团队负责学院的日常运行,其中:高校负责提供政策、场地、师资、教学、管理、实施等;正保负责技术、设备、专家、资源、平台、方案等。

正保学院师资来自高校原有师资团队和正保远程师资团队,教学对象包括:

(1) 加入专业共建项目的学生,学生学籍归属高校其他二级学院;

(2) 加入特色培养方向班的学生,学生学籍转入正保学院统一管理;

(3) 正保招收的学历教育学生,学生学籍由国家开放大学管理,教学由正保学院负责。

7.2.1.1　"正保学院"合作内容

1. 教学信息化

依托高校的校园信息化软、硬件设施,引入正保的在线精品课程和教学信息化产品研发实力,双方联合打造应用型大学的国家级、省级精品在线课程和适用于高等院校的"校园信息化＋教学信息化"一体化解决方案。

2. 专业教学改革

利用正保先进的远程教育技术和经验,高校能快速地引入成熟的信息化教学系统和优质的教学资源,有助于高校打造 MOOC 式的精品课程平台;并通过 O2O 实现混合式课堂教学模式;增加过程性在线学习和考核,提升教学质量,优化教师队伍。

3. 产学研一体化

在专业教育中加入"专业共建、实践实训、岗位实习、就业推荐"四个模块的教学内容和服务,形成量化指标,提升社会认可度,并通过大数据技术提升高校竞争力。

4. 国际教学资源

通过正保远程教育,引入国际化教学资源,包括但不限于国际专业资格考试课程、国外大学学历教育、国外职业教育和就业岗位等。

5. 高等学历教育

正保依托现代信息技术,经教育部批准与国家开放大学合作共建"北京开放大学会计学专业(专科)",正保自主面向全国招生,利用正保教育平台与高校线上线下结合培养。

说明:会计学本科及其他本科专业正在申报,允许中高职院校在读学生报名。

6. 创业实训基地

引入正保旗下子公司的"全球模拟公司创业实训体系",面向校内大学生搭建创业实训及项目孵化基地,激发和提升在校大学生的创业实践能力和成功率,提高学校品牌。

7. 其他合作

正保远程教育与国内众多院校均有不同形式合作,通过大数据技术采集学生日常学习数据和教学成绩,实现校内校外横纵向数据对比,可为合作院校提供分析报告,帮助合作院校发现问题,提供针对性解决方案。

7.2.1.2 "正保学院"合作项目

1. 专业共建

在专业人才培养计划中增设(或替换)专业资格考试类课程作为必修学分课程,引入正保优秀教学资源,实现学历教育与职业教育的双重培养,提高学生证书考试通过率。

2. 实践技能

由正保指派在职实务专家通过现场或直播方式授课,培养高校师资实务教学能力和水平,全面提升学生实务操作能力。

3. 岗位实习

通过正保独创的云平台或会员单位安排学生实习,帮助学生真正获得对口岗位锻炼。

4. 就业推荐

正保通过"大数据"技术记录学生在校期间所有学习行为,分析得出学生能力特点,通过与企业用人需求匹配,实现就业推荐。

5. 师资培训

正保组织专家、名师为合作院校骨干教师提供无偿专业教学培训,为高校培养"双师型"教师队伍,提升高校整体教学水平。

6. 国际方向班

正保通过引进国际教学资源,在正保学院开设国际专业方向班,包括但不限于美国注册会计师(USCPA)、英国特许公认会计师(ACCA)、美国注册管理会计师(CMA)等国际会计方向班。

7. 教育信息化

(1) 软件方面:正保提供远程教学平台、移动端学习软件、财务软件。

(2) 硬件方面:双方联合部署服务器、机房、教学楼 WiFi 覆盖、数字校园等。

8. 大学生创业实训

正保旗下育才公司可为高校引入"全球模拟公司创业实训体系",帮助高校搭建大学生的创业实训及项目孵化产业基地。

9. 高等学历教育

正保学院可引入正保专、本科学历教育项目对外招生。国家承认学历,全过程考核无须集中考试,有资格证书可免考相关课程。

7.2.1.3 "正保学院"实施方案

1. 学院架构

(1) 正保学院。

正保学院是由正保远程教育与高校共建的"双主体"二级学院,自双方签署《学院共建项目战略合作协议》,举办签约授牌仪式后正式成立。

双方以品牌、设备、场地、师资、技术、资金、教学资源等多种形式共同投入,合作办学。从会计专业开始,陆续引入医学、建筑、法律、IT 等专业。双方共同委派专业团队参与办学过程,实现优势经验互补,共同搭建产学研一体化合作平台,与高校相关院系紧密配合,共同开展专业设置和人才培养。通过正保学院引入先进技术和教学理念带动高校其他院系发展。

(2) 校企合作委员会。

由高校和正保远程教育共同组成校企合作委员会,研究制定正保学院的规章制度和管理办法,确立具体的联合办学项目、人才培养模式,对正保学院的实训基地建设、教师聘任、资金设备管理、信息化技术开发等提出指导意见,确保正保学院落到实处、取得实效。

(3) 专业建设指导委员会。

成立正保学院专业建设指导委员会,主要由正保邀请的行业专家和高校专业教师组成,每年召开专项会议,研究决定正保学院专业设置和人才培养方案,指导校企双方在专业教学标准制定、课程教学资源开发、实习与就业、人才培养质量评估等方面开展工作。

2. 组织结构

正保学院受高校和正保远程教育共同领导,名誉院长由正保委派,执行院长及其他管理团队由高校委派,双方分别指定专人负责沟通协调。

学院下设办公室,负责日常事务的管理和协调工作;教研室,负责专业教学和其他院系教学协调工作;学生工作处,负责自有学生管理和其他院系学生工作协调;招生办,负责学院的招生宣传工作和其他院系合作招生的相关工作。

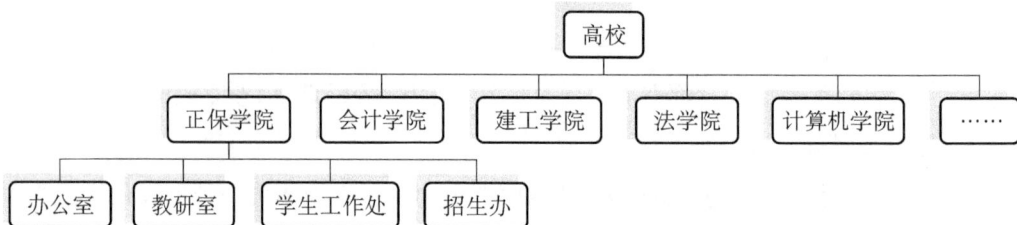

```
                        高校
    ┌──────┬──────┬──────┬──────┬──────┐
  正保学院  会计学院  建工学院  法学院  计算机学院  ……
    │
 ┌────┬────┬────┐
办公室 教研室 学生工作处 招生办
```

3. 教学管理

正保学院的日常教学工作由教研室联合其他专业院系的教研室负责执行,正保派遣专家参与部分教学工作,主要是考前串讲和实践教学部分。

教研室应根据专业建设指导委员会通过的人才培养方案,在正保的帮助下制定各项目相应的教学计划,相关课程标准和考核方案等,并组织正常的教学活动和教学质量自查。

高校和正保共同成立教学督导和考核工作小组,依据专业人才培养方案、教学计划、考核方案以及高校在教学方面的规定去督查专业教学人员的教学质量,并据此进行奖教金的发放。

4. 学生管理

正保学院的学生来源包括以下三个方面:

来源一:校内选拔,自愿报名。

依托高校现有专业和招生名额,开设特色培养方向班,学生学籍归入正保学院。

来源二:其他相关专业院系。

其他院系参加正保学院项目的学生,学生学籍仍在原专业院系,部分课程在正保学院完成。

来源三:正保学历教育。

面向全国招生,招入正保学院培养,学历由国家开放大学发放,教学由正保学院负责。

5. 资产管理

正保学院的资产主要是双方投入的场地、设备、资源。统一由正保学院管理和使用,合作期满后各自收回。投入的资金、师资、场地、设备数量,通过《战略合作协议》具体约定。

学院所有的资产都须登记在册,专人保管。高校和正保定期组织人员对设备的质量、功能、价值及使用情况予以检查,以确保在线学习、实习实训等教学功能的实现和企业投资的真实性。

6. 人才培养

正保学院的人才培养采用"线上/线下＋双师教学"混合式教学模式,提供全套的在线教学平台和移动端学习软件,通过部署校园网内部服务器和教学楼 WiFi 覆盖等信息化手段,使学生能够便捷和不耗流量地进行移动学习,并提供教育网和公网账号的无缝对接,学生即使离开校园,也能继续学习。

正保在线教学平台全程记录和管理学生的学习行为与成绩,通过大数据技术为学生提供"学习分析报告"和塑造"学生能力肖像";使得学生可以针对性提高自己的弱项,弥补不足。并与企业实际人才需求对接,科学实现精准匹配的就业推荐。最终,通过输出高质量学生,提升高校品牌和社会口碑,达到长远发展、持久共赢的目标。

7.2.2　校企共建实训实践基地

智慧云会计实训实践基地建设理念是集软件、硬件、课程、服务有机结合,打造集情境学习、移动学习、互动学习、智能管理和实习就业五位一体的智慧云会计实训实践基地,满足不同行业、不同岗位、不同层次的应用型财会人才培养需求。

移动学习:会计云平台的使用让实习、实训不再受到场地的限制。

情境学习:构建真实、丰富的会计工作场景,促进学生职业技能的迁移。

互助学习:提供交流、互助、协作学习的空间,促进学生自我知识建构。

智能管理:智慧教室系统让实训室管理更加智能化、自动化。

实习就业:利用云平台和大数据技术促进高质量的实习和高层次就业。

智慧云会计实训实践基地建设目标有三个:

(1) 应用型会计人才培养基地。

通过会计分岗实训、分行业综合实训、职业素养实训以及企业经营管理实训等一系列实训课程的开展,满足从胜任基础会计工作的技能型人才,到面向市场、面向就业的综合型会计人才,再到能够从管理角度处理财务工作的高素质管理型人才的多层次、应用型会计人才培养需求。

(2) 校企合作基地。

作为校企合作基地,智慧云会计实训室可以实现学校与中华会计网校从专业共建、真账实训、岗位实习以及就业推荐等各个方面的深度合作,充分发挥财会专业在校企合作方面的引领示范作用。

(3) 产学研一体化基地。

真实、丰富的案例和数据可实现教学、科研一体化,学校更可借助会计云平台,和中华会计网校共建产业基地,把企业财务外包业务引入高校,实现专业教学产业化、实践基地校园化。

7.2.2.1　智慧云会计实训实践基地软件特色及功能

1. 软件特色

整体性:基于云计算、大数据、移动互联网三大技术研发的一系列软件形成一个完整的体系,全方位服务财会专业学生的教学、实训、实习和就业,并为教师科研活动的开展提供数据和实验环境方面的支持。

功能性:智慧云实训软件体系中的软件具备强大的平台功能。一方面,可以和中华会计网校提供的真账实训、岗位实习等模块相结合,开展会计专业学生的实训实践,另一方面,学校对软件平台进行管理和利用,服务其他课程的在线教学和智能化管理,以及满足学校自身产业基地建设的需求。

2. 软件列表及功能

(1) 移动教学、教务管理平台。

掌上高校 App:

● 听课、做题、考试、答疑:学生通过手机,利用碎片化时间,提高学习效率。
● 签到、课表:实现手机自动签到,课表查询,方便老师进行教务管理。

网络教学(学习)平台:

● 学生端:具备听课、做题、学习数据查询和提问等功能。
● 教师端:可实现备课资源下载、开通课程/布置作业、现场互动教学、学生学习情况查询和督促等功能。
● 管理员端:学生学习情况查询和教师工作考核功能。

无纸化考试系统:

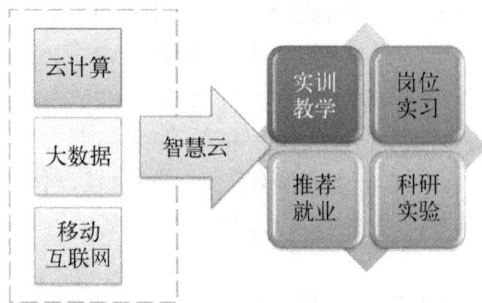

● 提供大量全真模拟试题。
● 紧扣教学大纲和考试要求,全面覆盖各类考点。
● 根据实际考试时长限时交卷。
● 自动(手动)批阅判分。
● 记录每次模考过程,并汇总错题供反复演练。

（2）会计云平台。

会计真账实训云平台：

- 基于 SaaS 技术，始终提供最新财务软件。
- 可在任何时间、地点通过互联网接入平台进行账务处理练习。
- 配合真账实训课程资源，提供十几个行业真实企业账务数据，呈现真实性实训任务。

会计岗位实习云平台：

- 基于 SaaS 技术，搭建学生和企业之间的桥梁，学生可足不出校，得到接触核心财务工作的实习机会，积累工作经验。
- 合作高校可以"会计云平台"为依托，建设产业基地，实现专业教学产业化，实践基地校园化。

（3）企业管理模拟实训平台。

金马兰创业实训远程平台。

- 提供一个自主创业的学习和实践平台，学生可在平台进行虚拟创业，或加入其他用户的创业公司，了解创业过程及创业公司的管理。
- 通过互联网实现和平台其他用户的虚拟交易，增加了学习的互动性和趣味性。

金马兰创业实训商战系统：

- 内置真实行业数据模型，学生可选择进入自己心仪行业的公司进行模拟经营。
- 自主决策各项经济活动，促进了学生对于会计与管理内部关联性的认识。
- 可进行班级内部联网对抗，增加商战的真实性和博弈性。

7.2.2.2 智慧云会计实训实践基地学习空间设计

学习空间作为实训实践的载体，承担着辅助教学和营造真实工作氛围的重要作用。为了充分发挥学习空间对应用型会计人才培养的支持作用，中华会计网校将根据学校具体的场地形状和面积进行空间设计，包括实训基地功能分区、空间布局、硬件配置、环境布置等，形成个性化实训空间设计方案，满足以学生为中心的实训教学和面向面真实会计岗位工作环境的要求。

实训教学区和岗位模拟区是实训基地的两个基本功能分区。实训教学区主要满足实训、实践教学的需要，岗位模拟区提供了真实企业财务室的布局和特定岗位的办公物品，帮助学生了解现实的企业财会部门办公环境。

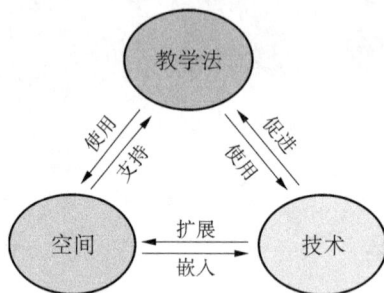

1. 实训教学区平面图及硬件配备

实训教学区的学习空间设计遵循 PST 框架，该框架包括了三个相互关联和相互影响的核心要素：教学法（Pedagogy）、空间（Space）和技术（Technology），三个要素相互迭代。

实训实践基地课程体系涉及丰富的教学形式，包括视频教学、讲授式教学、案例教学、小组讨论、实训演练等，因此要求空间设计要具有一定的灵活性，以适应不同的教学要求。通过将先进的多媒体、物联网技术和空间设计相结合，能够起到对空间的扩展和对教学的支持作用。

（1）平面图。

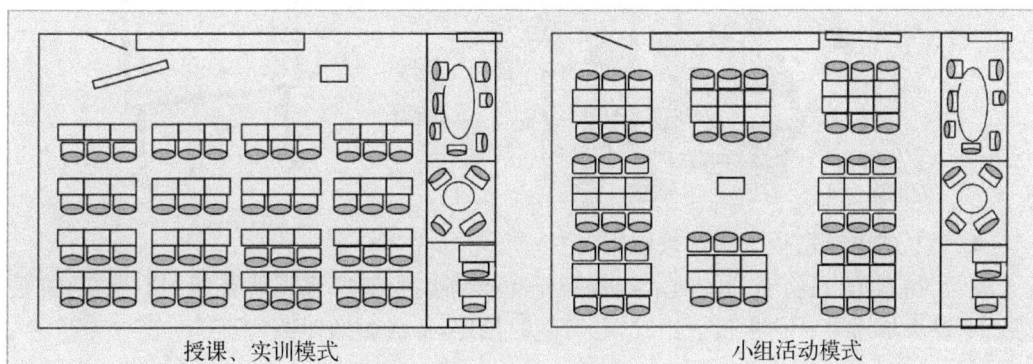

授课、实训模式　　　　　　　　小组活动模式

（2）特色硬件设备。

手工、电脑账一体互动实训教学系统

实训教学区需要满足会计手工账和电脑账的教学和实训功能。针对会计实训的特点，对教室环境进行了以下的设计：

● 课桌采用翻转式可移动电脑桌搭配一体机，电脑可翻转到桌面以下，实现手工、电脑账实训在同一间教室完成，提高了教室的利用率。

● 轻量型可移动课桌能够按照教学需求随时进行位置转换，排列成与教学形式相适应的格局，满足教学、视频播放、小组讨论、小组活动等要求。

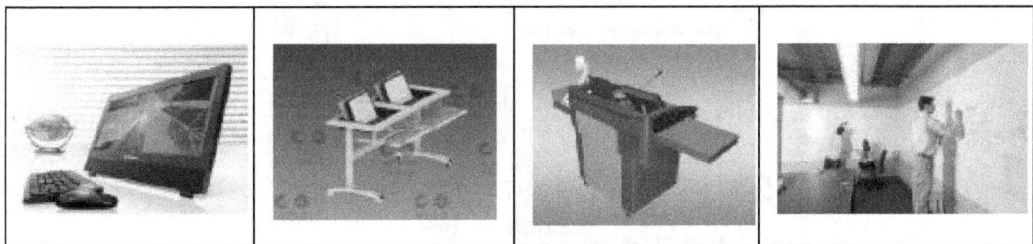

● 根据不同的授课内容，可移动信息讲桌安置在教室相应位置，适应讲授式课堂或实训式课堂等多种形式，教师通过简单的操作便可使用多种教学设备。

● 教室两侧使用书写墙面，方便小组活动时的师生互动和生生互动。

（3）智慧教学设备。

将智慧教室系统的部分功能运用于实训教学，通过先进的多媒体和互联网技术，实现了强大的教学、教务辅助功能。

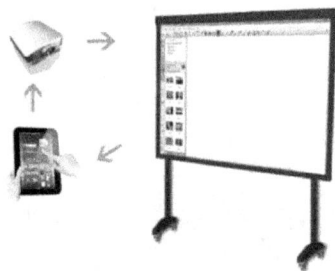

- 交互式电子白板＋短焦投影机。
- 实物展示台：将老师的演示操作和学生实训作业清晰直观地展现到电脑上，并通过大屏或电子白板投射出来，并可随时拍照，形成影像存档。

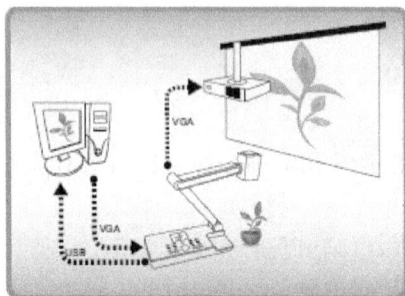

- 录播系统：录制教学现场影响并实时传输至存储设备，学生可在课下反复学习，也可用于教师的教学总结和反思。

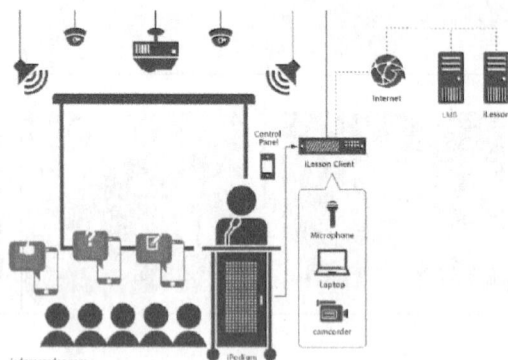

- 环境控制系统：透过移动终端进行情境切换和设备控制，包括灯光、电源、空调等。

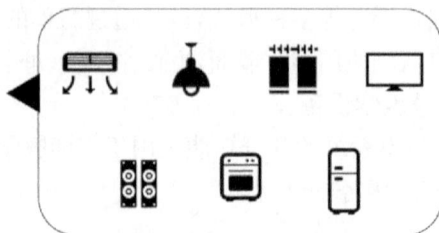

● 触摸教学一体机＋多媒体音响系统：满足视频授课及双师在线教学。

● 电子班牌：提供教务辅助功能，可显示签到、排课及空间租借等信息。

（4）网络设备。

● WiFi网络：通过在教学楼内建设wifi无线网络，实现自动签到等教务管理功能和无限制的移动学习。

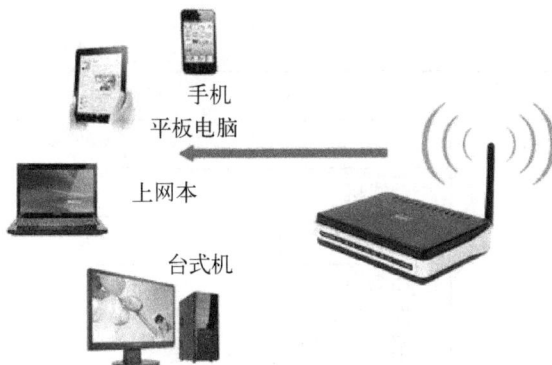

● 流媒体服务器设备：为保障教学平台和线上课程的应用效果，建议在校内架设流媒体服务器，保证网络的及时响应，降低流量费用。

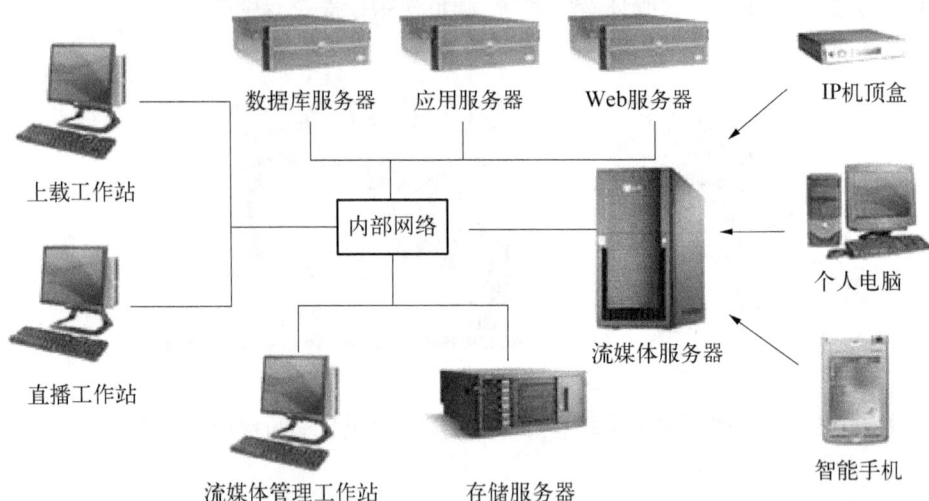

（5）岗位模拟区效果图及物品配置。

岗位模拟区具备会计岗位展示和会议功能。会计岗位展示帮助学生对不同岗位的会计办公环境有一个感性的认识，教师也可以借助这个模拟展示区进行演示教学。会议室用于课下的学生小组学习活动或模拟公司会议，也可用于模拟面试等就业技能实训。

① 效果图。

② 软、硬件配备。

功能区	物品配置	规格和明细
办公区	办公桌椅	——
	电脑	台式机
	文件柜	钢制密集文件柜
	会计办公用品	出纳岗： 保险柜、验钞机、收据、计算器 银行日记账及现金日记账 各种财务单据（支票登记簿、报销单、支出单、差旅费报销单、支票领用登记单、原始凭证粘贴单等） 会计通用章一盒（包括现金付讫章、现金收讫、银行付讫章）、印泥 其他办公用品：签字笔、铅笔、橡皮、胶水、剪刀 长尾夹、皮筋、口取纸、液体胶水、曲别针、尺子

续　表

功能区	物品配置	规格和明细
办公区	会计办公用品	会计岗: 针式凭证打印机、针式发票打印机、激光打印机凭证装订机、凭证柜 装订凭证用品(凭证封皮、包角纸、凭证盒、凭证柜) 扫描仪、复印机、金税卡、计算器 现金支票、转账支票和银行汇票 会计单据(记账凭证、总分类账、三栏式明细账、多栏式明细账、增值税多兰明细账、数量金额式明细账、固定资产明细账、固定资产卡片账、账皮、原始凭证粘贴单) 其他办公用品:签字笔、铅笔、橡皮、胶水、剪刀、 长尾夹、皮筋、口取纸、液体胶水、曲别针、尺子、发票夹
会议室	投影设备	——
	会议桌椅	可供 4～8 人进行会议讨论

7.2.2.3　智慧云会计实训实践基地实训课程体系及课程资源

作为应用型会计人才培养基地,智慧云实训实践基地能够提供以下四个层次的教学和实训课程,助力学生未来职业发展。

智慧云会计实训实践基地课程体系(专科)

课程类型	课程名称	建议实施时间
会计教学基础课程	会计从业资格相关课程	第一学年
	初级会计职称相关课程	第二学年
专业技能实训课程	会计行业综合实训	第四学期
	分岗位技能实训	第四学期
职业素养提升课程	会计职业素养提升实训	第五学期
管理通识实训课程	企业创建及运营模拟实训	第五学期

1. 会计教学基础课程

中华会计网校拥有十五年会计相关考试远程培训经验,据不完全统计,2014 年网校社会学员的会计从业资格考试和会计初级职称考试通过率超过 85%。

会计云实训实践基地的智能化教学环境能够充分支持这两类会计基础课程的线上、线下混合式教学,在提高学生考试通过率的前提下,运用多种课堂教学模式,加深学生对于会计基础知识的理解,提高学生的协作意识和解决实际问题的能力。

（1）课程类型。

序　号	课　程	网络课时	建议课时	建议方案
1	会计基础	60	72	第一学期
2	财经法规与职业道德	48	60	第一学期
3	会计电算化	36	60	第二学期
4	初级会计实务	60	72	第二学期
5	经济法基础	55	60	第三学期

除课程教学外，中华会计网校还将针对考试提供考前集训和考务服务。为保障课程的系统性实施，建议第二学年10月份之前通过会计证考试，第二学年5月份参加初级职称考试。

（2）课程资源。

网校为上述课程提供以下教学资源：

① 专业学习资源（学生）：每位学生可获得教材教辅、网络课程、作业等资源。

序号	资源类别	内　容	形　式	使用方式
1	指导课程	专业教育指导课程 大学生学习及职业规划指导	网络	指导学生网络学习
2	网络课程	每章基础知识讲解、习题讲解、考前串讲	网络	指导学生网络听课，完成过程考核
3	每章作业	每章随机作业库	网络	指导学生网络做作业，做题完成率至少80%，正确率至少70%，完成过程考核

② 专业教学资源（教师）：为教师提供的资源除了全部学习资源外，还有以下专业教学资源：

序号	资源类别	形　式	使用方式
1	讲义（PPT）	PPT	参考网校讲义进行备课
2	技能微课	视频	利用技能微课拓展教学内容、完成授课任务
3	思维导图	PPT	利用思维导图帮助学生树立各层次知识体系
4	师资培训	会议	与网校及各高校相互交流
5	教学管理平台	网站	利用教学管理平台备课、开展课堂互动教学、布置作业、查询学生学习情况，更有针对性地进行课堂教学及学生学习督促

中华会计网校还将提供专业的教学、技术以及项目实施的服务团队，以保障高校课程的顺利开展。

2. 专业技能实训课程

中华会计网校为智慧云会计实训实践基地提供贴近真实企业业务的实训课程和教学资源,涵盖十多个行业的会计岗位综合实训和不同财会岗位的分岗实训。学校可以根据所在地的区域经济特征和人才培养目标定位,选择适合的课程资源。

(1) 岗位综合实训(多行业)。

行业综合实训课程覆盖了工业企业、商业企业、房地产企业等十几个行业(见下图),提供不同行业企业的真账实训(包括手工账和电算化),案例中涵盖企业账务处理的各个方面内容,学生可以全面地得到中小企业账务处理的实训经验。

| 工业企业 | 商业企业 | 房地产企业 | 高新技术企业 | 物业企业 |

| 物流企业 | 酒店餐饮企业 | 汽车4S企业 | 旅游企业 | 建筑施工企业 |

针对每个行业提供对应的一整套实训课程和教学资源,高校可自主选择。

(2) 分岗位技能实训。

财会专业岗位制人才培养按财会工作精细分工的岗位进行课程设置和科目划分,以各岗位职责及工作技能为学习内容,以达到岗位胜任能力、具备较高职业素养和可持续发展能力为培养目标。根据学校的人才培养计划,智慧云会计实训实践基地课提供以下各岗位的技能实训课程。

其中,财务会计岗位还划分出来往来业务结算岗、财产物资核算岗、工资薪酬核算岗、收入费用利润核算岗、总账会计岗和稽核岗。以上每个岗位有对应的一整套实训课程,高校可任选搭配。

(3) 实训课程资源。

中华会计网校为会计行业综合实训和分岗实训课程教学提供全套真账资料、网络课程、课后作业和教学计划表等教学资料。

手工账教学使用全套高仿真教学材料，学生无须另配任何工具和资料，即可完成学习和演练，所有教学材料每学期均保持及时更新。

电算化教学中，学生使用"会计云平台"中始终最新的云财务软件进行操作演练，教师可通过管理功能随时查看学生财务处理结果。

（4）课程实施模式。

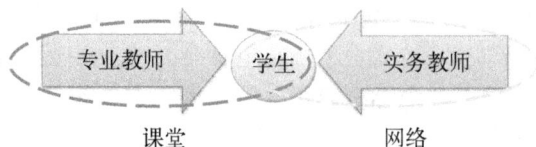

岗位技能实训课程和行业综合实训课程可采用"双师教学"模式，高校教师和实务专家共同授课，通过线上线下、手工账和电算化混合式教学模式讲解。

手工账的教学实务专家侧重传授实际工作中的经验和技巧，能够有效弥补高校教师实战经验不足的问题。

3. 职业素养提升课程

会计职业素养提升课程是一系列软实力提升课程，主要包括职业习惯养成与职业素养提升、职业沟通与礼仪、职业公文写作、职业风险与防范等。通过这个系列的课程学习，有利于提升学生的职业竞争力，让学生与未来职业无缝对接，帮助学生顺利进入职业生涯，并为其职业发展奠定坚实基础。

职业素养提升课程的授课将充分运用视频教学、案例分析、小组讨论、角色扮演以及远程讲座等多样化教学方式。

4. 管理通识实训课程

在智慧云实训实践基地的实训课程中，引入了企业创建及运营模拟实训模块。企业创建及运营模拟实训是一种成熟的实岗培训体系，由系统的、有组织的业务活动组成一个真实的经营环境，学生以"员工"的角色"上班"，其工作场所是按公司的经营资料和业务流程设立的模拟公司。通过八个经营模块的训练，体验真实的商业环境和商业行为。

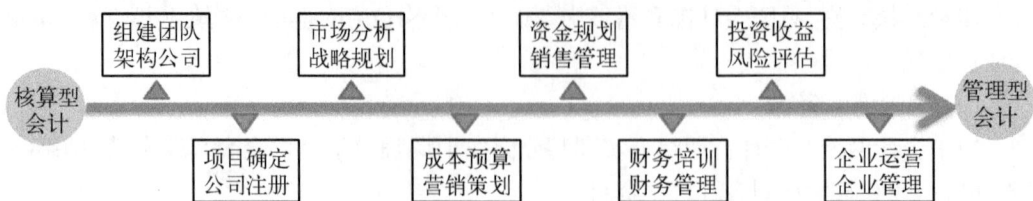

专业通识实训课程为会计专业学生提供了参与公司从前期筹划到注册设立再到运转经营的完整经营流程的实训机会,帮助学生从管理的角度去看待财务工作,为未来完成从核算型会计到管理型会计的转型奠定基础。

企业创建及运营模拟实训课程由高校教师授课。中华会计网校所属集团公司提供全套课程资源,包括实训教材、课程计划等,并为授课教师提供师资培训。

7.2.2.4　智慧云会计实训实践基地校企合作服务体系

1. 岗位实习

会计岗位是企业经营的核心部门,缺乏实际工作经验的应届毕业生难以获得会计岗位实习机会,即使有幸获得实习岗位,往往只能接触到简单的票据整理、复印和装订等工作,很难接触到核心财务业务。

智慧云会计实训实践基地通过中华会计网校开发的会计云平台,一方面为全国中小企业提供会计代账业务和财务外包服务,一方面通过会计云平台面向学生提供实习岗位,从而将传统的实训室打造成产业基地,组织安排会计专家指导、审核学生所做的会计业务,保证业务质量,锻炼学生会计实际业务的处理能力。

同时,智慧云会计实训实践基地通过企业环境搭建和工作氛围营造,让学生在远程实习的过程中也能体验到企业工作的真实感,为未来步入工作岗位打下良好的基础。

2. 推荐就业

在服务学生就业方面,智慧云会计实训实践基地可以发挥多方面的作用。首先,通过中华会计网校对数万家合作企业人才需求数据和热门行业的岗位分析,将企业的人才岗位需求融入日常的会计实训和实习内容中,使学生在校期间就接触到不同行业的会计实务工作,积累相应的工作经验。

其次,学生在实训实践基地进行的各项学习、实训、实习等活动会被记录和分析,产生学习档案和"能力肖像"供企业准确识别学生能力,从而对学生产生督促作用。

第三,中华会计网校通过自有的就业指导团队,利用合作院校的毕业生的学业报告,为学生提供量身定制的就业指导服务,包括职业道德、职业素养、社交能力等方面的培养,并根据学生就业意向和行业类型推荐若干职位供学生选择直至上岗就业。

第四,就业指导团队会对学生就业情况进行跟踪,提供实际工作岗位的继续教育等服务。

3. 师资培训

中华会计网校定期组织全国高校会计专业共建项目师资培训,为合作院校培养"双师型"教师队伍,提升高校整体教学水平。培训内容包括但不限于:

(1)职业资格证书考试课程授课方法。

介绍职业考培课程应当具备的基本特征,了解其与高校学历课程的区别,包括考试大纲、考情分析、应试技巧、命题规律预测等。

(2)多种教学手段在课堂中的综合运用。

介绍如何在课堂中利用PPT演示、思维导图、案例等多种教学手段实现混合式教学。

(3)网校教学资源使用及演示。

介绍如何利用网校提供的信息化教学平台,及平台上各教学资源开展教学活动;包括课前备课、课堂教学、课后作业、学习进度、成绩比对、过程性考核等环节进行全方位演练。

(4)按科目与名师分组交流。

① 科目特点、命题规律及考情分析。

② 逐章交流(重点、考点、难点,网校教学设计思路,答疑总结分享)。

③ 跨章节交流(探究专业内在联系,摸清知识脉络形成体系)。

④ 应试技巧及总结。

4. 其他服务

中华会计网校具有十五年远程教学和会计人才培养经验,拥有丰富的教学资源和教育技术储备,能够为高校的数字化校园和混合式教学模式改革课题以及产业基地建设等方面的项目提供支持。

(1)课程体系建设和资源库建设。

协助高校制订并完善财会相关专业的课程标准,按"课岗对接、课证相融"课程体系规划课程内容;构建并完善"教、学、做"一体化教学模式。帮助高校搭建网络教学平台,进行财会专业资源库建设。

(2)数字化校园课题。

依托高校校园信息化软/硬件设施,引入中华会计网校的在线精品课程和教学信息化的产品研发实力,双方联合打造应用型大学的省部级精品课题和适用于高等院校的"校园信息化＋教学信息化"和混合教学模式改革一体式解决方案。

(3)产业基地建设。

依托十五年商业运作经验和会计代理记账行业经验,为高校利用中华会计网校的"会计云平台"进行本校产业基地建设提供咨询服务。

7.2.2.5　智慧云会计实训实践基地预算规划

1. 硬件设备

功能区	设　备	参　数	单　价
教学(办公)区	学生电脑		
	玻璃写字板		
	电脑桌椅		
	信息讲桌＋液晶面板		
	教学一体机	84寸	
	实物展示台		
	音响系统	包含两个话筒, 一台功放,四个音箱	
	电子班牌系统		
	环境控制系统		
	录播系统		
中型会议室 (可容纳10人)	会议桌		
	椅子		
	玻璃写字板		
	投影仪		
	投影幕布	对角线100英寸	
小型会议室 (可容纳6人)	会议桌		
	椅子		
	书写墙面		
	液晶电视	三星,40英寸	
出纳办公设备	保险柜、验钞机、收据、计算器 银行日记账及现金日记账 各种财务单据、会计通用章一盒 其他办公用品		
会计办公设备	针式凭证打印机、针式发票打印机、激光 打印机、凭证装订机、凭证柜装订凭证用品 扫描仪、复印机、金税卡、计算器 现金支票、转账支票和银行汇票 会计单据、其他办公用品		
其他	基础装修		
	空调		
	网络布设		

2. 网络设备

设 备	参 数	单 价
流媒体服务器＋存储	戴尔 R420 服务器,另包括 5T 的有效存储(raid)	
教学数据对接中间件	用于校内流媒体服务器与公网数据系统更新同步和管理	
无线 AP	室内灵动天线型无线接入点,内置 X-sense 灵动天线,双路双频,支持 2 条空间流,整机最大接入速率 600 Mbps,可支持 802.11 a/n 和 802.11 b/g/n 同事工作,胖/瘦模式切换、WAPI、千兆电口上联、PoE 和本地供电	
供电模块	单端口以太网供电适配器(千兆端口、支持 802.3 af,适用于 802.11 nAP 的供电)	
控制器	新一代无线控制器,自带 8 个千兆电口,2 个 SFP 复用口;默认支持 32 个 AP,可通过扩展 License 最大控制 320 个 AP;支持墙面式 AP 特性,墙面式 AP 最大可控数量翻倍	
工程安装费	运输、保险及所有设备安装	
设备维护及服务费用	1. 提供 7×24 小时所有的硬件和软件的运营维护 2. 报价为一年的运营维护费用	

3. 课程平台

类 别	产 品	报 价
专业共建平台	网络教学平台开发费用	
	移动教学平台开发费用	
	会计云平台开发费用	
	金马兰创业实训远程平台开发费用	
	金马兰创业实训商战系统开发费用	
	平台维护及升级服务费用	

4. 课程资源

课 程	单 价
会计从业资格课程	
初级会计职称课程	
会计岗位综合实训课程	
分岗位技能实训课程	
会计职业素养提升课程	
企业创建及运营模拟课程	

7.3　与新道科技股份有限公司的校企合作

江苏财经职业技术学院智慧商科跨专业综合实训课程是该校自 2011 年开始,通过与新道科技股份有限公司合作,设计和开发的全国首创的可以满足 312 名学生同时实训的课程,并将其作为必修课,列入所有经管类专业的教学培养方案,安排在第六和第七学期,实训 2 周,即 10 个工作日,80 课时。该实训课程通过对现代商业社会中不同形态组织典型特征的抽取,营造一个由 9 家制造企业、2 家原料供应商、2 家贸易公司和 8 个外围服务单位(银行、工商、税务、社保、会计师事务所、广告公司、人力服务公司、设备供应商等)构成的虚拟的商业仿真社会环境,每家企业设置了 7 个部门(企业管理部、营销部、生产计划部、仓储部、采购部、财务部和人力资源部)和 18 个岗位(总经理、行政助理、营销部经理、市场专员、销售专员、生产部经理、计划员、车间管理员、仓储部经理、仓管员、采购部经理、采购员、财务部经理、出纳、财务会计、成本会计、人力资源部经理和人力资源助理等),模拟从团队组建、公司注册到企业运营决策的全过程,让学生在虚拟的市场环境、商务环境、政务环境和公共服务环境中,根据现实社会的岗位工作内容、管理流程、业务单据,结合与教学目标相对应的业务规则,实现与现实工作几乎完全吻合的仿真经营和业务运作。

学生通过跨专业综合实训,形成自然的、符合现实经济活动要求的行为方式和智力活动方式,提升自身的职业行为能力,达到全面了解并胜任其工作岗位的基本要求。在不同职业岗位上的"工作",可以训练学生从事经济管理的综合执行能力、综合决策能力和创新创业能力,帮助学生感悟复杂市场环境下的企业经营,从而学会工作,学会思考,培养全局意识和综合职业素养。

7.3.1　多专业综合实训体系构建框架

7.3.1.1　建设目标

江苏财经职业技术学院智慧商科跨专业综合实训,是根据专业人才培养方案提出的培养目标,在人才培养目标的框架下,对学生的专业核心知识、技能和职业关键能力进行综合性实务训练的独立课程。其目标是要使学生专业基本技能熟练,综合技术应用能力增强,真正做到上手快、业务熟、职业素养高,形成较好的业务操作与管理能力,实现与企业业务工作的零距离对接。课程具有高职专业的鲜明特点——系统综合性强、关联集成度高、程序规范性好、模拟职业性强、动态性与完整性好、仿真性与实用性强、现代教育技术手段突出、自主学习性高,以及开展综合业务实训的总体思路。

跨专业综合实训的基本目标是培养懂业务、能应用、会管理的高潜质、有全局观的实务型基层管理人员。这个目标是逐级递进,按 4 个层次来设计的:第一层次,能按照业务岗位要求填写业务流程的单据、表格,熟悉岗位常用表单的作用及填制方法;第二层次,要理解岗位业务背后的处理逻辑及对其他业务可能造成的影响;第三层次,应结合实际业务理解业务流程、岗位业务策略和管理理论;第四层次,能够针对新的管理目标,综合应用管理知识并提出对业务的优化建议。

7.3.1.2 特色与创新

(1)人才培养方案改革,实现了经管类专业由课程实验向跨学科、跨专业综合实训的突破。开展人才培养方案与深化实验教学内容改革,搭建跨专业综合实训平台,实现了经管类专业由课程实验向跨学科、跨专业综合实训的突破。

实现仿真环境下的综合体验。在信息技术支撑的仿真现代服务业与现代制造业环境下,模拟20多家服务机构,数十个岗位,在学习者开展企业运营决策的同时,与虚拟环境中的不同机构进行交流,通过交互作用和影响,可以令其产生等同于真实环境的感受和体验。

实现动态数据下的企业运营训练。在动态数据支撑的企业竞争的立体式环境下,学生以小组为单位,开展竞争环境不断变化的、经营模式多样的企业经营决策级对抗。在动态数据的教学环境下,实现了服务环境参数可调、企业运营难度可变、企业间对抗的复杂程度可设的目标。

实现任务驱动下的单项技能训练。在模拟企业竞争运营的背景下,在明确的、主动与被动的任务驱动下,在一定的时间内,学生必须高质量地完成岗位作业,这些工作结果对企业经营结果、对团队成绩起到重要作用,可以通过提高训练饱和度来增强学生学习的主动性。

实现资源环境下的运营协同训练。在丰富的信息资源环境下,不同学习者,在不同经营阶段,对不同类信息资源价值的不同认知,直接影响了企业内的经营模式和企业间的合作模式,形成了服务业社会协同,企业间供应链协同,部门间流程协同的情况。

(2)不断深化实验手段和方法改革,实现了实训教学的规模化、多样化。一是实现实验教学手段规模化,可以实现312名学生同时开课实训;二是实现实验教学手段多样化,形成一套手工手段与电子手段相匹配、模拟手段与实际操作手段相并存、传统手段与现代手段相结合的相对完善的实验教学手段体系;三是实现实验教学工具多样化,构成一套由计算机、网络、多媒体、数据库、实验教学软件等组成的相对完善的实验教学工具体系;四是实现实验教学方法多样化,构成一套由灵活运用情景式教学、探究式教学、互动式教学、角色扮演式教学、博弈式教学等组成的方法体系;五是实现实验教学组织形式多样化,打破传统的自然班界限,将来自不同自然班的学生混合编组,形成了扮演不同角色的学习型团队和组织。

(3)实现仿真实训教学的实战化。江苏财经职业技术学院充分利用合作企业及行业专家等资源,了解企业对人才的特性要求,提炼模拟企业的岗位设计、业务选取、表单流转,同时,高度重视行业专家丰富的实践经验,与企业专家合作研发新的教学案例,从而建立起校内应用型人才的培养路径,最终构建了适合校内仿真综合实训的实践教学模式。

(4)层层递进,构建学校独具特色的实验教学体系。江苏财经职业技术学院以智慧商科跨专业综合实训平台建设为契机,建设分类分层,层层递进,独具特色的实验教学体系:第一层为专业基本技术强化训练,主要针对课程实验;第二层为专业综合技能的合成演练,主要针对跨课程、跨专业的实验;第三层为跨专业综合实训,主要是打破学科、专业界限,既提高学生综合运用专业知识的能力,又培养他们的职业素养,便于其迅速适应就业岗位的需要;第四层为创业教育与创业实践,创业教育主要通过创业案例研习、企业管理模拟,让学生体会创业,而创业实践则是创业模拟的升华,学生可通过学生创业基地直接注册公司运营,参与市场竞争,实现创业梦想。

其中,第一层主要在学校经济与管理实验中心完成,第二层和第三层在跨专业综合实训中心相关实验室内完成,第四层通过课堂教学和创业楼办实业完成,同时,借助各种竞赛活动实现,如"新道杯"会计技能大赛、ERP沙盘模拟经营大赛和创业策划大赛等。四个层次,层层深入,实现了从理论、实验、实训到实践的创业型人才培养的实验教学体系建设。

7.3.1.3　建设内容

1. 实训平台的建设

由于综合实训内容的复杂性和丰富性,建设跨专业综合实训平台必然面对系统性和复杂性的问题。从无到有地进行跨专业综合实训平台的建设需要全面的资源支持,这是一个充满挑战的过程,对其进行探索是十分必要的。

江苏财经职业技术学院智慧商科跨专业综合实训平台的建设,主要包括实训环境建设和软件平台搭建两部分。其主要目标是通过构建仿真商务环境、政务环境和公共服务环境,模拟企业经营和业务运作,让学生运用所学专业知识实现最大真实化的实训,做到与毕业后的实际工作无缝接轨。

事实上,与主要以单项性实训为主的实训课程现状相对应,之前的实验室建设也更多考虑的是各个专业的自身需求,缺乏综合实训的整体性设计,没有全面、完整、有层次地考虑实训教学和实验室的构成因素,导致各专业的实训处于彼此孤立、分割的状态,也没有把整个实训资源进行有效的整合配置,实训形式单一,很多职业环境脱离了实际工作,对学生综合素质和职业能力培养的力度不够。

因此,跨专业综合实训实验室应尽可能为学生提供真实的工作环境,它所包含的仿真社会经济环境和市场环境,应具有科学、严密和贴近实际的特征。建立以生产制造公司为核心的实训环境,营造一个仿真或全真的职业环境,模拟工厂、企业和生产现场的工作场景,努力营造现代生产、管理、服务等第二线真实的或仿真的职业环境,使仿真环境秩序化、具体化,从而搭建起实习的组织架构。学生根据职能、岗位的设置要求,通过角色扮演的方式组建公司和其他市场机构,模拟整个社会经济的运转。

软件平台的建设是实训平台建设的主体,出于教学需要的考虑,该平台包括综合实训平台和辅助教学子平台两部分。

其中,综合实训平台的建设思路是每个学生以企业实际业务流程为牵引,针对各个特定系统的业务,模拟企业不同部门、不同的工作岗位,由学生独立完成业务处理,目的是熟悉系统的功能,明晰不同类型业务的处理流程。辅助教学子平台,则主要是教师端和管理员端,用于后台信息的导入、教学进度的控制、相关教学任务的发布、相关数据的调整、学生成绩的考核等。

软件平台建设主要是针对现代制造业的综合实训。学生的实训过程包括筹建公司、企业经营、供应链竞合、服务业协同4个方面。平台是一个在仿真经济环境下,时刻处于经营动态的训练系统,不针对特定专业,而是关注行业、企业、岗位、任务的工作过程。

该平台通过各类服务机构、企业的角色扮演和业务模拟,使学生体验在社会层面的资源配置与服务业分工以及企业的生态环境,实现"在环境中体验、在对抗中思考、在行动中认知、在组织中协同"的教学目标,同时也对教师团队的完善起到巨大作用。

2. 实训课程的建设

经管类跨专业综合业务实训课程是以职业岗位所需要的职业能力要求为依据,以工作过程为主线,以工作项目为核心,将职业技能和能力培养所涉及的理论知识、应用知识、工作过程知识、操作技术有机结合的集中实训课程。

实训内容包括核心制造企业、上下游的原材料设备供应商和客户公司以及工商行政管理部门、税务部门、商业银行、广告中心、会计师事务所等中介服务机构的经营模拟。其中,制造企业的经营模拟业务包括采购部、生产部、销售部、企管部、市场部、财务部、人力资源部7个部门18个岗位的业务。

实训课程建设的主要内容:首先,建立以生产制造公司为核心的仿真市场,使仿真环境秩序化、具体化,从而搭建起实习的组织架构。学生根据职能、岗位的设置要求,通过角色扮演的方式组建仿真公司和仿真市场机构。其次,制定详细的业务规则,指导学生按企业运作的流程和规律去经营仿真企业,引导他们认识、理解企业与社会各个部门之间的经济关系。最后,设计大量的仿真经营数据,阐明仿真企业所处的经济环境和当前的经营状况,为学生做出科学的经营决策提供丰富的参考资料。

3. 教学计划的安排

为最大化满足跨专业、跨学科的综合实训的要求,智慧商科综合实践中心基于人才培养方案精心安排教学计划,利用12周的时间对一个年级近1 700名学生开展6轮的实训,详见下表:

轮次	周　　次	实训班级	实训教师
1	第5、6周(274人)	15会计1—4(183) 15会计17—18(91)	胡佳佳、沈霞、李洁、张淑芳、陈秀秀、王安超
2	第7、8周(266人)	15会计5—8(177) 15会统单1—2(89)	胡佳佳、周爱群、李洁、张淑芳、陈秀秀、王安超
3	第9、10周(285人)	15会计9—10(96) 15会审1—2(126) 15管理(34) 15食品(29)	曾磊、沈霞、孟英伟、张淑芳、陈秀秀、王安超
4	第11、12周(292人)	15会计11—12(89) 15金融淮工(45) 15金融1—4(158)	田青、周爱群、李洁、张淑芳、陈秀秀、王安超

轮次	周　　次	实训班级	实训教师
5	第 13、14 周(280 人)	15 会计 13—16(179) 15 财管(53) 15 财管淮师(48)	**田青**、沈霞、孟英伟、张淑芳、陈秀秀、王安超
6	第 15、16 周(274 人)	15 会电单(43) 15 会计海通(20) 15 会计南审(46) 15 电气电子(52) 15 机电(43) 15 计算机(25) 15 汽车服务(16) 15 数控(29) 15 模具(学徒制)	**胡佳佳**、沈霞、吕成文、张淑芳、陈秀秀、王安超

注：加粗字体老师为主讲老师

4. 教学方案的设计

整个实训,模拟经营 6 个季度,全面呈现企业在每年、每季度、每月的决策经营活动和业务活动。其目的是:

通过众多各类服务机构、企业的角色扮演和业务模拟,让学生体验在社会层面的资源配置与服务业分工及企业的生态环境。

通过与同类型企业竞争、与上下游企业和服务业的协同外包,让学生体验在行业层面供应链的运营及服务业与制造业融合的经营模式。

通过在有限资源、公平环境下,团队模拟运作企业,让学生体验在企业层面的决策运营、内部管理,风险防范,市场竞争。

通过大量连续具体业务处理和任务完成,让学生体验岗位层面在手工作业或信息化环境下不同的岗位技能要求。

通过上述环节,培养学生统观全局的能力,体验各个岗位的情况,理解公司每个部门的行为对公司全局的影响,学会与其他岗位、其他单位的联系,学会处理对内、对外的各种复杂关系,认识各种决策和投资策略的市场效果,全面提高岗位工作的日常事务处理能力、企业经营决策能力以及分析问题、解决问题的能力,同时,学习如何控制成本、理解沟通与协作、培养团队精神,提高自我管理能力。

5. 教学案例的设计

教学案例的设计,主要在于思考如何把一种类型的企业能很好地兼顾实现"把企业搬进校园",同时又要保持课程的竞争性,使得其既能满足实训对企业生产活动的真实模拟,又贴近学生生活并能激发学生的兴趣。其次,还要思考抽取该类型企业中的主要业务和数据因素投入教学是否能取得较好的教学效果。

现代制造业的教学案例,企业外部有明确的上下游企业,企业内部具有清晰的物料流动,易于理解一个企业实际运行中的投入和产出,更形象地帮助学生理解成本和收益的关系,是符合经管类学生的校内跨专业综合实训对案例的核心要求的。这也是平台建设之初确定的,而我们在制造企业中选取的童车制造型企业,贴近学生生活,易于理解,满足了学生了解企业采购、生产、销售的实物运转流程的需要。

此外,实训案例中的业务并不是来源于一个企业,而是从多个不同行业、不同性质的企业中选取具有代表性的业务,从而使学生在课程的学习中,能够得到充分的训练,提高学生的综合运用能力。基于此项特性,该课程选取的企业业务包括制造型企业的日常业务与需要其他组织配合的协同业务。

目前,作为教学案例主体的童车制造企业,是拥有 7 个部门 18 个岗位的中小型童车制造企业,生产工人 40 人,生产线若干条,主打产品为经济型童车、舒适性童车、豪华型童车。从教学效果来看,本企业案例组织架构框架清晰、各部门任务明确、产品生产工艺明晰、配套销售等规则合理,既满足了学生了解企业采购、生产、销售的实物运转流程和其他企业日常业务的需求,又满足了该课程集竞争性与趣味性于一体的要求,并对实现经管类跨专业综合实训培养快速融入企业的实务型人才的课程目标具有一定的促进作用。

6. 师资队伍的建设

针对跨专业综合实训课程涉及知识面广、理论与实际操作相结合等特点,如何组建一支理论知识全面、手工实际操作精通、专业梯度合理的教学团队是一大挑战。

为了满足跨专业综合实训的教学要求,涉及企业运营的各个领域,需要不同专业的教师组成教师团队联合进行指导,江苏财经职业技术学院组建了一支由专职教师、专业教师、特聘教师和助教组成的分工明确、有效合作的跨专业实训教师团队,并成立了跨专业综合实训中心,将教师组成实训项目工作组,以项目管理的形式开展教学活动。在教学过程中至少需要 3 名以上的教师,其中,1 名教师负责技术服务,为平台的运行提供支持;1名教师负责组织教学活动;其余教师负责实训指导。

同时学院跟新道科技股份有限公司建成战略合作关系,每年派送老师参与课程的研发工作。

7. 管理与考核机制

学校单独成立了智慧商科跨专业综合实训中心,负责面向全校各专业学生的实训。

该课程的考核机制应采用综合指标法,主要考评学生领导能力、专业能力、协同能力、勤奋指数等方面的成绩。在考核中,应将过程考核与结果考核相结合、教师考核与学生考核相结合、团队考核与个人考核相结合,通过评价指标建立评价方案,从团队精神、协作交流、经营决策、经营业绩、实训报告等多点、多方位进行评价。

结合跨专业实训教学自身的特点,课程形式新颖、涵盖内容广泛以及每一轮次上课学生数量庞大等,该校最终制定了"以团队考评为主、个人考评为辅"的成绩考评体系。该教学考评体系先制定不同岗位的考评内容,通过团队竞争,再加上每月的"企业之星"评选,分别获得团队的分数和个人的分数。

具体来说,团队考评就是针对不同的岗位工作分别制定各部门的考评内容,通过团队竞争,教师和各企业相关人员负责评定给分。这主要以三种形式进行,即以手工填写单据为主的纸质资料评定、以办公环境布置与企业文化制度建设为主的讲解评定和以部门人员日常工作汇报总结为主的展示评定。而团队评定中又穿插着对每一位上课学生的个人考评,组内成员分别对各个成员的表现给予评定,推选出每月业务的"企业之星",在团队评分的基础上,以此作为课程个人成绩的主要依据。

经教学实践验证,该考核机制是极其适合跨专业综合实训教学的。对受训学生来说,针对这一考核机制,他们会积极主动地思考如何发挥自身的作用,如何在众多团队之间脱颖而出,为自己的组拿到高分,有利于激发学生无限的积极性、强烈的竞争意识和潜在的集体荣誉感。

7.3.2　跨专业人才培养

在充分企业调研的基础上,我们发现现代企业对于大部分岗位都希望员工有跨专业、跨岗位的技能和知识,要求具备较强的协作、沟通和交流的能力,要求具备基本的计划、组织、领导能力,以及不同程度的技术创新和组织创新能力。

为了适应社会对人才不断提升的需求,院校的人才培养模式也在进行新的变革和探索,重点扩大应用型、复合型、技能型人才培养规模。在实施中,主要面临两大问题:第一,院校专业间存在壁垒,专业实训互通性差、资源无法共享。第二,专业实验室,虽能解决不少相关课程的实习实训,但离复合型、应用型人才培养需要的能力训练还有一定差距,想通过社会上的企业实习是不现实的。

为了进一步深化经济管理类应用型人才培养改革,不断提高人才培养质量,建设跨专业综合实训平台就成为院校教学改革的一个重要举措。在高等院校,开设跨专业课程,其目的就在于让学生掌握与自己专业相关的交叉学科的基础理论知识,有助于学生全方位体验现代企业管理和运作的全过程,为未来的个人发展提供足够的后劲。

跨专业实训,可全方位模拟现代真实商业社会环境下,以制造业企业为核心的各类社会组织开展商业活动过程中的各种业务往来关系。开展仿真实训,可让学生在校内就能体验到虚拟商业社会环境下多类社会组织协同工作的工作方式,认知核心制造业企业及各类社会组织协同工作的业务流程及管理流程;训练在现代商业社会环境中,从事经营管理工作所需具备的综合执行能力、综合决策能力和创新创业能力,学会工作、学会思考,从而,培养学生在协同工作中的全局意识和综合职业素养,实现"把企业搬进校园"的教学理念。

7.3.2.1　人才培养目标

旨在打造应用型人才培养模式,通过以"理论知识""职业素养""动手技能"的有机进行结合,从现实岗位工作内容、管理流程、业务单据,将经营模拟与现实工作接轨,使学生通过实训,更加深入地认知企业、了解现代商业社会环境,强化学生认知企业规章制度、运营管理流程、业务操作流程等企业各项经营管理活动和业务活动的程度。培养懂企业、懂制度、懂业务、懂管理的有企业全局观的经管专业人才。

7.3.2.2　人才培养规格

(1) 认知企业内外部组织管理流程、业务流程及各组织间的关系;

(2) 认知理论与实践结合重要性,能够根据组织岗位任务要求完成相应工作;

（3）认知企业各岗位工作对其他岗位业务的影响；

（4）提升学生的实践操作能力、协调沟通能力、综合决策能力。

跨专业人才培养路径：

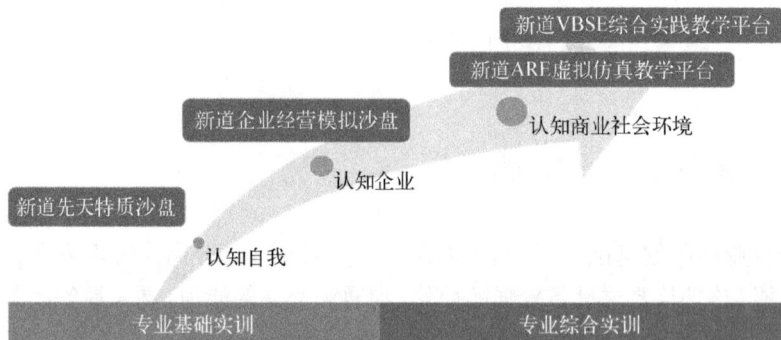

7.3.2.3 实践教学课程体系构建

实践教学课程体系构架：

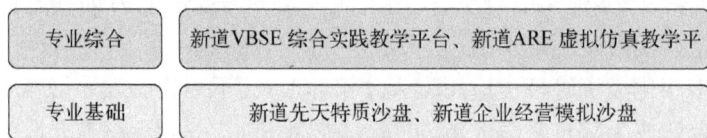

课程性质及实施建议

课程名称	性质	建议学期	建议课时	建议学分	建议前置课程	授课方式	场地
新道先天特质沙盘	专业基础实训	第1学期	40学时（5天）	1学分	无	知识讲解、小组研讨、模拟实训、成果分享、师生互评、360度考核等	实训室
新道企业经营模拟沙盘	专业基础实训	第1/2学期	40学时（5天）	1学分	无	知识讲解、小组研讨、模拟实训、成果分享、师生互评、360度考核等	实训室
新道ARE虚拟仿真教学平台	专业综合实训	第4/5/6学期	24学时（3天）	1学分	学校专业基础课程，含基础会计、成本会计学、会计电算化、管理学基础、市场营销、国际贸易等	模拟实训、成果分享	实训室
VBSE综合实践教学平台	专业综合实训	第4/5/6学期	80学时（10天）	3学分	学校专业基础课程，含基础会计、成本会计学、会计电算化、管理学基础、市场营销、国际贸易等	知识讲解、小组研讨、模拟实训、成果分享、师生互评、360度考核等	实训室

7.3.2.4　评价体系设计

考核对象：参与跨专业实践教学课程的学生

考核目标：通过多样化的考核形式、科学化的考核内容、全程化的评定跟进来综合评价学生对跨专业仿真商务环境的实际操作能力、沟通能力、综合决策能力的掌握程度。

考核标准：考核分为教师的过程性考核，实践结果的评分和系统提供的考核结果三个部分（考核模块及比例只供参考，各院校可根据实际情况调整）。

评价结果＝过程性考核（50％）＋实践结果评分（20％）＋系统考核结果（30％）

注：教师的过程性考核包括综合实训课程的直观评价，如上课出勤情况，课堂纪律及学习态度，课堂表现，师生互动，平时作业完成情况等；实践成果的评分包括项目小组的综合成果评分等。

7.3.2.5　师资配备

跨专业实践教学需配备有相应实践教学经验或经过新道师资研修院培训后的教师来担任该门实训课程的授课任务。

建议师资配备为：

(1) 1 名财务方向老师做主讲老师，2～3 名其他专业老师可做助教并统一参与新道师资研修院的师资认证培训，专业方向建议为市场营销方向、工商管理方向、国际贸易、人力资源等方向。

(2) 具有讲师及以上职称，两年以上一线教学工作经验，自愿学习指导实训课程的优秀青年教师可选用。

(3) 具有较强的理论知识功底、课堂教学组织能力，沟通能力和应变能力的教师。

7.3.3　智慧商科综合实践教学总体规划

实践教学是理论教学的一种延伸和发展，二者相辅相成。商科实践教学以服务为宗旨、以就业为导向、以市场对人才的需求为依据，分析不同领域、不同岗位的人才能力结构，确定应用型商务人才的培养目标以及与之相适应的培养途径、课程体系，进而形成商科应用型人才的培养模式，培养适应我国生产、建设、管理、服务第一线的德、智、体各方面全面发展的高等技术应用性专门人才。

简而言之，商科实践教学的基本框架可以概括为："1234"，即 1 个目标（立足培养应用型商科人才）、2 轮驱动（理论与实践并重）、3 种能力（学习能力、应用能力、职业能力）和 4 大核心课程模块（学科基础课程、专业基础课程、专业综合课程、学科综合课程）。

显然，商科实践教学的核心与实质是培养学生的实践能力，使学生在掌握必备专业理论知识的基础上，具备解决实际问题的能力，并能直接顶岗，体现"素能本位"的商科教育理念。

高职院校应基于源自真实企业的岗位能力分级模型进行商科人才培养课程设计,建立分层次多阶段模块化的课程体系,在教学过程中遵循建构主义四大要素,将企业的真实业务流程、业务场景搬进校园,采用沉浸体验式教学方式,让学生在学校中能够仿真不同组织、不同岗位的工作内容和流程,实现"上学即上班""把企业搬进校园"。

7.3.3.1 智慧商科综合实践课程设计理念

建设基于岗位能力分级模型的商科人才培养课程体系。岗位能力分级模型是院校制定人才培养方案和满足企业用人需求的起点和终点,是通过对真实企业的用人需求,站在企业视角并被企业广泛认同的岗位胜任力模型。

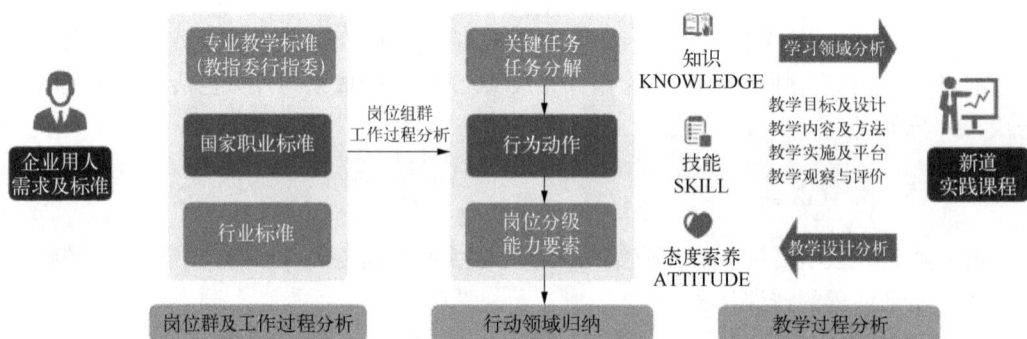

岗位能力分级模型的建立需要遵循职业标准、符合教育规律、突出人培特色

岗位能力分级模型的设计思想源于企业视角,遵循教学标准、国家标准、行业标准、企业标准,其特色为岗位职责与工作内容相对应,只是范围与技能水平相对应,能力分级与标杆岗位相对应,自我评价与职业规划相对应。

岗位能力分级模型主要包括三方面主要内容:岗位描述、能力描述、能力分级。

7.3.3.2 智慧商科综合实践教学课程体系

将岗位能力分级模型融入商科实践教学课程体系中,针对企业对专业人才知识、素质、能力的要求,围绕增强学生的学习能力、创新能力、实践能力、沟通能力、社会适应能力,结合院校人才培养计划,建立"分阶段多层次模块化"课程体系。

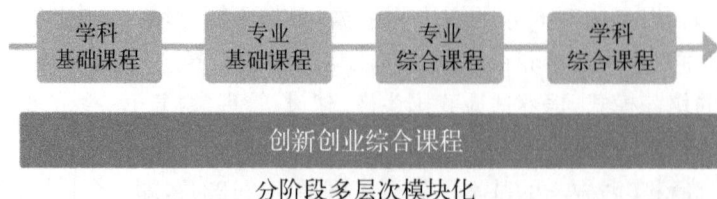

分阶段多层次模块化

院校不仅注重学生单项职业能力的培养,更针对不同的人才培养需求,建设多专业、多行业、多岗位的综合实践课程体系,旨在满足不同院校、不同专业、不同个体的多种复杂的能力培养需求。

高校以学生为中心,尊重差异,因材施教,将商科实践教学融入人才培养全过程,通过不断优化人才培养方案,积极探索创新人才培养模式。

7.3.3.3　基于岗位体验的团队动能训练

把企业搬进校园，符合建构主义学习理论的"情境""协作""会话""意义建构"四大要素。

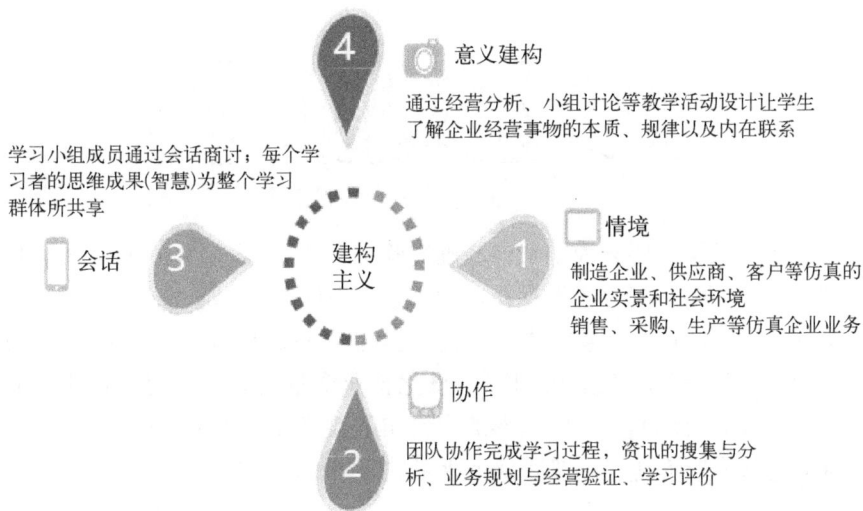

7.3.3.4　沉浸体验式教学

以问题探究性学习（Problem-Base Learning）、项目教学法（Project-Base Learning）为主，通过角色扮演运用所学知识解决商业社会环境下各类组织的运营问题。

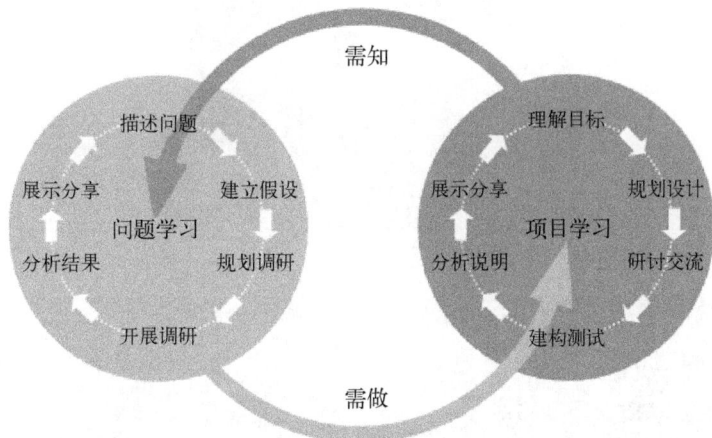

7.3.3.5　智慧商科综合实践教学逻辑设计

针对企业对专业人才知识、素质、能力的要求，新道奉行能力导向的人才培养策略，围绕增强学生的学习能力、创新能力、实践能力、沟通能力、社会适应能力,建立"模块化"课程体系。不仅注重学生单项职业能力的培养,更针对不同的人才培养需求,研发跨专业、跨行业、跨岗位的综合实践课程体系,旨在满足不同学院、不同专业、不同个体的多种复杂的能力培养需求。

学科基础实验课程 专业基础实验课程 专业综合实验课程 学科综合实验课程

商科综合实践教学主要分为了学科基础实验课程、专业基础实验课程、专业综合实验课程、学科综合实验课程;同时还设有普适性的素质类课程和竞赛平台产品。

各课程通过"虚拟企业全景仿真——把沙盘企业搬进校园""虚拟商业社会全景仿真——把虚拟商业社会环境搬进校园""信息化企业全景仿真——把信息化企业搬进校园"三个仿真的产品设计理念及实现,形成商科实践教育方案体系框架。

(1)虚拟企业全景仿真——把沙盘企业搬进校园。

- 沙盘推演从古到今,从军事领域到管理领域,是人类最有效的团队学习与体验式学习方式
- 沙盘通过角色扮演与模拟推演,让学生系统了解自我与团队,全面认知商业与企业,融会贯通所学各门经管知识
- 沙盘是院校各专业学生了解经营管理最有效的实训课程,是"理实一体、工管结合、工学一体"实训课程的经典

沙盘系列实训产品理念图

沙盘载体	角色扮演	对抗演练	环节点评
·手式盘面 ·信息化盘面	·CEO ·CFO ·COO	·沙盘推演 ·分组对抗	·知识点评 ·经营点评 ·总结点评

沙盘系列课程特色图

（2）虚拟商业社会全景仿真——把虚拟商业社会环境搬进校园。

- 现代社会是由不同形态的企业组织通过相互间的业务往来联接在一起
- VBSE(Virtual Business Social Environment)希望通过对不同形态组织典型特征的抽取，营造一个虚拟的商业社会环境
- 学生在虚拟的市场环境、商务环境、政务环境和公共服务环境中，根据现实岗位工作内容、管理流程、业务单据，结合与教学目标适配的业务规则，将经营模拟与现实工作接轨，进行仿真经营和业务动作，可进行宏观微观管理、多人协同模拟经营，是一个可以满足专业学习与实践一体的实训产品

VBSE 系列实训产品理念图

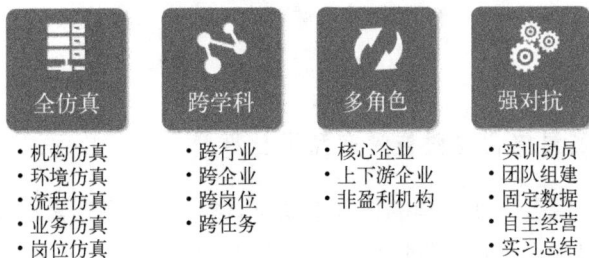

全仿真	跨学科	多角色	强对抗
·机构仿真 ·环境仿真 ·流程仿真 ·业务仿真 ·岗位仿真	·跨行业 ·跨企业 ·跨岗位 ·跨任务	·核心企业 ·上下游企业 ·非盈利机构	·实训动员 ·团队组建 ·固定数据 ·自主经营 ·实习总结

VBSE 系列实训课程特色图

（3）信息化企业全景仿真——把信息化企业搬进校园。

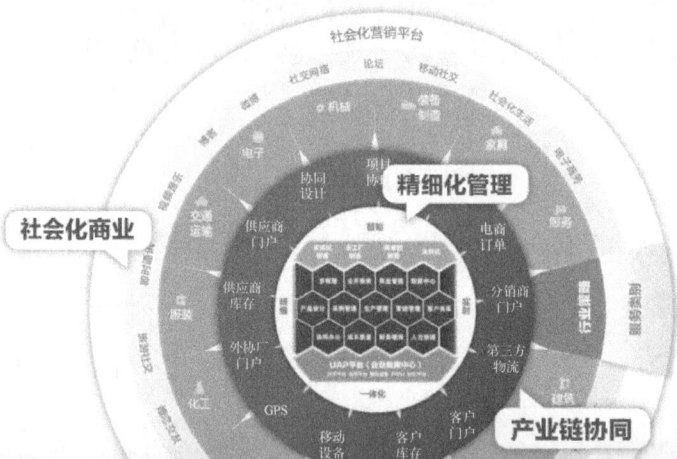

EFS 实训产品理念图

EFS 实训课程特色图

7.3.3.6　智慧商科综合实践教学产品设计框架

在整个智慧商科综合实践教学的体系框架下,学生开始进行素质类基础课程的教育,在学习过程中认知自我,了解自己的性格,了解跟自己他人的沟通以及跟团队的配合等。在对自我有一个充分的认知的基础上,对学生进行学科基础实验课程。

通过此类课程,让学生大概了解企业的基本结构,基本运营情况等有一个初步的认知。同时通过学科基础实验课程,使得学生对这类实践类的课程产生相应的兴趣,通过这类课程的竞争性的设计，使得学生在实践的过程中产生学习的乐趣。

在学生对企业建立初步的认知之后，课程一般开展在院校的大二、大三阶段，一些专业基础课程也开展了一些。在此基础上对学生进行专业基础课程的实训。如营销类专业的进行，就可进行 V 营实训、V 营门店实训，如会计专业的 V 会实训。学生可在专业课程体系的实训中得到专业的综合的深度训练与实践。

当学生对每个专业的有了一个深度的专业实训后，就要进行学科综合，学习了解除本专业之外的其他专业的知识。基于此对学生进行跨学科的综合实验课程。例如，会计专业除本专业外的，还要了解销售、企业外围经营环境等。使学生除了解本专业之外，还综合全面了解企业各业务的协调、运营，真正全面地了解企业。

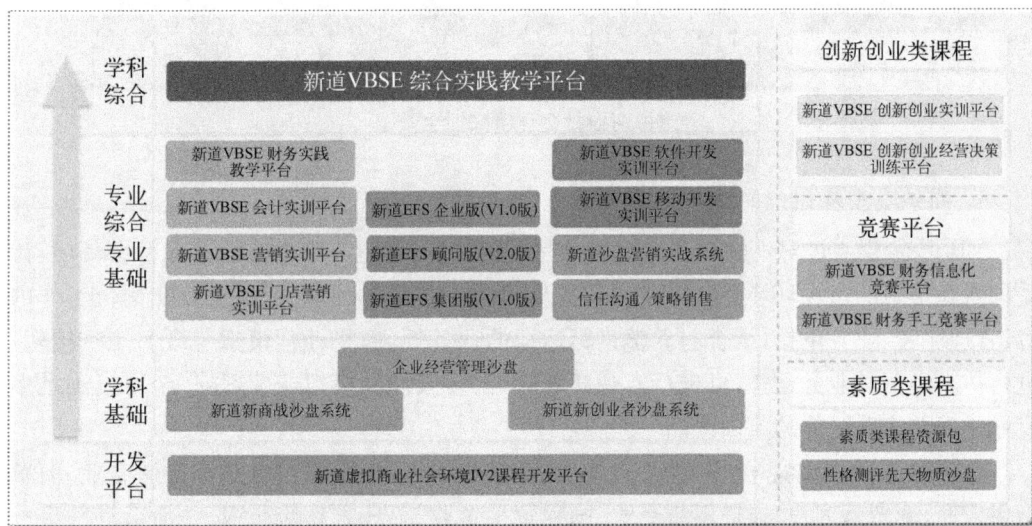

智慧商科综合实践教学顶层设计框架图

7.3.4　跨专业综合实训课程构建与探索

7.3.4.1　课程概述

新道虚拟商业社会环境 VBSE 跨专业综合实践教学平台可全方位模拟现代真实商业社会环境下，以制造业企业为核心的各类社会组织开展商业活动过程中的各种业务往来关系。利用该平台开展仿真实践教学，可让学生在校内就能体验到虚拟商业社会环境下多类社会组织协同工作的工作方式，认知核心制造业企业及各类社会组织协同工作的业务流程及管理流程；训练在现代商业社会环境中，从事经营管理工作所需具备的综合执行能力、综合决策能力和创新创业能力，学会工作、学会思考，从而培养学生在协同工作中的全局意识和综合职业素养，实现"把企业搬进校园"的教学理念。

虚拟商业社会环境实训全景图

1. 组织类型及组织间业务关系

VBSE 希望通过对不同形态组织典型特征的抽取,营造一个虚拟的商业社会环境,让受训者在虚拟的市场环境、商务环境、政务环境和公共服务环境中,根据现实岗位工作内容、管理流程、业务单据,结合与教学目标适配的业务规则,将经营模拟与现实工作接轨,进行仿真经营和业务运作,可进行宏观微观管理、多人协同模拟经营,是一个可以满足多专业学习与实践一体的实训产品。

虚拟商业社会环境 VBSE 跨专业综合实践教学平台中设计包含童车制造企业、商贸型供应商、商贸型客户、连锁零售企业、国际贸易企业、第三方物流企业、注册会计师事务所、招投标企业以及一系列为企业业务运营正常设立的政府服务机构与营利性服务组织。

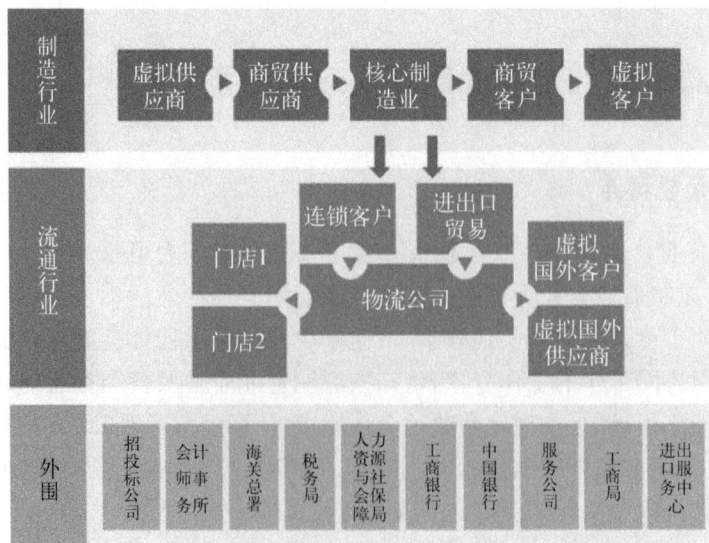

"新道虚拟商业社会环境 VBSE 跨专业综合实践教学平台"组织间业务关系图

2. 岗位设置

虚拟商业社会环境 VBSE 提供模拟实习的引导系统和相关教学环境,让学生在自主选择的工作岗位上通过完成典型的岗位工作任务,学会基于岗位的基本业务处理,体验基于岗位的业务决策,理解岗位绩效与组织绩效之间的关系;真实感受企业物流、信息流、资金流的流动过程;全面认知企业经营管理活动过程和主要业务流程;体验企业内部门间的协作关系及其与企业外围相关经济组织与管理部门之间的业务关联。

"新道虚拟商业社会环境 VBSE－跨专业综合实践教学平台"岗位设置表

组织机构类型	部　门	岗位职责	岗位名称	支持最多组数	支持最大授课人数
制造企业	企业管理部	总经理兼企管部经理、行政助理	2	10	180
	营销部	营销部经理、市场专员、销售专员	3		
	生产计划部	生产计划部经理、计划员、车间管理员	3		
	仓储部	仓储部经理、仓管员	2		
	采购部	采购部经理、采购员	2		
	人力资源部	人力资源部经理、人力资源助理	2		
	财务部	财务部经理、财务会计、成本会计、出纳	4		
供应商	商资供应商	供应商总经理、供应商行政主管、供应商业务主管	1	4	12
	商贸客户	客户总经理、客户行政主管、客户业务主管	3	2	6
客户	连锁零售企业	连锁总经理、连锁仓储经理、连锁东单店长、连锁安贞店长	4	1	4
	国际贸易	国贸总经理、国贸进出口经理、国贸内陆有业务经理	3	1	3
	物流公司	物流总经理、物流仓储经理、物流业务员	3	1	3
	招投标	招投标总经理	1	1	1
服务机构	会计师事务所	项目经理、审计师、审计助理	3	1	3
	税务公司	服务公司业务员	1	1	1
金融机构	银行	银行柜员、分行职员	2	1	2
	工商局	工商局专管员	1	1	1
政务机构	国/地税局	税务专管员	1	1	1
	社保局	社保公积金专管员	1	1	1
	进出口服务大厅	海关官员、检验员	2	1	2
合　计			44	27	220

3. 教学任务

虚拟商业社会环境 VBSE 跨专业综合实践教学平台依托现实中企业实际工作抽取最具岗位特色的实训任务,仿真实际职业活动。学生通过反复练习,进而形成自然的、符合现实经济活动要求的行为方式、智力活动方式和职业行为能力,达到全面体验岗位职位要求,胜任岗位工作的初级目标。

(1) 实训环节与教学大纲。

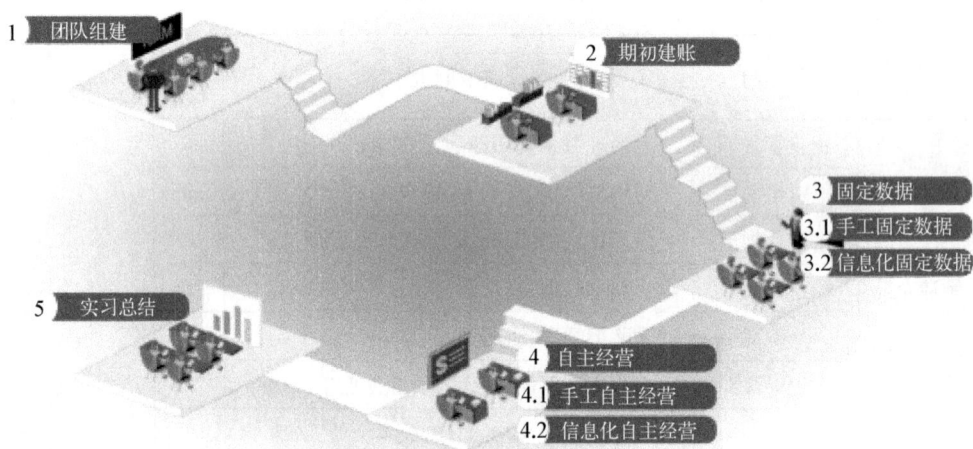

"新道虚拟商业社会环境 VBSE 跨专业综合实践教学平台"实训环节与教学大纲

(2) 手工固定数据部分任务列表。

序号	所属组织	知识点名称	类　型
1	全体	实习动员	科学类
2	全体	系统操作培训	科学类
3	全体	了解各组织及对应岗位职责	科学类
4	全体	综合测评	手艺类
5	全体	创业意愿测评	手艺类
6	全体	创业特质测评	手艺类
7	全体	创业精神测评	手艺类
8	全体	创业知识测评	手艺类
9	全体	创业能力测评	手艺类
10	全体	创业测评结果分析	手艺类
11	全体	CEO 候选人竞选演讲	手艺类
12	全体	参加投票选举 CEO	手艺类

序号	所属组织	知识点名称	类　型
13	全体	现场招聘团队组建	手艺类
14	全体	自助维护岗位信息	手艺类
15	制造业	制造业组织内部会议	手艺类
16	供应商	供应商组织内部会议	手艺类
17	客户	客户组织内部会议	手艺类
18	全体	领取并发放办公用品	手艺类
19	全体	各组织及对应岗位职责详细介绍	手艺类
20	供应商	熟悉供应商企业规则	手艺类
21	客户	熟悉客户企业规则	手艺类
22	制造企业	熟悉制造业规则	手艺类
23	制造企业	总经理读懂期初数据	科学类
24	制造企业	行政助理读懂期初数据	手艺类
25	制造企业	营销部经理读懂期初数据	科学类
26	制造企业	销售专员读懂期初数据	科学类
27	制造企业	市场专员读懂期初数据	科学类
28	制造企业	生产计划部经理读懂期初数据	科学类
29	制造企业	计划员读懂期初数据	科学类
30	制造企业	车间管理员读懂期初数据	科学类
31	制造企业	仓储部经理期初建账	手艺类
32	制造企业	仓管员期初建账	手艺类
33	制造企业	采购部经理期初建账	手艺类
34	制造企业	采购员期初建账	手艺类
35	制造企业	财务部经理期初建账	手艺类
36	制造企业	出纳期初建账	科学类
37	制造企业	财务会计期初建账	科学类
38	制造企业	成本会计期初建账	手艺类
39	制造企业	人力资源部经理期初建账	手艺类
40	制造企业	人力资源助理期初建账	科学类
41	制造企业	供应商财务期初建账	手艺类
42	制造企业	供应商仓储期初建账	手艺类
43	制造企业	客户财务期初建账	手艺类

序号	所属组织	知识点名称	类　型
44	制造企业	客户仓储期初建账	手艺类
45	连锁	连锁组织内部会议	手艺类
46	国贸	国贸组织内部会议	手艺类
47	物流	物流组织内部会议	手艺类
48	审计	会计师事务所组织内部会议	手艺类
49	审计	熟悉制造业人力资源内控制度	科学类
50	审计	熟悉制造业财务部门内控制度	科学类
51	审计	熟悉制造业生产部门内控制度	科学类
52	审计	熟悉制造业采购部门内控制度	科学类
53	审计	熟悉制造业营销部门内控制度	科学类
54	审计	熟悉制造业仓储部门内控制度	科学类
55	审计	熟悉制造业预算控制内控制度	科学类
56	审计	熟悉制造业资金管控内控制度	科学类
57	审计	熟悉会计师事务所质量内控制度	科学类
58	连锁	熟悉连锁企业规则	科学类
59	物流	熟悉物流企业规则	科学类
60	国贸	熟悉国贸企业规则	科学类
61	招投标	熟悉招投标企业规则	科学类
62	国贸	国贸总经理期初建账	手艺类
63	国贸	国贸进出口经理读懂期初数据	科学类
64	国贸	国贸内陆经理读懂期初数据	科学类
65	物流	物流总经理读懂期初数据	科学类
66	物流	物流仓储经理期初建账	手艺类
67	物流	物流业务员读懂期初数据	科学类
68	连锁	连锁总经理期初建账	手艺类
69	连锁	连锁仓储经理期初建账	手艺类
70	连锁	连锁东单店长期初建账	手艺类
71	连锁	连锁安贞店长期初建账	手艺类
72	国贸	国贸了解外贸术语	科学类
73	会计师事务所	会计师事务所了解审计相关概念	科学类
74	招投标	工商注册知识讲解	科学类

序号	所属组织	知识点名称	类　型
75	招投标	名称审核	手艺类
76	招投标	招投标公司制定公司章程	手艺类
77	招投标	工商注册资料准备	手艺类
78	招投标	工商注册	手艺类
79	招投标	税务登记	手艺类
80	招投标	银行开户	手艺类
81	招投标	办理组织机构代码证	手艺类
82	全体	减免税流程讲解	科学类
83	全体	商标注册流程讲解	科学类
84	全体	申报征收流程讲解	科学类
85	全体	询证函知识讲解	科学类
86	全体	银行保函知识讲解	科学类
87	全体	延期纳税知识讲解	科学类
88	全体	银行信贷知识讲解	科学类
89	全体	组织结构知识讲解	科学类
90	全体	进口合同履行程序知识讲解	科学类
91	全体	信用证开立、修改程序及原理讲解	科学类
92	全体	派船接货、投保程序及原理讲解	科学类
93	全体	单据审核及付款责任讲解	科学类
94	全体	报关、报检程序讲解	科学类
95	全体	核销意义讲解	科学类
96	＊	第一次阶段考核——总经理	手艺类
97	＊	第一次阶段考核——车间管理员	手艺类
98	＊	第一次阶段考核——采购员	手艺类
99	＊	第一次阶段考核——仓管员	手艺类
100	＊	第一次阶段考核——人力资源助理	手艺类
101	＊	第一次阶段考核——行政助理	手艺类
102	＊	第一次阶段考核——财务部经理	手艺类
103	＊	第一次阶段考核——生产计划员	手艺类
104	＊	第一次阶段考核——销售专员	手艺类
105	＊	第一次阶段考核——成本会计	手艺类

序号	所属组织	知识点名称	类 型
106	*	第一次阶段考核——出纳	科学类
107	*	第一次阶段考核——财务会计	科学类
108	*	第一次阶段考核——营销部经理	科学类
109	*	第一次阶段考核——采购部经理	科学类
110	*	第一次阶段考核——仓储部经理	科学类
111	*	第一次阶段考核——人力资源部经理	科学类
112	*	第一次阶段考核——生产计划部经理	科学类
113	*	第一次阶段考核——市场专员	科学类
114	*	第一次阶段考核——客户行政主管	科学类
115	*	第一次阶段考核——供应商行政主管	科学类
116	*	第一次阶段考核——社保公积金专管员	科学类
117	*	第一次阶段考核——供应商业务主管	科学类
118	*	第一次阶段考核——客户业务主管	科学类
119	*	第一次阶段考核——工商局专管员	科学类
120	*	第一次阶段考核——客户总经理	科学类
121	*	第一次阶段考核——供应商总经理	科学类
122	*	第一次阶段考核——税务专管员	科学类
123	*	第一次阶段考核——银行柜员	科学类
124	*	第一次阶段考核——服务公司业务员	科学类
125	*	第一次阶段考核——项目经理	科学类
126	*	第一次阶段考核——审计师	科学类
127	*	第一次阶段考核——审计助理	科学类
128	*	第一次阶段考核——连锁总经理	手艺类
129	*	第一次阶段考核——连锁东单店长	手艺类
130	*	第一次阶段考核——连锁安贞店长	科学类
131	*	第一次阶段考核——连锁仓储经理	手艺类
132	*	第一次阶段考核——物流总经理	手艺类
133	*	第一阶段考核——物流业务员	手艺类
134	*	第一次阶段考核——物流仓储经理	手艺类
135	*	第一次阶段考核——国贸内陆业务经理	手艺类
136	*	第一次阶段考核——国贸总经理	手艺类

续 表

序号	所属组织	知识点名称	类　型
137	*	第一次阶段考核——国贸进出口经理	手艺类
138	*	第一次阶段考核——招投标经理	手艺类
139	全体	了解各类单据编号填写规则	手艺类
140	供应商	供应商社会保险开户	手艺类
141	客户	客户社会保险开户	手艺类
142	供应商	供应商住房公积金开户	手艺类
143	客户	客户住房公积金开户	手艺类
144	制造企业	企业管理部借款	手艺类
145	制造企业	人力资源部借款	手艺类
146	制造企业	采购部借款	手艺类
147	制造企业	仓储部借款	手艺类
148	制造企业	营销部借款	手艺类
149	制造企业	生产计划部借款	手艺类
150	银行	个人银行批量开卡	手艺类
151	制造企业	公章、印鉴管理制度	手艺类
152	制造企业	查询工人信息	手艺类
153	制造企业	制造业薪酬发放	手艺类
154	制造企业	客户货款支付	手艺类
155	制造企业	制造业货款回收	手艺类
156	制造企业	制造业材料款支付	手艺类
157	制造企业	供应商货款回收	手艺类
158	制造企业	企业出入库知识讲解	手艺类
159	制造企业	供应商销售发货	手艺类
160	制造企业	制造业采购入库	手艺类
161	制造企业	车架完工入库	手艺类
162	制造企业	整车完工入库	手艺类
163	制造企业	制造业缴纳个人所得税	手艺类
164	客户	客户个人所得税明细申报	手艺类
165	供应商	供应商个人所得税明细申报	手艺类
166	客户	客户签订代发工资协议书	手艺类
167	供应商	供应商签订代发工资协议书	手艺类

序号	所属组织	知识点名称	类　型
168	客户	客户签订同城委托收款协议（社保和公积金）	手艺类
169	制造企业	供应商签订同城委托收款协议（社保和公积金）	手艺类
170	制造企业	制造业社会保险增员申报	手艺类
171	制造企业	制造业住房公积金汇缴	手艺类
172	客户	客户住房公积金汇缴	手艺类
173	客户	客户社会保险增员申报	手艺类
174	供应商	供应商社会保险增员申报	手艺类
175	供应商	供应商住房公积金汇缴	手艺类
176	制造企业	制造业"五险一金"计算	手艺类
177	客户	客户"五险一金"计算	手艺类
178	供应商	供应商"五险一金"计算	手艺类
179	制造企业	制造业"五险一金"财务记账	手艺类
180	客户	客户投放广告申请	手艺类
181	客户	客户签订广告合同	手艺类
182	客户	客户广告费财务报销	手艺类
183	制造企业	制造业填写纳税申报表	手艺类
184	客户	客户填写纳税申报表	手艺类
185	供应商	供应商填写纳税申报表	手艺类
186	制造企业	制造业增值税申报	手艺类
187	客户	客户增值税申报	手艺类
188	供应商	供应商增值税申报	手艺类
189	制造企业	制造业与客户签订合同	手艺类
190	制造企业	制造业录入销售订单（与客户）	手艺类
191	客户	客户确认制造业订单	手艺类
192	客户	客户开发新市场	手艺类
193	客户	客户签订销售订单（重点测试）	手艺类
194	客户	客户销售发货	手艺类
195	客户	客户货款回收	手艺类
196	制造企业	制造业编制主生产计划	手艺类
197	制造企业	制造业编制物料净需求计划	手艺类
198	制造企业	制造业编制采购计划	手艺类

序号	所属组织	知识点名称	类 型
199	客户	客户购买办公用品	手艺类
200	制作企业	制造业购买办公用品	手艺类
201	制作企业	供应商购买办公用品	手艺类
202	制作企业	财务报销相关知识讲解	手艺类
203	制造企业	物料计划编制讲解	手艺类
204	制造企业	制造业编制采购合同草案	手艺类
205	制造企业	制造业编制销售发货计划	手艺类
206	制造企业	制造业编制设备需求计划	手艺类
207	制造企业	服务公司培训调研	手艺类
208	制造企业	企业文化建设——企业电子报刊制作	手艺类
209	制造企业	制造业编写营销策划方案	手艺类
210	制造企业	制造业与供应商签订采购合同	手艺类
211	制造企业	制造业录入采购订单(与供应商)	科学类
212	供应商	供应商确定制造业订单	科学类
213	服务公司	服务公司组织在职人员培训	科学类
214	制造企业	制造业培训费报销	手艺类
215	客户	客户培训费报销	科学类
216	供应商	供应商培训费报销	手艺类
217	客户	客户薪酬发放	系统
218	供应商	供应商薪酬发放	系统
219	税务	税收征管一般程序	系统
220	税务	税务基本知识讲解	手艺类
221	社保	社会保险基础知识讲解	手艺类
222	全体	填写工作日志	手艺类
223	银行	银行打印分拣票据	手艺类
224	招投标	招投标业务知识讲解	手艺类
225	物流企业	物流与连锁总部结算上月运费	手艺类
226	物流企业	物流与国贸结算上月运费	手艺类
227	物流企业	物流与国贸结算上月租赁仓储费	手艺类
228	物流企业	物流去连锁东单店期初送货签收	手艺类
229	物流企业	物流去连锁安贞店期初送货签收	手艺类

序号	所属组织	知识点名称	类　型
230	国贸	国贸支付物流上月运费	手艺类
231	国贸	国贸支付物流上月仓储费用	手艺类
232	国贸	国贸通知物流办理入库	手艺类
233	物流	物流办理国贸国内采购入库	手艺类
234	国贸	国贸登记国内采购库存台账	手艺类
235	国贸	国贸向制造业支付货款	手艺类
236	制造业	制造业收取国贸货款	手艺类
237	国贸	国贸内陆业务经理借款	手艺类
238	物流	连锁与物流签订运输合同	手艺类
239	物流	国贸与物流签订运输合同	手艺类
240	物流	国贸与物流签订仓储租赁合同	手艺类
241	连锁	连锁东单门店借备用金	手艺类
242	连锁	连锁安贞门店借备用金	手艺类
243	物流	物流公司委托招标	手艺类
244	招标	招投标公司发布招标公告	手艺类
245	连锁	连锁总部采购入库	手艺类
246	连锁	连锁总部货款支付	手艺类
247	制造业	制造业回收连锁货款	手艺类
248	连锁	连锁安贞门店期初到货签收	手艺类
249	连锁	连锁东单门店期初到货签收	手艺类
250	连锁	连锁支付物流上月运输费	手艺类
251	制造业	制造业审计外包资金预算	手艺类
252	审计	承接制造业审计业务	手艺类
253	招投标	招投标公司编制招标文件	手艺类
254	招投标	确定投标购买招标书	手艺类
255	连锁	连锁安贞门店销售收款	手艺类
256	连锁	连锁东单门店销售收款	手艺类
257	连锁	连锁东单门店零售日结	手艺类
258	连锁	连锁安贞门店零售日结	手艺类
259	连锁	连锁安贞门店上缴营业款	手艺类
260	连锁	连锁东单门店上缴营业款	手艺类

序号	所属组织	知识点名称	类　型
261	连锁	连锁东单门店向总部请货	手艺类
262	连锁	连锁安贞门店向总部请货	手艺类
263	连锁	连锁总部请货分析	手艺类
264	国贸	国际贸易洽谈	手艺类
265	国贸	国贸出口合同签订	手艺类
266	国贸	国贸催证、审证、改证	手艺类
267	国贸	国贸开商业发票和装箱单	手艺类
268	国贸	国贸订舱	手艺类
269	国贸	国贸向物流下达出口送货通知	手艺类
270	物流	物流受理国贸出口送货订单	手艺类
271	物流	物流出库国贸出口货物	手艺类
272	物流	物流送国贸出口货物到港口	手艺类
273	国贸	国贸登记出口货物出库台账	手艺类
274	会计师事务所	编制制造业项目审计方案	手艺类
275	会计师事务所	会计师事务所了解审计相关概念	手艺类
276	招投标	招投标公司投标答疑	手艺类
277	供应商	供应商制作投标书	手艺类
278	招投标	招投标公司组织开标会	手艺类
279	连锁企业	连锁总部向东单门店和仓储中心下达配货通知	手艺类
280	连锁企业	连锁总部向安贞门店和仓储中心下达配货通知	手艺类
281	连锁企业	连锁总部向物流下达送货通知	手艺类
282	物流	物流受理连锁总部配送取货订单	手艺类
283	连锁企业	连锁仓储配送中心备货	手艺类
284	连锁企业	连锁仓储中心备货出库	手艺类
285	物流	物流到连锁仓储中心取货	手艺类
286	物流	物流去连锁东单门店送货签收	手艺类
287	物流	物流去连锁安贞门店送货签收	手艺类
288	连锁企业	连锁东单门店到货签收	手艺类
289	连锁企业	连锁安贞门店到货签收	手艺类
290	连锁企业	仓储中心补货申请	手艺类
291	国贸	国贸商检	手艺类

序号	所属组织	知识点名称	类 型
292	国贸	国贸投保	手艺类
293	国贸	国贸支付保险费获得签发保险单	手艺类
294	国贸	国贸出口收汇核销单申领与备案	手艺类
295	国贸	国贸报关	手艺类
296	国贸	国贸装船	手艺类
297	国贸	国贸支付海运费换取清洁海运提单	手艺类
298	会计师事务所	会计师事务所了解并测试、评价内控	手艺类
299	银行	社会保险缴纳	手艺类
300	银行	公积金缴纳	手艺类
301	税务局	增值税抵扣联认证	手艺类
302	核心制造	生产领料、车架开工	手艺类
303	核心制造	机加车间生产派工	手艺类
304	核心制造	生产领料、童车组装	手艺类
305	核心制造	组装车间生产派工	手艺类
306	核心制造	制造业销售发货给客户	手艺类
307	客户	客户采购入库	手艺类
308	核心制造	制造业查询工人信息	手艺类
309	核心制造	制造业办公费报销	手艺类
310	核心制造	制造业考勤汇总查询	手艺类
311	核心制造	制造业薪酬核算	手艺类
312	客户	客户考勤汇总查询	手艺类
313	商贸客户	客户薪酬核算	手艺类
314	供应商	供应商考勤汇总查询	手艺类
315	供应商	客户薪酬核算	手艺类
316	供应商	供应商下达采购订单	手艺类
317	供应商	供应商采购入库	手艺类
318	供应商	供应商支付货款	手艺类
319	核心制造	制造业库存盘点	手艺类
320	商贸客户	客户库存盘点	手艺类
321	供应商	供应商库存盘点	手艺类
322	核心制造	制造业现金盘点	手艺类

序号	所属组织	知识点名称	类　型
323	客户	客户现金盘点	手艺类
324	供应商	供应商现金盘点	手艺类
325	核心制造	制造业计提折旧	手艺类
326	客户	客户计提折旧	手艺类
327	供应商	供应商计提折旧	手艺类
328	核心制造	制造费用分配	手艺类
329	核心制造	车架成本核算	手艺类
330	核心制造	童车成本核算	手艺类
331	核心制造	制造业期末结转销售成本	手艺类
332	核心制造	制造业期末结账	手艺类
333	税务局	税务稽查	手艺类
334	供应商	供应商期末结转销售成本	手艺类
335	客户	客户期末结账	手艺类
336	客户	客户期末结转销售成本	手艺类
337	供应商	供应商期末结账	手艺类
338	客户	客户编制报表	手艺类
339	供应商	供应商编制报表	手艺类
340	社保局	检查企业社保缴纳情况	手艺类
341	社保局	查询住房公积金缴纳情况	手艺类
342	银行	银行日终结账	手艺类
343	银行	查询企业银行存款余额	手艺类
344	银行	营业终现金盘点	手艺类
345	银行	营业前重要空白单证盘点	手艺类
346	银行	营业前现金盘点	手艺类
347	银行	营业终重要空白单证盘点	手艺类
348	全体	期末结账知识讲解	手艺类
349	全体	填写工作日志	手艺类
350	全体	第二次阶段考核	手艺类
351	服务公司	争先创新评比——营销策划方案总结	手艺类

序号	所属组织	知识点名称	类 型
352	服务公司	争先创新评比——采购合同草案总结	手艺类
353	服务公司	争先创新评比——招聘工作总结	手艺类
354	连锁	连锁总部编制采购计划	手艺类
355	连锁	连锁总部与制造业签订购销合同	手艺类
356	连锁	连锁安贞门店退货到仓储中心	手艺类
357	连锁	连锁东单门店退货到仓储中心	手艺类
358	连锁	连锁东单门店盘点	手艺类
359	连锁	连锁安贞门店盘点	手艺类
360	连锁	连锁仓储配送中心仓储盘点	手艺类
361	制造业	制造业录入连锁销售订单	手艺类
362	连锁	连锁确认制造业订单	手艺类
363	制造业	制造业发货给连锁	手艺类
364	物流	物流车辆维护与保养	手艺类
365	物流	物流库存盘点	手艺类
366	招投标	定标并发出中标通知	手艺类
367	物流	物流与供应商签订采购合同	手艺类
368	物流	物流与招投标公司结算招标费	手艺类
369	审计	制定并实施审计程序	手艺类
370	审计	汇总审计差异并进行审计调整	手艺类
371	审计	复核工作底稿	手艺类
372	审计	与被审单位进行结果沟通	手艺类
373	审计	出具审计报告	手艺类
374	审计	召开工作底稿整理归档	手艺类
375	审计	审计收费	手艺类
376	国贸	国贸制单	手艺类
377	国贸	国贸货款议付和信用证下一步处理	手艺类
378	国贸	国贸外汇核销	手艺类
379	国贸	国贸编制采购计划	手艺类
380	国贸	国贸与制造业签订采购合同	手艺类

续　表

序号	所属组织	知识点名称	类　型
381	制造业	制造业录入国贸销售订单	手艺类
382	国贸	国贸确认制造业订单	手艺类
383	制造业	制造业发货给国贸	手艺类
384	制造业	制造业与连锁签订购销合同	手艺类
385	制造业	制造业与国贸签订购销合同	手艺类

4. 教学资源

虚拟商业社会环境 VBSE 跨专业综合实践教学平台提供包括教材、单据、章证、资质等丰富的教学资源。

（1）资质。

"新道虚拟商业社会环境 VBSE 跨专业综合实践教学平台"部分资质展示

（2）印章。

"新道虚拟商业社会环境 VBSE 跨专业综合实践教学平台"部分印章展示

（3）单据。

结合实训操作内容与企业应用实际情况，VBSE 跨专业综合实践教学平台开发仿真企业单据 170 余种。

虚拟商业社会环境 VBSE 综合单据一览表（制造企业）

序号	单据编号	保管部门	建议保管人（岗）	单据名称	页数	联次
1	DJ0001	企管部	行政助理	合同会签单	1	1
2	DJ0002	财务部	出纳	支出凭单	1	1
3	DJ0003	财务部	出纳	借款单	1	1
4	DJ0005	营销部	销售专员	广告合同	2	1
5	DJ0006	营销部	销售专员	购销合同	2	1
6	DJ0008	营销部	销售专员	销售订单明细表	1	1
7	DJ0009	营销部	销售专员	销售订单汇总表	1	2
8	DJ0011	营销部	销售专员	销售发货计划	1	2
9	DJ0012	营销部	销售专员	发货单	1	4
10	DJ0014	营销部	销售专员	销售发货明细表	1	1
11	DJ0017	采购部	采购部经理	采购计划表	1	1
12	DJ0018	采购部	采购员	采购合同执行情况表	1	1
13	DJ0023	仓储部	采购员	生产入库单	1	3
14	DJ0024	仓储部	仓管员	物料检验单	1	1
15	DJ0025	仓储部	仓管员	材料出库单	1	3
16	DJ0026	仓储部	仓管员	销售出库单	1	3
17	DJ0027	仓储部	仓管员	物料卡	1	1
18	DJ0028	仓储部	仓管员	库存台账	1	1

序号	单据编号	保管部门	建议保管人（岗）	单据名称	页数	联次
19	DJ0029	仓储部	仓储部经理	盘点表	1	1
20	DJ0031	人力资源部	人力资源助理	北京市社会保险参保人员减少表	1	1
21	DJ0032	人力资源部	人力资源助理	北京市社会保险参保人员增加表	1	1
22	DJ0033	人力资源部	人力资源助理	住房公积金汇缴变更清册	1	1
23	DJ0034	人力资源部	人力资源助理	应聘简历	1	1
24	DJ0038	人力资源部	人力资源助理	录用通知单	1	1
25	DJ0041	人力资源部	人力资源助理	培训计划表	1	1
26	DJ0045	企管部	行政助理	公章印鉴使用登记表	1	1
27	DJ0046	企管部	行政助理	公章、印鉴、资质证照使用申请表	1	1
28	DJ0047	企管部	行政助理	合同管理表	1	1
29	DJ0048	企管部	行政助理	会议通知	1	1
30	DJ0049	企管部	行政助理	会议纪要	1	1
31	DJ0050	生产计划部	生产计划员	主生产计划表	1	2
32	DJ0051	生产计划部	生产计划员	主生产计划计算表	1	1
33	DJ0052	生产计划部	生产计划员	物料需求计划计算表	2	1
34	DJ0053	生产计划部	生产计划员	物料净需求计划表	1	2
35	DJ0054	生产计划部	车间管理员	完工单	1	2
36	DJ0055	生产计划部	车间管理员	派工单	1	2
37	DJ0056	生产计划部	车间管理员	生产执行情况表	1	1
38	DJ0057	生产计划部	车间管理员	领料单	1	2
39	DJ0058	生产计划部	生产计划员	完工送检单	1	3
40	DJ0060	生产计划部	生产计划部经理	设备需求计划表	1	2
41	DJ0062	财务部	财务部经理	资产负债表	2	1
42	DJ0063	财务部	财务部经理	利润表	1	1
43	DJ0064	财务部	财务会计	三栏式总分类账（明细账）	1	1
44	DJ0066	财务部	财务会计	记账凭证	1	1
45	DJ0067	财务部	出纳	日记账	1	1
46	DJ0069	财务部	成本会计	多栏式明细账	2	1
47	DJ0070	财务部	成本会计	数量金额明细账	1	1
48	DJ0071	财务部	出纳	支票登记簿	1	1
49	DJ0072	财务部	成本会计	盘点通知	1	1
50	DJ0073	财务部	成本会计	盘盈（亏）报告表	1	1
51	DJ0074	财务部	出纳	库存现金盘点表	1	1

序号	单据编号	保管部门	建议保管人（岗）	单据名称	页数	联次
52	DJ0075	财务部	出纳	现金盘点报告表	1	1
53	DJ0076	财务部	财务会计	固定资产折旧计算表	1	1
54	DJ0080	银行	出纳	转账支票	1	1
55	DJ0081	财务部	出纳	现金支票	1	1
56	DJ0083	银行	出纳	中国工商银行进账单	1	3
57	DJ0089	税务	财务部经理	新道增值税教学单据（专用）	1	3
58	DJ0092	税务	财务部经理	增值税纳税申报表	11	1
59	DJ0103	人力资源部	人力资源助理	人员需求表	1	1
60	DJ0105	人力资源部	人力资源助理	招聘计划表	1	1
61	DJ0122	企管部	财务部经理	固定资产卡片	1	1
62	DJ0124	财务部	财务部经理	科目汇总表	1	1
63	DJ0128	财务部	财务部经理	支出预算表	1	1
64	DJ0129	营销部	财务部经理	收入预算表	1	1
65	DJ0130	财务部	财务部经理	支出预算汇总表	1	1
66	DJ0131	财务部	财务部经理	资金计划表	1	1
67	DJ0132	营销部	市场专员	市场开发计划	1	1
68	DJ0133	生产计划部	生产计划部经理	产品开发计划	1	1
69	DJ0134	生产计划部	生产计划部经理	资产需求计划	1	1
70	DJ0141	企管部	行政助理	办公用品采购汇总表	1	1
71	DJ0153	采购部	仓管员	采购入库单	1	3

（4）教材。

VBSE 跨专业综合实践教学平台配套教材有制造企业讲义、供应商讲义、客户讲义、国际贸易公司讲义、会计师事务所讲义、连锁零售企业讲义、物流公司讲义、招投标公司讲义、服务公司/银行/税务/工商/进出口讲义。

"新道虚拟商业社会环境 VBSE 跨专业综合实践教学平台"部分教材展示

7.3.4.2　培养目标

1. 人才培养目标

(1) 通过该课程使受训者感知企业内外部组织管理流程、业务流程及各组织间的关系;

(2) 认知理论与实践结合重要性,能够根据组织岗位任务要求完成相应的工作;

(3) 认知企业各岗位工作对其他岗位业务的影响;

(4) 在此基础之上,提升学生的实践操作能力、协调沟通能力、综合决策能力。

2. 人才培养路径

虚拟商业社会环境 VBSE 的基本目标定位是培养高潜质、有全局观的实务型岗位人员。这个目标是通过逐级递进的设计来实现:

(1) 按照业务岗位要求填报与完整业务流程相关的单据、表格,熟悉岗位常用表单的作用及填制方法;

(2) 理解岗位业务动作背后的处理逻辑及对其他业务可能造成的影响;

(3) 结合实际业务理解业务流程和岗位的业务策略和管理理论;

(4) 能够针对新的管理目标综合应用管理知识,提出对业务的优化建议。

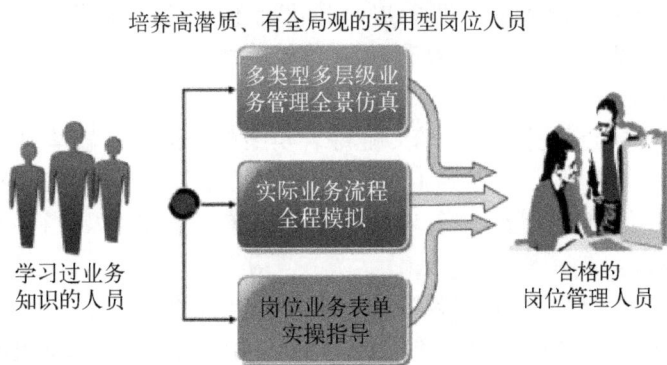

"新道虚拟商业社会环境 VBSE 跨专业综合实践教学平台"人才培养路径

7.3.4.3　课程特色

新道虚拟商业社会环境 VBSE 跨专业综合实践教学平台以"对现代制造业、流通业及其与现代服务业进行全方位的模拟经营及管理。学生通过在多类社会组织中从事不同职业岗位'工作'",训练在现代商业社会中从事经营管理所需的综合执行能力、综合决策能力和创新创业能力,感悟复杂市场营销环境下的企业经营,学会工作、学会思考,从而培养自身的全局意识和综合职业素养。

1. 开放性

新道虚拟商业社会环境 VBSE 跨专业综合实践教学平台采用开放式教学设计,以学生为主体,倡导自主学习,学以致用,以"用"促学,边"用"边学,学"用"结合。教师不再作为教学活动的主体,而是作为"虚拟商业社会环境 VBSE"实习内容的设计者和指导者。

2. 全仿真

（1）机构仿真。

新道虚拟商业社会环境 VBSE 跨专业综合实践教学平台中包含了制造业、流通业、服务业、行政管理机构、会计师事务所，招投标公司等多种形态的仿真组织，每个机构中提炼了关键的职能部门和主要的工作岗位，构建了完整的虚拟商业社会环境。

（2）环境仿真。

首先，从装修环境来看，我们将现实社会中的商业社会环境进行仿真模拟，并通过院校实验室装修效果进行展现，从而营造出一种浓厚的"工作"氛围，让学员有一种身临其境的感受。

其次，现代企业组织还有两种管理环境，传统手工管理和信息化管理。新道虚拟商业社会环境 VBSE 跨专业综合实践教学平台中涵盖业组织从手工管理到信息化实施到信息化管理的完整设计，使受训者深刻体验到两种管理环境下业务流程及工作要求的不同；同时，在自主经营阶段，根据提前预制的变动因素，对学生的经营环境进行干涉，以锻炼学生对变化的处理和决策能力。

（3）流程仿真。

用友作为全国领先的管理软件公司，拥有中国及亚太地区超过 200 万家企业与公共组织的优质客户，积累并形成了企业最佳应用实践案例，丰富的资源库支撑了管理流程和业务流程的提炼并使其在设计上更具有真实性、权威性。

（4）业务仿真。

新道虚拟商业社会环境 VBSE 跨专业综合实践教学平台的教学内容以实际职业活动或典型工作任务为载体，学员接到工作任务开始"工作"。让学员通过这种训练在懂业务的同时逐渐明白如何进行管理。针对每项任务，均有任务流程及执行的指导。

（5）岗位仿真。

新道虚拟商业社会环境 VBSE 跨专业综合实践教学平台以岗位胜任力为第一目标，学生扮演虚拟商业社会中不同组织、不同部门、不同角色人员进行团队组建、期初建账、日常业务处理，月末结账等企业运营关键环节活动的全过程模拟。

3. 跨专业

跨专业综合实验中心的教学活动不指向某个专业，而是关注行业、企业、岗位、任务的工作过程的训练。既要求体验环境，又要求完成决策，同时还要求执行各种经验管理岗位的任务，达到决策、执行、体验三位一体的实践教学目标。

不同的专业培养不同方向的专门人才，新道虚拟商业社会环境 VBSE 跨专业综合实践教学平台中可以支撑不同院校跨专业综合实习。

4. 对抗性

新道虚拟商业社会环境 VBSE 跨专业综合实践教学平台中可以设定多个相同性质的组织，营造一个竞争的氛围，有利于激发参训学员的"斗志"，发挥自己的"潜能"。细节设计体现在：

（1）效率：现代社会追求快节奏和高效率。"虚拟商业社会环境 VBSE"中记录了每个组织的任务完成情况作为描述效率的指标之一。

（2）效益：每个员工的绩效考核是和企业的整体绩效、部门的绩效分不开的，"虚拟商业社会环境 VBSE"中以绩效目标为引领，将岗位工作与绩效融合在一起。同时，学生在虚拟企业经营过程中得到的薪资报酬、老师对其表现的打分、知识内容的定期检验考核，也将与其实习阶段强有力地结合，通过实训课程打造初级职场人员的企业认知水平。

（3）创新："虚拟商业社会环境 VBSE"鼓励创新，无论是岗位工作业务创新，还是业务流程完善创新、企业制度改革创新，都会赢得实习币。

5. 易实施

跨业综合实习对大部分高校来说还是一个新生事物，为了实现"虚拟商业社会环境 VBSE"开放自主、师生互动的设计理念，系统中配套了多种辅助教学资源，包括：

（1）对岗位业务单据的标准答案与岗位的实习指导手册。详细指导到每个岗位的每个业务工作，相比市面上的实训教材，其针对性和实务性更强、更系统。

（2）形式多样的学习课件。指导新手上路的 3D 动画课件、指导岗位工作的视频课件，解释知识点的管理知识库课件，无时无刻地近身指导。

（3）灵活开放的任务引领。系统给不同岗位的学生发布"待办任务"，各企业负责人可以监控并敦促任务的完成情况，整体运作和谐有序。

7.3.4.4　教学组织

1. 教学计划

（1）学时数。

项目名称 ＼ 案例包	流通行业案例包 教学实施周期
标准产品对应 的授课学时数	8×7＝56 学时

（2）学时分配。

讲次 （半天）	训练 项目	培养目标	主要内容描述
第1天 上午	团队 组建	训练学生的协调沟通能力、综合决策能力	召开实习动员会 熟悉软件操作 进行综合测评测试 CEO 报名演讲 学生投票并公布结果 CEO 制作招聘海报 非 CEO 人员填写简历
第1天 下午	团队 组建	训练学生认知理论与实践结合重要性，能够根据组织岗位任务要求完成相应的工作。提升学生的协调沟通能力、综合决策能力	布置招聘现场 进行现场招聘 服务公司配发办公用品及教材 教师点评招聘海报 教师点评应聘简历 机构人员进行招聘心得分享

讲次 （半天）	训练 项目	培养目标	主要内容描述
第2天 上午	固定数据阶段的企业运营	训练学生感知企业业务流程及各组织间的关系 认知理论与实践结合重要性，能够根据组织岗位任务要求完成相应的工作	期初建账内容讲解 学生进行期初建账的内容练习 学生设计本机构商标 学生设计公司口号 各机构借款任务推送、银行开卡、客户/供应商签代发公司协议 学生练习第一讲及新增领域第一讲其他任务
第2天 下午	固定数据阶段的企业运营	训练学生感知企业业务流程及各组织间的关系 认知理论与实践结合重要性，能够根据组织岗位任务要求完成相应的工作 认知企业各岗位工作对其他岗位业务的影响 提升学生的实践操作能力、协调沟通能力、综合决策能力	推送手工第二讲及新增领域手工第二讲任务 包含： 供应商签订同城委托收款协议（社保和公积金）、制造业"五险一金"计算、 制造业录入销售订单 招投标公司编制招标文件 连锁安贞门店销售收款 国贸向物流公司下达出口送货通知 物流受理国贸公司出口送货订单 编制制造企业项目审计方案等
第3天 上午	固定数据阶段的企业运营	训练学生感知企业业务流程及各组织间的关系 认知理论与实践结合重要性，能够根据组织岗位任务要求完成相应的工作 认知企业各岗位工作对其他岗位业务的影响 提升学生的实践操作能力、协调沟通能力、综合决策能力	各机构进行商标讲解 推送第三讲任务及新增领域第三讲任务 包含： 制造业编制采购合同草案 制造业录入采购订单 供应商确定制造业订单 客户薪酬发放 税收征管一般程序 供应商制作投标书 连锁零售—总部—向门店（东单）下达配货通知 物流受理连锁总部配送取货订单 国贸报关 了解并测试、评价内控等
第3天 下午	固定数据阶段的企业运营	训练学生感知企业业务流程及各组织间的关系 认知理论与实践结合重要性，能够根据组织岗位任务要求完成相应的工作 认知企业各岗位工作对其他岗位业务的影响 提升学生的实践操作能力、协调沟通能力、综合决策能力	学生继续完成第三讲任务 教师推送手工第四讲任务及新增领域第四讲任务 各机构进行营销策划方案讲解

讲次 （半天）	训练 项目	培养目标	主要内容描述
第 4 天 上午	自主经 营阶 段的企业 运营	训练学生感知企业业务流程及各组织间的关系 认知理论与实践结合重要性，能够根据组织岗位任务要求完成相应的工作 认知企业各岗位工作对其他岗位业务的影响 提升学生的实践操作能力、协调沟通能力、综合决策能力	教师推送自主经营月初任务，学生进行 1 月 6 日自主运营。 推送大纲包含： 核心制造企业日常业务 日常业务 新增流通等行业日常业务 自主经营月初工作
第 4 天 下午	自主经 营阶 段的企业 运营	训练学生感知企业业务流程及各组织间的关系 认知理论与实践结合重要性，能够根据组织岗位任务要求完成相应的工作 认知企业各岗位工作对其他岗位业务的影响 提升学生的实践操作能力、协调沟通能力、综合决策能力	学生继续运营月初工作
第 5 天 上午	自主经 营阶 段的企业 运营	训练学生感知企业业务流程及各组织间的关系 认知理论与实践结合重要性，能够根据组织岗位任务要求完成相应的工作 认知企业各岗位工作对其他岗位业务的影响 提升学生的实践操作能力、协调沟通能力、综合决策能力	教师推送自主经营月中任务，学生进行 1 月 13 日自主运营。 推送大纲包含： 核心制造企业日常业务 日常业务 新增流通等行业日常业务 自主经营月中工作
第 5 天 下午	自主经 营阶 段的企业 运营	训练学生感知企业业务流程及各组织间的关系 认知理论与实践结合重要性，能够根据组织岗位任务要求完成相应的工作 认知企业各岗位工作对其他岗位业务的影响 提升学生的实践操作能力、协调沟通能力、综合决策能力	教师推送自主经营月末任务，学生进行 1 月 30 日自主运营。 推送大纲包含： 核心制造企业日常业务 日常业务 新增流通等行业日常业务 自主经营月末工作

讲次（半天）	训练项目	培养目标	主要内容描述
第6天上午	信息化固定数据阶段的企业运营	训练学生感知企业业务流程及各组织间的关系 认知理论与实践结合重要性，能够根据组织岗位任务要求完成相应的工作 认知企业各岗位工作对其他岗位业务的影响 提升学生的实践操作能力、协调沟通能力、综合决策能力	推送信息化11月8号大纲 推送新增领域信息化11月8号大纲 推送大纲包含： 机构借款任务(U8) 采购入库(U8) 销售发货(U8) 等
第6天下午	信息化固定数据阶段的企业运营	训练学生感知企业业务流程及各组织间的关系 认知理论与实践结合重要性，能够根据组织岗位任务要求完成相应的工作 认知企业各岗位工作对其他岗位业务的影响 提升学生的实践操作能力、协调沟通能力、综合决策能力	推送信息化11月28号第一讲大纲 推送新增领域信息化11月28号第一讲大纲 推送大纲包含： 车架完工入库(U8) 采购入库(U8) 购买支票(U8) 等
第7天上午	信息化固定数据阶段的企业运营	训练学生感知企业业务流程及各组织间的关系 认知理论与实践结合重要性，能够根据组织岗位任务要求完成相应的工作 认知企业各岗位工作对其他岗位业务的影响 提升学生的实践操作能力、协调沟通能力、综合决策能力	推送信息化11月28号第二讲大纲 推送新增领域信息化11月28日第二讲大纲 推送大纲包含： 计提折旧(U8) 培训费报销(U8) 库存盘点(U8) 车架成本核算(U8)
第7天下午	实训总结	训练学生协调沟通能力	教具回收 单据回收 各机构人员总结汇报

（3）授课教师。

教师专业要求：

教师类型	对授课教师要求
必备教师	财务方向、市场营销方向、工商管理方向、国际贸易方向的专业老师
辅助教师	人力资源、生产管理、财务信息化方向(U8)老师

教师人数要求：

人　数	授课人数
建议授课人数	1~4人

建议:1 名财务方向老师做主讲老师,其他专业老师可做助教并统一参与新道师资研修院的师资认证培训。

2. 学生前导课程建议

(1)学校专业基础课程

(2)学校专业实训课程、企业经营管理沙盘实训课程、ERP 实训课程、VBSE 创业版、VBSE 营销版、ERP fo SCHOOL(2.0)。

3. 学生实训评价体系

教学考评体系设计采用系统评价与人工评价相结合、定量与定性评价相结合、过程评价与结果评价相结合的原则。从多维度多角度对学生实训过程、实训结果进行全方位、公平、合理的评价。

实训评价方案

考核项目	业务知识	岗位质量	实习表现
评价权重	30%	40%	30%
评价内容	从事某一职业必备专业知识及员工在某组织工中作必须掌握的信息,如:财务专业知识、公司产品知识等。	*工作任务完成质量 *工作态度态度 *职业素养	*遵纪守法 *分享与 *创新 *工作质量 *工作态度 *工作日志 *工作总结
评价方式	笔试(闭卷)	360°定性考核	*实际出勤劳情况 *文档上交情况
评价参与人	系统	实训者评价、系统统计	教师
评价时间	阶段性任务完成后	实训任务全部完成后	实训任务全部完成后

4. 授课辅助方案

(1)学生自学辅导。

虚拟商业社会环境 VBSE 模拟真实商业社会情境企业核心业务运用,采用开放式教学设计,基于任务,面向问题,在情境中通过行动体验、发现问题、解决问题、总结反思等过程,以学员为主体,倡导自主学习,学以致用。学生辅导资源形式多样,内容丰富:

● 业务知识讲解,采用 PPT、3D 动画形式展现,学生通过对此类资源的学习领会和巩固完成该任务所需的理论、业务知识的重难点内容。

● 业务流程描述是对一项操作任务具体操作步骤的详细描述与操作指南,学生按照操作步骤要求配合线上、线下操作完成工作任务。

● 业务数据是对具体任务背景、情境、规则、数据的具体描述,帮助学生走进企业、了解企业管理、企业经营运作过程。

● 业务操作手册是对 VBSE 平台操作指导说明,学生可以轻松完成所有 VBSE 系统操作。

● 学生通过参照、查看单据填写手册可以轻松、准确地填写各类业务单据。

● 学生学习指南帮助学生提升学习效果。

● 实训教程中包含实训的全部任务,方便学生在课前、课上、课后的预习、学习与复习。

(2) 教师授课支持。

为了更好地体现教学效果,课程配套了系列教学辅助方案,使课程真正实现易实施。教师授课指南帮助教师组织教学,教学控堂表帮助教师对教学过程进行精细化控制与管理。此外还配有教学组织、教学控制、教学讲解、教学分享相关的大量 PPT 和指导说明。

名称
- 单据互检.ppt
- 单据填写点评.pptx
- 第2天-引导PPT.ppt
- 第一天课后预习作业.ppt
- 定义.txt
- 供应链业务模型.ppt
- 简历填写.ppt
- 教师检查学生上岗情况.ppt
- 教师界面介绍及上课功能介绍.ppt
- 教师系统操作培训PPT2.ppt
- 结课前准备.ppt
- 课堂活动1.ppt
- 评分标准.ppt
- 切换进入自主经营.ppt
- 实习动员.ppt
- 团队组建.ppt
- 系统操作培训1.ppt
- 总经理检查各岗位上岗情况.ppt

名称
- VBSE2.0-讲义PDF
- 每日分享
- 授课所用PPT
- 授课所用表格
- 学习及授课指南
- VBSE2.0常见问题汇
- VBSE软件安装、运行
- 技术支持QQ群-301526685
- 授课内容控堂表0530.xlsx

名称
- VBSE各组织间的关系.pptx
- 查询分析需求-3月汇总2页签.xlsx
- 第二天重点提示.pptx
- 理论联系实际.pptx
- 每日分享主题.xlsx
- 企业关键业务流程.pptx
- 学生到企业员工的转变.ppt

"新道虚拟商业社会环境 VBSE 跨专业综合实践教学平台"部分教学支持资源

7.3.4.5 实训平台

1. 产品功能清单

组织名称	主要技术参数
企业管理全景仿真实训—现代制造业经营管理	• 实现学生对企业内部结构的认知、企业与客户、企业与供应商、客户与虚拟客户、供应商与虚拟供应商之间物流、信息流、资金流的传递的认知,企业与工商、企业与税务、企业与社保、企业与事务所、企业与招投标、企业与银行、企业与物流、企业与连锁、企业与国际贸易业务往来的认知 • 制造企业包含7个部门,18个岗位,部门为:企管部、人力资源部、财务部、采购部、仓储部、生产计划部、销售部。18个岗位为:总经理、行政助理、人力资源助理、人力资源经理、财务部经理、出纳、成本会计、财务会计、采购员、采购部经理、仓管员、仓储部经理、车间管理员、生产计划部经理、生产计划员、销售员、营销部经理、市场专员 • 总经理业务(包括支付行政罚款、企业文化建设业务) • 行政助理业务(包括购买办公用品、制造企业投诉其他组织)
企业管理全景仿真实训—现代制造业经营管理	• 人力资源经理业务(包括招聘生产工人、解聘工人) • 人力资源助理业务(包括住房公积金汇缴、社会保险减员申报、查询工人信息、考勤汇总查询、社会保险增员申请、培训费报销) • 采购员业务(包括与供应商签订采购合同、货款支付、录入材料采购订单、采购入库)
企业管理全景仿真实训—现代制造业经营管理	• 采购部经理业务(包括编制采购计划、编制采购合同草案、供应商评价) • 车间管理员业务(包括生产领料童车组装、生产领料车架开工、车架完工入库、整车完工入库) • 生产计划员业务(包括购买设备、编制物料净需求计划、设备验收建卡入账) • 生产计划部经理业务(包括编制设备需求计划、编制主生产计划、组装车间生产派工、购买生产许可证、出售设备、支付设备维护、机加工车间生产派工、支付设备购买款) • 销售员业务(包括货款回收、童车发货、销售发货计划、制造企业发货给虚拟企业、制造企业发货给国贸、国贸与制造企业签订采购合同、制造企业发货给连锁、连锁总部与制造业签订购销合同、与客户签订合同、客户谈判、录入童车销售订单、制造企业收取虚拟制造企业货款、制造企业收取国贸货款、制造企业收取连锁货款) • 营销部经理业务(包括市场调研) • 市场专员业务(包括签订广告合同、制造业支付广告费)
企业管理全景仿真实训—工商局	• 认知工商局与企业之间业务往来关系 • 工商局业务(包括工商注册、名称审核、公司注册知识讲解、经营秩序监管与行政处罚、代理商务局、外汇局、出口检疫局、质量监督委员会)
企业管理全景仿真实训—海关总署	报关业务处理
企业管理全景仿真实训—进出口服务中心	具有商务局、外汇局、出入境检验检疫局、质监部门职能

组织名称	主要技术参数
企业管理全景仿真实训—税务局	● 认知税务局与企业之间的业务往来关系 ● 税务局业务(包括销售增值税发票、办理增值税申报、税务检查、办理纳税申报、税收征管一般程序、税务基本知识讲解、税务登记、销售服务业普通发票、办理个人所得税申报)
企业管理全景仿真实训—社保局	● 认知社保局与企业之间的业务往来关系 ● 社保局业务(包括社会保险基础知识讲解、社会保险增员申报、社会保险减员申报、社会保险开户、社会保险缴纳、检查企业社保缴纳情况、公积金缴纳、公积金开户、住房公积金汇缴、查询住房公积金缴纳情况)
企业管理全景仿真实训—服务公司	● 认知服务公司与企业之间的业务关系 ● 服务公司业务(包括领取并发放办公用品业务、设备销售、产品生产许可颁发、训练服务公司员工、组织人员培训、制定培训计划、服务公司员工支付水电费、购买服务业普通发票等,能进行营销策划方案总结、采购合同草案总结、承接商品竞标会、承接连锁企业最终消费品市场、企划广告促进企业开发新市场)
企业管理全景仿真实训—会计师事务所	● 实现学生对会计师事务所内部岗位设置、岗位职责、事务所运营管理、风险控制的认知。学生通过切身开展审计工作,接触真实的会计资料,运用审计技术,执行审计程序,完成审计工作
企业管理全景仿真实训—会计师事务所	● 会计师事务所岗位设置:项目经理(兼合伙人、注册会计师),审计师(兼注册审计师),审计助理 ● 会计师事务所业务 a. 内审外包,事务所人员通过熟悉被审计企业的管理政策、业务程序、经营活动和风险控制等方面的具体内容,在复核、抽查公开的资料,通过询问和观察收集审计证据,提出审计整改建议,出具审计报告。(业务包括审计业务承接、编制项目审计方案、制定并实施审计程序、汇总审计差异并进行调整、工作底稿整理、复核工作底稿、沟通审计结果、出具审计报告等) b. 代理记账(业务包括承接代理记账业务、报税、纳税、记账、会计核算、会计档案管理等)
企业管理全景仿真实训—工商银行	● 认知银行窗口业务 ● 银行的岗位为银行柜员 ● 银行柜员业务(包括开具验资证明、打印分拣票据、薪酬发放、货款回收、出售支票的、申请抵押贷款、收取贷款利息、收取设备维护费、收取人才招聘费、收取设备销售款、支付设备回购款、增值税申报、签订代发工资协议书、签订同城委托收款协议)
企业管理全景仿真实训—中国银行	● 认知银行窗口业务 ● 银行的岗位为银行柜员 ● 银行柜员业务(开立信用证,货款议付、外汇核销)

组织名称	主要技术参数
企业管理全景仿真实训—贸易公司（制造业上游供应商）	● 认知（商贸企业）供应商内部的业务关系，供应商与下游制造企业和上游虚拟供应市场的业务往来关系 ● 认知供应链中物流、资金流、信息流的各种流向 ● 商贸企业供应商内设 3 个岗位：供应商总经理、供应商行政主管、供应商业务主管 ● 供应商总经理业务（采购入库、薪酬发放、货款回收、支付货款、办理验资证明、签订同城委托收款协议（社保和公积金）、"五险一金"财务记账、五险一金计算） ● 供应商行政主管业务（公积金开户、"五险一金"财务记账、住房公积金汇缴、住房公积金汇缴、购买办公用品、确认制造企业采购订单、考勤汇总查询） ● 供应商业务主管业务（销售发货、市场调研、销售统计查询、采购入库）
企业管理全景仿真实训—贸易公司（制造业下游客户）	● 认知（商贸企业）客户内部的业务关系，客户（商贸企业）与上游制造企业和下游虚拟销售市场的业务往来关系 ● 认知供应链中物流、资金流、信息流的各种流向 ● 认知市场营销策划、销售活动等的组织和实施 ● 客户总经理业务（库存盘点、现金盘点、货款回收、支付货款、办理验资证明、签订同城委托收款协议、"五险一金"财务记账、"五险一金"计算、公积金开户、"五险一金"财务记账、住房公积金汇缴、住房公积金汇缴等） ● 客户行政主管业务（签订代发工资协议书、公积金开户、"五险一金"财务记账、薪酬核算、签订劳动合同、开立验资账户、采购入库、客户货款回收、支付货款、销售发货、培训费报销、确认制造业销售订单、采购入库、销售发货等） ● 客户业务主管业务（开发新市场、投放广告申请、签订广告合同、确认制造业销售订单、与虚拟市场签订销售订单）
企业管理全景仿真实训—连锁企业	● 可实现加深对连锁零售企业的认识 ● 认知连锁企业内部各个部门之间的管理及 ● 业务往来关系 ● 认知连锁经营中物流、资金流、信息流各种 ● 流向 ● 连锁总部业务（包括采购计划、采购合同、采购入库、采购货款支付、受理门店补货申请、请货分析、下达配送通知、向物流公司下达送货通知、与物流公司结算、工资发放、固定资产管理、财务报表等业务） ● 连锁仓储中心业务（包括采购入库、仓库盘点、配送备货、配送出库、退货入库等业务） ● 连锁门店业务（包括日常销售收款、零售日结、上缴总部销售款、门店退货、门店盘点、门店请货、到货签收等业务）
企业管理全景仿真实训—国际贸易	● 可实现加深对国际贸易企业的认识 ● 认知国际贸易企业内部各个部门之间的管理及业务往来关系 ● 认知国际贸易经营中物流、资金流、信息流各种流向 ● 内贸业务（制定采购计划、与制造业签订采购合同、采购入库、货款支付） ● 仓储和运输外包业务（与物流公司签订仓储合同、与物流公司签订运输合同向物流公司下达送货通知、物流公司送货到港口、同步更新库存台账） ● 外贸业务（贸易洽谈、合同签订、订舱、商检、报关、制单、货款议付、外汇核销、出口退税）

组织名称	主要技术参数
企业管理全景仿真实训—招投标公司	● 可实现加深对招投标代理机构的认识 ● 认知招投标基础知识、相关法律法规等功能 ● 认知招投标过程中招标方，投标方，招投标代理机构之间的业务往来 ● 招投标中心业务(包括委托招标，发布招标公告，制作招标文件，发售招标文件，招标答疑，制作投标书，开标会，中标通知，签订采购合同，招标费用结算等业务)
企业管理全景仿真实训—物流公司	● 可实现加深对物流企业的认识 ● 认知物流企业内部各个部门之间的管理及业务往来关系 ● 认知物流经营中物流、资金流、信息流各种流向 ● 物流公司业务(包括运输订单管理，连锁仓储中心取货作业，连锁门店配送作业，国贸公司取货作业，国贸公司送货作业，出库作业，入库作业，仓库盘点等业务)

2. 平台功能清单

(1) 主讲教师菜单。

序号	一级功能	二级功能
1	教学教辅管理	● 系统参数设置
2	信息公告管理	● 查阅公告 ● 新闻发布 ● 新闻管理 ● 查阅新闻
3	教学计划管理	● 课程参数设置 ● U8 参数配置 ● 编制课程总表 ● 经营参数设置
4	教学考核管理	● 查询课程成绩 ● 实战指挥室 ● 查看调查问卷 ● 计算经营分析得分
5	教学过程管理	● 教学大纲执行 ● 查看学生问题 ● 教师授课指南 ● 查看实习报告 ● 任务回退 ● 教学进度查询(按大纲) ● 教学进度查询(按组织) ● 教师评分 ● 清除签到信息 ● 查看实习日历 ● 一键还原

序号	一级功能	二级功能
6	机构人员管理	● 查询签到情况 ● 学生信息导入 ● 岗位查询 ● 空缺岗位查询 ● 审核课程学员
7	企业经营分析	● 营销分析 ● 成长力分析 ● 其他查询一 ● 其他查询二
8	经营状况查询	● 驾驶舱 ● 查询出入库明细 ● 查询银行存款 ● 查看期初数据 ● 厂房仓库 ● 查询交易信息 ● 资质认证 ● 企业人员信息 ● 产品研发 ● 市场开发 ● 查询在产情况 ● 查询商品交易会广告费 ● 查询客户投放广告费 ● 查询领料情况 ● 查看市场预测图
8	经营状况查询	● 新增虚拟供应市场订单 ● 调整住房公积金缴纳情况 ● 调整企业银行存款 ● 批量导入虚拟市场订单 ● 查询投标信息

（2）教务人员菜单。

序号	一级功能	二级功能
1	教学计划管理	● 教学计划下达
2	教学考核管理	● 成绩统计分析 ● 查询教学班成绩 ● 学生能力总评
3	教学过程管理	● 系统监控 ● 数据备份

序号	一级功能	二级功能
4	机构人员管理	● 学校注册 ● 学院信息 ● 系别信息 ● 专业信息 ● 班级信息 ● 维护主讲教师 ● 维护课程设计师

7.4　与广州心怡科技物流有限公司的校企合作

广东心怡科技物流有限公司成立于 2004 年,是大中华地区领先的第三方物流供应商,管理着全国近 20 万平方米的四大物流园区及配套设施,为整个产业链创造了逾 1 万多个就业岗位。在全国拥有 58 家分公司、办事处和千余个网点。目前与电商龙头企业阿里巴巴旗下的 TMALL 天猫(淘宝商超)携手合作,将电子商务与物流结合,前景广阔。

7.4.1　江苏财经职业技术学院"心怡班"合作方案

江苏财经职业技术学院"心怡班"合作方案

1. 合作目的

为进一步推动教育培养与产业需求相结合,提高公司吸纳人才的质量,拓宽院校和学生的就业通道,因此制定了该合作方案。

2. 合作模式

2.1　选拔

简历筛选 ⇒ 笔试 ⇒ 面试 ⇒ 进入顺丰班

2.2　开班

2.2.1　建立个人学习档案

学生进入"心怡班"后,须建立"心怡班"个人学习档案,档案包含了学生从入班初期的选拔记录、课程培训完成情况、实习情况到毕业考核等一系列的学习情况记录。

2.2.2　开班类型

二年制"心怡班",全日制三年大专院校,开班时间为大二上学期。

时间 节点	大　二		大　三	
	上学期	下学期	上学期	下学期
主要 内容	人员选拔	企业课程(工具、经验 分享、安全警示系列)	企业讲座(职业道 德、形象)	入司实习
	签约		企业课程(客户沟 通、制度系列)	考核通过后正式 入职
	正式开班			
	企业培训讲座(物 流相关)			
	心怡班礼品发放			
	企业课程(概况、 形象、流程系列)			
	企业文化宣传、勤工俭学、冠名校内活动			

2.2.3　班长选举

公开选举班长一名,负责"心怡班"日常事务。

2.3　考核

心怡班学生在完成所有学习课程后,需通过考核才能正式入职心怡公司。授课教师根据学员课堂表现(30%)及考试成绩(70%)对学员进行综合考评。考核分数≥70分为合格,考核不合格者将解除定向培养协议。

3. 合作内容

3.1　礼品发放

实施对象:仅限心怡班学员。

实施内容:发放带有心怡标识性的物品,如背包、水杯、T恤等,让"心怡班"学生感受到来自心怡的集体归属感,帮助其更好地感受心怡、认同心怡、融入心怡。

实施时间:建班初期,具体视情况而定。

3.2　企业培训

由我司根据岗位任职要求将我们的课程计划交由学校,由学校将我司的专业课程放入"心怡班"学员的日常教学计划中,由我公司的内部讲师到学校内授课,保证"心怡班"学员的理论学习可以在毕业前完成。

培训时间:大二上学期。

培训讲师:由我司安排心怡内部认证讲师进行授课。

培训对象:心怡班学员。

培训内容:《企业培训课程》(附件2)内课程。

培训地点:合作院校。

3.3　岗位实训

参观学习:带领学员到学校附近分点部及中转场参观学习,初步了解公司的运作模式和岗位操作流程。

短期实训:"双十一"等业务高峰期,组织学员到公司进行短期岗位实训,让学员们在企业真实环境中真正做到做中学、干中练、实中战。此外,交通、住宿由公司统一安排,并按照一定的薪资标准向学员发放薪资。

勤工助学:学员利用空余时间(如周末、寒暑假)进行勤工助学,每天工作 4 个小时,每小时 14 元,每个月累计不超过 60 个小时。

顶岗实习:考核合格的学员,学校课程完成之后,可到公司进行定岗实习,公司按照一定的薪资标准向学员发放薪资。

3.4 冠名校内活动

通过冠名赞助校园活动,如各类文体比赛,活动晚会等,一方面为校内活动提供经济资助,一方面扩大心怡在校园的知名度,加强心怡雇主品牌形象建设。

实施时间:建班初、中期,具体视情况而定。

实施步骤:

(1)与校方负责人、学生外联部保持沟通,建立活动信息获取渠道。

(2)根据校方活动策划书,对校园活动进行筛选,筛选依据主要从校园活动影响力、赞助经费这两方面考虑。

(3)申请赞助经费,用于冠名活动宣传,活动礼品购买,活动场地费等。可在活动场地内摆放带有心怡标志的宣传横幅或宣传板;为出席活动的院校老师及获奖同学赠送心怡小礼品等。

(4)活动成果反馈,收集与活动相关的照片、视频、文字资料,总结活动成果。

3.5 心怡奖学金

学校每年 10 月根据《学校"心怡奖学金"评定管理办法》(附件 3)提交获奖学生名单及相关资料至人力资源部,公司人力资源部和基金会对学校提交的获奖学生名单资料进行评审确认,获奖学生名单确认后,应在校园官网上及集团官方网站上予以公示,确定颁奖时间,邀请公司及学校领导给获奖学员颁奖。

4. 学员在职管理

4.1 入职安排

短信、邮件通知学员入职前注意事项及准备材料,公司安排车辆到学校统一接学员至报道部门,统一安排岗位,统一安排入职,部分岗位有宿舍的统一安排住宿。

4.2 入职关怀

电话回访:在学员入职公司一周时,电话回访其工作适应情况、生活安顿情况(住房、交通、饮食)、同事相处情况及问题解答等。

学员座谈会:在学员入职公司 1～2 个月时,召开学员座谈会,邀请相关领导解答学员的疑问,并让其相互分享工作生活中的经验教训,为学员提供一个交流沟通的平台。

4.3 适岗情况分析

针对实习生所在岗位、入职阶段、工作内容、同事相处、生活等各方面的适应情况进行分析研究,做出实习生适岗情况分析报告,对以后的实习生引进工作提供借鉴、指引。

7.4.2　个人学习档案记录卡及考核卡

选拔记录卡

项　目	维　度	情况/得分	存档物
信息登记	姓名		应聘信息登记表、个人简历
	性别		
	身份证号		
笔试记录	智商		笔试试卷、答题卡
	情商		情商试卷
面试记录	求职欲望		面试审批表
	品格		
	形象素质		
	沟通表达		
	服务意识		
	责任心		
	团队意识		

课程学习卡

序号	课程名称	是否已修	课堂表现		课后练习记录		存档物
			得分	记录	得分	记录	
1	物流行业知识						如课后作业
2	……						
3	……						

实习卡（以仓管岗位为例）

学员姓名：		实习岗位：	
所在学校：		实习部门：	
所在班级：		实习开始日期：	
联系方式：		实习结束日期：	

续　表

培养环节	培养目标	学习模块	培养方式	评估考核方式	评估标准	考核日期	考核成绩	考核人签字
仓管岗位实习	熟悉并掌握仓管员的岗位技能要求,熟悉公司经营环境,初步融入公司文化	1. 点部到、发件操作标准流程 2. 车辆操作 3. 相关关务知识 4. 物料管理知识 5. 点部现场管理 6. 客户服务知识等	跟班实习	1. 学习报告	学员将报告交本阶段学习督导评分及评语后上交。			
				2. 基层业务知识笔试	笔试通关成绩达70分以上			
				3. 实习指导老师的综合评价	总评分70分以上			

考核卡

考核方式	考核维度	维度说明	考核分数
平时表现	课程完成情况	需完成所有课程内容,可得满分(10分),少一门扣5分;若未完成课程如超过2门,则该项为0分	
	课后练习情况	由任课老师对学生课后练习作业进行1～10评分,10分为最高,1分最低,累计所有任课老师的评分情况,取平均数为最后得分	
	课堂表现情况	由任课老师对学生课堂表现进行1～10打分,10分为最高,1分最低,累计所有任课老师的评分情况,取平均数为最后得分	
	总分(原始)	总分＝课程完成得分＋课后练习得分＋课堂表现得分	
考试得分	理论考试	包含培训课程内容、逻辑推理题、基本常识题	
	实操考试	分岗位实操考核	
	总分(原始)	总分＝理论考试得分＋实操考试得分	

7.4.3　企业培训课程

系列名称	序号	课程名称	主要培训内容	培训课时	培训讲师	培训类型	适用说明
心怡概况系列	1	《物流行业介绍》	1. 物流概述	1.5	市场营销部内部讲师	讲授、课件演示	专题讲座、心怡班
			2. 国内、外物流业现状分析				
	2	《公司发展历史与企业文化》	1. 心怡的发展历史与现状	2.5		讲授、课件演示	专题讲座、心怡班
			2. 心怡的管理与经营模式				
			3. 心怡的企业文化				
	3	《公司核心价值观》	1. 公司愿景介绍	1	人力资源部内部讲师	讲授、课件演示	专题讲座、心怡班
			2. 公司核心价值观介绍				
			3. 公司经营五元素介绍				
	4	《发展在心怡》	1. 心怡员工发展理念	0.5		视频课件演示	专题讲座、心怡班
			2. 心怡员工的职业发展通道和管理				
			3. 心怡的员工能力模型和人才培养				
			4. 心怡的人才发展状况				
职业形象系列	5	《职业道德》	1. 职业道德概述	1.5	客服部内部讲师	讲授、课件演示	专题讲座、心怡班
			2. 职业道德作用				
			3. 心怡职业道德标准				
	6	《职业礼仪》	1. 职业礼仪概述	1.5		讲授、课件演示	专题讲座、心怡班
			2. 心怡员工形象规范				
			3. 收派服务规范				
流程标准系列	7	《运作流程》	公司快件基本运作流程模式简介	0.5	营运部内部讲师	讲授、课件演示	心怡班
	8	《操作标准流程》（分岗位）	1. 收派件标准流程介绍	1			心怡班
			2. 观看各岗位视频				

系列名称	序号	课程名称	主要培训内容	培训课时	培训讲师	培训类型	适用说明
工具使用系列	9	《HHT/DT900》	1. 工具简介与端操作规范 2. 考核数据解析(上传率、正确率、参考指标) 3. 保养与维护与常见问题解析	1.5	营运部内部讲师	讲授	心怡班
	10	《运单介绍及填写》	1. 各类运单的性质作用 2. 运单填写规范与修改规范 3. 运单常见填写失误解析 4. 运单填写练习	1.5		讲授	心怡班
	11	《包装操作》	1. 了解公司包装物料 2. 掌握货物包装原则及规范 3. 掌握做件规范 4. 特殊快件操作及练习	2.5		讲授	心怡班
经验分享系列	12	《违禁品预防》	1. 违禁品危害 2. 违法、违规禁寄品介绍 3. 预防收取违禁品方法	1		讲授、课件演示	
	13	《问题件类型介绍》	1. 了解问题件的分类、定义和界定标准 2. 分析常见问题件的原因及避免措施	1.5		讲授、课件演示	心怡班
安全警示系列	14	《安全知识》	1. 公司安全原则 2. 员工人身安全、行车安全、快件安全 3. 工作场所安全、消防安全、品牌安全、资金安全	1	行政部内部讲师	讲授、课件演示	心怡班
	15	《法律知识》	1. 法律基本概念；侵犯财产、人身权利 2. 妨害社会管理、交通肇事、危害公共安全	1	公共事务部内部讲师	讲授、课件演示	心怡班
客户沟通系列	16	《客户开发与维护》	1. 客户开发与维护的流程 2. 客户开发的时机与方法 3. 客户维护的好处与方法	1.5	客服部内部讲师	讲授、课件演示	心怡班
公司制度系列	17	《员工手册》《奖励与处罚规定》解析	1. 公司考勤、假期、薪酬等管理规定 2. 公司人事制度 3. 员工奖励与处罚解析	1.5	人力资源部内部讲师	讲授、课件演示	心怡班

7.4.4　"心怡奖学金"评定管理办法

"心怡奖学金"评定管理办法

心怡速运(集团)有限公司作为中国最大的民营物流企业,多年来在保持业务发展势头的同时,也始终保持着高度的社会责任感,承担着一个企业公民在社会中所承担的责任和义务,并成为受尊重的企业公民。为激励在校家庭经济困难的全日制本专科学生自立自强、勤奋学习、努力进取,在德、智、体、美等方面得到全面发展,心怡速运(集团)有限公司资助的广东省心怡慈善基金会决定在我校设立"心怡奖学金"。为切实做好助学金的管理、评定和发放工作,结合我校实际,特制定本办法。

一、申请条件

1. 热爱社会主义祖国,拥护中国共产党的领导。

2. 自觉遵守宪法和法律,遵守学校各项规章制度,未受过任何形式的纪律处分。

3. 诚实守信,道德品质优良。

4. 家庭经济困难,生活俭朴,是我校学生资助管理中心认定的家庭经济困难的二年级以上(含二年级)全日制本专科学生。

5. 在校期间学习成绩优秀,上一学年获得校级丙等及以上综合奖学金,或获得校级及以上三好学生、优秀学生干部、优秀团干部、优秀团员、精神文明先进个人等荣誉称号。

二、评定标准

心怡奖学金每学年评定 10 人,每人每年奖励 1 000 元人民币。

三、评审原则

心怡奖学金坚持公开、公平、公正的原则,按学年申请和评审。同一学年内申请国家励志奖学金的学生原则上不再申请心怡奖学金。

四、评审及发放程序

1. "心怡奖学金"评审委员会设在学校党委学生工作部,负责办理日常工作。

2. 每学年第一学期,由学生个人根据本办法规定的心怡奖学金申请条件,向所在学院学办提出申请,并递交"_____学校心怡奖学金申请表"和相关证明材料。

3. 各相关学院认真审核申请人条件,并结合家庭经济困难学生等级认定情况和申请人在校期间的表现,在规定时间和分配名额内,提出享受心怡奖学金学生初步名单。

4. "心怡奖学金"评审办公室对各学院报送的初步名单进行审查在全校公示三日无异议后,确定最终获奖者。

5. 心怡奖学金由党委学生工作部和财务处统一组织在评审结束后一次性发放给获奖学生。

五、其他

1. 获奖学生中,凡发现有弄虚作假、欺骗组织等行为者,学校将收回已发的心怡奖学金。

2. 获奖学生应合理使用奖学金,用于支付学习和生活费用。奖学金不得用于请客或购买奢侈品。

3. 本办法由党委学生工作部"心怡奖学金"评审委员会负责解释。

7.4.5 战略合作协议

战略合作协议

甲方:江苏财经职业技术学院(以下简称"甲方")

地址: 邮编:

电话:

乙方:广东心怡科技物流有限公司苏州分公司(以下简称"乙方")

地址: 邮编:

电话: 传真:

为深入推进校企合作,建立良好的校企合作体制机制,实现互惠互利、共同发展,经甲乙双方友好协商,达成如下战略合作协议。

一、合作原则

平等协商,互利双赢,诚实守信,共同发展。

二、合作领域

双方同意在订单定向培养、顶岗实习、学生就业、聘任教师互聘、技术交流、资金扶持、资源共享、文化交流等方面进行广泛合作。

三、合作内容

(一)订单定向培养

1. 组建"心怡物流商务班"。甲方推荐物流管理、电子商务、国际经济与贸易、市场营销等专业的在校学生,经甲乙双方共同考核,择优组建"心怡物流商务班"。"心怡物流商务班"学生在乙方边实习边上课,乙方负责学生的奖学金和实习工资发放,甲方负责授课计划协调与专业教师选派等。

2. 共同培养。根据乙方需要,甲乙双方合作完成教学计划、课程设计、实习实训等任务。

(二)顶岗实习

1. 设立基地。甲方在乙方设立"江苏财经学院实训基地"。

2. 学生顶岗实习。甲方组织相关专业学生到乙方顶岗实习。甲乙双方共同对顶岗实习学生进行技术培训、安全生产教育和管理。根据教育部等有关部门的要求,双方协商签订顶岗实习协议。

3. 教师顶岗锻炼。甲方适当安排专业教师到乙方生产一线顶岗锻炼。乙方负责甲方顶岗教师的技术指导、管理评定等工作。

(三)教师互聘

1. 兼职教师聘任。甲方聘请乙方专业人才和能工巧匠担任兼职教师。在甲方授课时,按照甲方标准支付授课费用。

2. 顾问或专家聘请。乙方聘请甲方教师为其顾问或专家,根据乙方安排提供咨询与服务,按照乙方规定支付报酬。

（四）技术交流

1. 全面合作。双方在技术研究、技术推广、成果转化等方面开展交流与合作。

2. 技术互用。甲方研究的新技术、新产品、新工艺等成果优先提供给乙方使用。乙方的技术革新、生产工艺等能向学生传授的,优先提供给甲方向学生传授。

3. 合作研发。甲乙双方共同确立研发课题,申报研发项目,申请研发资金。

（五）文化交流

甲乙双方经常举办文体交流活动,开展文艺演出、联欢晚会、体育比赛、书画比赛等,促进校园文化和企业文化共同发展。

（六）建立基金

1. 设立冠名基金。乙方可在甲方设立冠名基金,用于资助特困学生完成学业,奖励优秀学子,扶持科技创新等。

2. 优秀毕业生奖励基金。甲方可在乙方设立奖励基金,用于奖励为乙方做出突出贡献的甲方优秀毕业生。

（七）资源共享

1. 资源互用。甲乙双方在不影响正常生产、教学的情况下,做到图书馆室、仪器设备等资源互相使用。乙方替换下的仪器设备、生产线提供甲方在校内实习实训使用,所有权仍归乙方。

2. 建立基地。乙方在甲方设立"广东心怡科技物流有限公司人力资源培训基地"和"广东心怡科技物流有限公司实践操作基地"。

3. 服务员工。甲方为乙方员工提供相关技能鉴定培训及考证服务。

四、责任和义务

（一）甲方责任和义务

1. 负责学生学籍管理、道德培养、安全教育、顶岗实习等工作。

2. 按照双方商定的教学计划组织教学,确保教学质量。

3. 获得资助的甲方学生,与乙方签订订单就业协议后,如果与其他第三方签订就业协议或拒绝到乙方报到,甲方应协助乙方向学生沟通。

4. 甲方师生在乙方参与科研合作、专业实习、人员培训等活动,需严格遵守乙方的相关规章制度及其他合理要求,严守乙方商业秘密。

（二）乙方责任和义务

1. 配合甲方做好教学计划组织实施工作。

2. 负责安排好甲方师生的实习实训。

3. 甲方毕业生符合岗位任职标准的,优先录用为正式员工并签订劳动合同。

五、附则

1. 本协议为框架协议,凡涉及的具体合作项目,经双方协商另行签订协议。

2. 双方共同成立联络小组,明确联系人,负责本协议的具体实施。

3. 双方应遵守协议,在协议履行中出现的分歧,双方应协商友好解决。

4. 本协议有效期五年,协议期满可根据双方需要确定是否续签。

5. 本协议一式四份,双方各执两份。

6. 本协议自签订之日起生效。

甲方:江苏财经职业技术学院　　　乙方:广东心怡科技物流有限公司苏州分公司
　　　　　(盖章)　　　　　　　　　　　　　　(盖章)

代表:(签字)　　　　　　　　　　代表:(签字)
　年　　月　　日　　　　　　　　　年　　月　　日

第8章 商科类专业校企合作过程中存在的问题及分析

8.1 校企合作项目实施过程细节

8.1.1 校企合作项目实施过程

总结江苏财经职业技术学院的校企合作项目运行,提炼出校企合作的流程及组织细节,可以更好地剖析校企合作中存在的问题。

校企合作最重要的环节是选拔学生,选拔之后组建成班级,新生一般于9月份入学,入学后,需要经过严格的学前培训和军事训练,促使学生从身体上和心理上适应大学的生活。然后按照公平、公正、公开的原则,在大一学生中进行层层宣导动员,选拔在能力上、专业上和意愿上都比较合适的学生。在自愿报名的基础上,学校和企业共同把关,选择真正适宜的新生。整个流程大致可以划分为三个环节。

第一个环节是宣导动员阶段,在这一阶段会给学生详细介绍校企合作项目。主要目的是为了让刚入学的新生掌握和了解校企合作的概念、发展情况、企业的发展状态,并介绍校企合作中学生将获得什么样的教学内容和最终收益,让学生全面衡量各方面条件,最终决定是否要参加校企合作项目。

第二环节是学生自愿报名阶段,学生的报名必须出于自愿,当然这个过程家长和教师的意见也会考虑,学校里的专业老师要进行专业和职业剖析,把控报名的环节,进行初步审核。家长要根据家庭的经济条件等考虑学生是否参加校企合作项目。

第三个环节就是企业和学校共同选拔确定参加校企合作项目的学生名单。要充分利用学生报名申请表、学生档案、笔试和面试等环节择优录取,并且把最终的结果公布出来,及时通知到学生本人,由学校组织师资力量组建成为校企合作项目班级。

8.1.2 校企合作项目教学组织与安排

在校企合作初期,企业和学校会共同探讨制订人才培养方案和教学计划,学校把自己的条件展示出来,企业把自己的需求提出来。教学计划与培养方案是后面各方在校企合作中运作的指导性文件,个组织各司其职、各负其责。每个具体的项目历时三年,与学生的专科学习周期保持一致。校企双方规划学生学习的空间,江苏财经职业技术学院校企合作项目保证学生在企业的时间不低于半年,不超过两年,校企之间保持良好的互动性,在教学组织的形式上具有很高的灵魂性。在校期间,企业方会委派相关高级人员到学校为校企合作班的学生授课,补充学校理论学习中实践内容的缺失部门。即使学生在学校的理论学习期间,也会组织学生到企业进行实地参观,接受指导。

在企业学习阶段,通常施行导师制,根据每个二级院系的组织不同,有的学院会在企业学习期间也为学生安排校内指导老师。每 2 名导师会指导 15 名左右的学生,对学生的课程学习进行全程指导。

8.1.3　校企合作项目培养过程的管理主体及职责

校企合作项目的管理主体主要为学校和企业。学生在学校期间的理论学习,有学校负责管理、培养学生,对学生的学习成果进行考核。在企业学习的方式有企业见习、顶岗实习等,学习方式可以单一,也可以组合进行。在企业学习期间,学生的表现由企业相关职能部门进行考核。

8.1.3.1　学校的职责

学校与二级院系的领导对校企合作项目起到着宏观指导与微观实施的作用的。学校校企合作处处长与二级院系院长为校企合作项目第一责任人。二级院系院长负责项目日常工作联系、日常事务的沟通与管理,主要包括:① 校内学习阶段学生的培训和教育,教学计划的实施。② 根据校企双方共同制订的培养目标,负责制订教学大纲、日常学习指导、实习计划。③ 与企业协商,确定校内和企业的指导教师、学生的学习小组划分等事项。④ 对教学过程进行监控,掌握教学的进展情况,处理各种突发事件。

8.1.3.2　企业的职责

企业负责选派人事部、财务部或者供应链等部门的优秀管理干部或优秀的专业技能行专家加入项目的教学和管理中。企业委派的负责人员,负责学生日常管理、工作中的安全、工作成果的考核,落实人才培养计划企业应承担的部分。同时企业委派的负责人还需要与学校、学院保持联系,同时向学校客观真实地反映学生在企业中真实表现。

8.1.3.3　学生的职责

学生在学校期间的理论实践需要完成相关课程的学习,并达到合格。企业学习阶段,认真完成实习工作的内容,服从企业的规章制度,学习企业的文化,接受企业导师的考核,即使在企业学习过程中,学生也需要遵守学校的规定,保持与学校的联系,填写实习日志,并向学校汇报自己的学习、工作及生活的情况。

8.2　校企合作项目存在的问题与分析

8.2.1　起步阶段存在问题及分析

8.2.1.1　校企合作外部政策不完善

从江苏财经三个典型校企合作项目分析来看,当地政府的支持力度不够充分。尤其是当地政府部门没有出台统一的支持政策,在职业院校校企合作方面缺乏整体部署。在经济发展、企业发展和职业教育三者的协同上,政府部门没有相对应的远景规划。在人才培养方案的制定上,学校更多还是沿袭传统的教学模式和课程内容,人才培养方案制定和课程体系的设置往往是某专业自己的事情,甚至是某个老师自己的事情。

高职院校注重学生的动手能力,培养的是勤动脑能动手的高技能型、综合型人才,所以对教学设施、设备、实习场地等硬件环境的要求就很高,这是培养高技能人才的物质基础,物质基础水平越高,就越有可能培养出更高技能水平的学生。公办院校属于是国家的事业单位,学校的办学经费来源主要是政府部门的拨款,但是,作为地方政府往往更加重视普通教育,而对于职业技术教育重视程度不高,客观上导致对职业技术教育的经济方面的支持力度就不够。这些根本原因也客观导致了受实训场地、实习设施的限制,学员的教学方法还只能停留于传统的课堂授课模式。

职业院校对当地经济的发展起着这举足轻重的作用,而校企合作的教育模式在职业院校培养中也是非常重要的,但当地政府在校企合作项目中的参与也是很小。学校在校企合作中还是参考国家相关法律法规,缺乏地方政府的具体的指导性政策,学校完全自主开展校企合作事项,缺乏统一的组织与管理。

8.2.1.2　培养方案不完善、制度执行不到位

江苏财经职业技术学院校企合作项目所使用的人才培养方案,是校企联合制定出来的,学校根据自身的条件,结合企业的需求制定人才培养方案,制定课程培养体系,但前后制定过程,双方的重视程度都不够,企业在参与人才培养制定的过程中表现的积极性不高,往往注重短期的利益关系,不能把学生的培养和企业对人才的长期战略需求紧密结合起来。校企合作的人才培养方案大多还是在职业院校现有人才培养方案基础上进行微调,教育教学模式上仍采用传统的学科型教育模式,企业更加关注自己能否获得充足的廉价劳动力,能否销售掉更多的软件和付费课程,对技能水平要求不高,这样就导致职业教育普通教育化的普遍现象,对于系统性的职业技能的训练还不够,造成校企合作项目培养方案流于形式,注重短期收益忽略长远收益。

校企合作项目初始会制定很多制度和政策,但是在实施过程中校企双方参与制定的各种规章制度不一定能够得到很好的执行。校企合作办学的目的之一就是为企业培养符

合企业要求的高技能员工。但是在具体的项目实施中,各种因素交织在一起,存在很多不可控制的时间节点,这就不可避免地导致制度就是形式。从江苏财经职业技术学院来看,校企合作虽然是校企合作处的事情,但最终还需要二级院系负责实施,在实施的过程中也存在个别部门只是把校企合作模式当作是完成学校下达的教学任务的一个环节而已,而企业也仅仅把学生的顶岗实习看作是增加了部分劳动力,也没有将校企合作上升到企业对人才培养的层次。在校企合作过程中,学生的需求得不到重视,这样导致参加校企合作过程中不能从一而终,在学生培养中,没有考虑学生的利益,导致合作培养只是企业学校的两个主角的舞台。

8.2.2 规划阶段存在的问题及分析

8.2.2.1 校企合作层次深度不够

江苏财经职业技术学院与企业之间的校企合作项目已经多达 30 个,但普遍存在合作层次深度不够的现象。在地区经济发展中,优势产业占有较大的市场,从而拥有较强的市场竞争优势,对社会的发展起到促进作用。总体来说,高等职业院校的发展与地方产业之间有三个层面的联系,第一,地方是高职院校赖以生存和发展的首要条件,地方优势产业为高职院校的生存和发展提供和谐优美的自然环境与鲜明突出的人文环境,是培养人才的摇篮,传承文化的平台。第二,地方人才需求,通常是直接面向高职院校招聘,高职院校为地方优势产业的经济发展提供人才保障。第三,地方产业与高职院校的协同发展,信息资源共享,校企合作,共赢发展。但是由于淮安的经济水平,当地很多知名企业根本对这种形式的培养不感兴趣,反而认为是添麻烦的事情,对上门寻求校企合作的学校很不屑一顾,还片面地理解为是学校向企业寻求经济资助或者解决学生实习就业的一种手段。同时,学校把合作企业也仅仅看作是学校的校外实践教学基地,把企业提供的实践机会当成是学校办学的资源的补充,也是学校评优评级的一个资源。学校选择企业和企业选择学校,应该是双向的选择,但是实际操作过程中,往往为了完成任务而被动接受,没有站在真正培养学生全面素质和综合能力的高度上,也没有把提高学生的就业竞争力和岗位胜任力作为首要任务来加以考虑。

8.2.2.2 校企合作模式缺乏长效性

校企合作培养模式的持续性普遍不强、培养学生数量少,规模不大,而且规模也往往取决于企业对用工的需求。但作为商科专业的学生,比如会计、财务管理专业的学生,他们的校企合作机会就会受到限制,因为任何一家企业,对财务会计方向的专业技术人才的需求都是有限的,而且财务涉及企业的商业机密,即使顶岗实习,也无法接触到核心的业务,校企合作的机会少实习内容边缘,学校就需要不断拓展合作单位、不断拓展合作空间,加深合作内容。企业的需求一旦无法保持,或者在几年以后的当地市场上并不需要这么多的专业学生,这种模式就无法持续下去,对于学校而言就必定面临着重新选择合作企业、重新考虑学生的培养方案、重新制订教学计划。无论是重新找合作企业还是重新修订学生培养方案,这些问题都不可能在很短时间内解决。因此,江苏财经职业技术学院的财务会计专业学生的校企合作培养只能限制一定的数量,为了解决这一问题,学校"将企业搬进校园",与新道科技股份有限公司合作,建立校内综合实训基地,实训案例均来自现实企业中的业务,所有岗位均由学生来担任。

8.2.3　实施阶段存在的问题及分析

8.2.3.1　学生培养的过程管控不及时

校企合作项目的执行过程一般包括两个时间阶段,第一个时间段是校内的基础知识学习阶段,另一个就是在合作企业的顶岗实习阶段。而在具体的项目实施过程中,往往在这两个阶段之间学校和企业相互之间缺少经常性的沟通,造成两个阶段成立彼此独立的时间段,培养理念、培养方式、学校教学、企业要求相互脱节,华而不实,脱离当时制订人才培养方案时候的出发点。学校教学和企业实习两个过程的相互分离,使得整个项目实施过程的控制不到位,不仅仅是项目的质量无法得到保证,更重要的是浪费掉大量时间、人力物力,对学生来讲,也是没有尽职尽责,影响了学生的参与积极性。同时,企业对学生的表现也不是特别满意,认为没有达到企业的要求,于是也影响了企业的合作积极性。

8.2.3.2　校企合作项目总体管理体制不够顺畅

校企合作一般都会成立相关的校企合作管理委员会,但是实施过程中项目团队成员存在职责不清、沟通不畅的情况。例如,江苏财经职业技术学院今世缘订单班,不论是在教学方式还是学生管理方式都与普通班级的不一样。但是目前的管理理念和教学方法,尤其是校内阶段的学习,还是和传统教育区别不大,与目前市场的要求之间还存在很大差距。高等职业院校肩负的职责就应该是面向社会发展趋势、经济管理形态、服务与生产的市场第一线区培养有理论知识、有动手能力的高技能人才,而校企合作的管理体制不畅恰恰导致在实际操作中校企合作模式流于形式,没有实现学校的培养目标。

校企合作项目团队成员职责有些地方交代不清,有的地方会责任重叠,有的地方会出现责任空缺。例如,在实习期间专职教师的角色定位出现严重问题,教师本身既是管理人员又是教学人员,既授课又要管理,既解读政策又监管政策,造成各种责任相互纠缠,也就造成了合作意识的淡薄,校企的沟通只是停留在校企双方领导层级,而具体的教学实施是由专业教师去负责,信息的传递的有效性、及时性都有存在问题。说白了就是缺乏办事效率,导致专业教师疲于应付,明显力不从心。

8.2.3.3　校企合作项目激励机制不健全

做任何事情,必须要考虑参与者的自身利益。然而校企合作项目的激励措施并不健全,参与的学校教师耗费掉大量个人休息时间,但并没有从校企合作项目中获得直接物质利益,从而客观上也影响了他们的积极性。项目的实施必须统筹兼顾学校、企业、教师、学生四方的利益,照顾到各个方面才能更好控制培养过程,也才能调动各个方面的工作积极性,从而使得校企合作项目的实施更加顺畅。

8.2.4　收尾阶段存在的问题及分析

项目进入收尾阶段就意味着本次校企合作项目的结束,主要包括项目验收和项目后评价这两个部分。收尾阶段的工作同样很重要,此阶段的主要目的是考核本项目是否让利益相关者对结果满意,主要工作是对项目中的问题进行收集和反馈,并积极总结经验,为再次合作奠定基础。对于校企合作项目来说,就是在学生即将毕业时,企业的人事部门与学校"校企合作班"或者"订单班"等的项目负责团队沟通交流,对"校企合作班"或者"订单班"即将结业的学生进行考核,论证这批学生是否达到人才培养的目标,是否能够满足企业对培养的要求,无论从学习成绩到动手能力上,是否达到上岗的要求。预期目标达成,企业应该协助学校办理毕业和就业手续,及时接收培养的学生。

8.2.4.1　项目验收

一个项目之所以能够顺利实施,因为它有严格的过程把控,它的最终目的也是为了满足客户的需求,这种需求是以项目的最终结果那个质量保证为前提的。江苏财经职业技术学院校企合作项目的质量验收是由学校和企业共同负责考核的,双方都派出相关项目负责人、相关部门负责人以及有关专家,大家一起本着公开、公正、公平的原则对校企合作班的学生进行职业能力测验,考核合格的则可以顺利进入企业以及权属公司就业。项目文件验收是项目管理团队将整理好的项目资料交给项目验收方,具体来说就是校企合作双方项目管理人员把校企合作班从立项到结束的全过程的所有资料以及意见建议归纳汇总,提交给学校分管领导和企业有关领导组成的验收组。文件资料是整个项目各个生命周期的详细记录,校企合作项目的文件主要包括"校企合作班"的学生培养合作协议、培养方案、教学培养计划表、学生考核表、学生实习考核表等重要文件。项目验收合格后,学校应当将教学和实习文件妥善保管,以备查阅和参考。

8.2.4.2　项目后评价

项目后评价是指对已经完成的项目的全部流程进行的系统的、客观的分析。项目的后评价是在项目完成验收以后进行的,其主要内容包括对项目目的的完成情况、项目的执行过程、项目团队的作用进行一个综合的评价,并且对项目的决策者和管理者提供有效的建议,帮助项目的参与者提高决策水平和科学管理水平。对于"校企合作班"的项目后评价就是学生毕业以后,经过学校和企业的考核,通过者进入合作企业,学生进入企业后并不是项目的结束,还包括项目后的评价反馈过程,企业要及时把学生在岗位上的真实表现反馈给学校,促进学校反思项目培养过程,评估培养效果,以便于促进学校改进教学计划,提高学生培养的针对性和提升人才培养质量。另一方面,学校也可以及时跟踪学生的就业条件、福利待遇等状况,也给学校选择下一步的合作对象提供借鉴,争取为下一届学生找到更加合适的企业。

第9章 职业院校商科类专业校企合作模式及保障体系新构建

习近平总书记在党的十九大期间给出了较为准确的指引,"要把职业教育和培训体系加以完善,并且继续将产教融合、校企合作加以深化推进"。这是国家非常重要的一个战略性的指导方针,是一个方向性的顶层设计,它指引了对职业教育在未来的大走向。如今的高等职业院校要在充分考虑职业岗位和人才需求的基础上,尤其是要继续加大与产业和行业的联系的密切程度,因为只有摸清了产业和行业的用人需求,给相关用人单位提供与其需求相匹配的人才和智力,高职教育的人才培养才能走得更远。

在详细分析江苏财经职业技术学院校企合作模式之后,我们发现其目前存在的难题是普遍的,本章节将着重讨论的内容是怎样有针对性的解决目前存在问题,并且对尚未出现但有可能出现的问题进行有效的预防。分析国内外典型校企合作模式时,我们发现其都是与自身所处环境相结合,把职业教育与高等教育有效结合,做好多方面的环境铺垫,为学生的成长营造有利的环境条件。因此,与实例结合,借鉴院校校企合作模式存在问题,学习典型校企合作模式的成功经验,提出了改善高职院校校企合作模式及保障体系的计划,构建了"五路共进"的高职院校商科类专业校企合作模式及保障体系。

9.1 构建"五路共进"校企合作模式

在2015,国家把在丝绸之路当成了重要的发展战略,为此国务院颁布了《关于推进国际产能和装备制造合作的指导意见》,提出要加快职业教育"走出去"的步伐,为"一带一路"倡议的软实力发展提供重要的支撑。近年来,高职院校在发展过程中,坚持把"引进来"与"走出去"作为其原则,一方面在探索省外市场,引领优秀企业走进校园,加强与地方高职院校的合作交流的时候,同时,在另一方面提高高职院校自身人才培养质量服务的水平,开拓与广大的省外优秀企业合作项目,向各个行业输送专业性人才。

江苏财经职业技术学院及各个高职院校也在努力地尝试新的发展路径,如怎样突破现如今的地域地区限制、怎样挖掘自身潜在的优势。江苏财经职业技术学院作为商科类的专业院校,它的校企合作模式有着自己特色,具有较为明显的特点,但是它不免也存在着一些问题。因此,应当借鉴其校企合作模式的开展情况和国内外典型校企合作模式的优点所在,试着去建立"五路共进"的高职院校商科类专业校企合作模式,为相同的高职院校校企合作寻找新的发展方法。详细说来,"五路共进"校企合作模式即把学生发展当作重心,从合作招生、教育教学、动态管理、评价考核、促进就业这五个方面,着重环绕高职院校"进人""育人"到"出人"的过程,让企业与高职院校合作参与整个过程,培养满足社会需求的对口高技能型人才。

9.1.1　合作招生

高等职业教育发展的基础是拥有较为充足的学生来源。在高等教育大众化的发展过程中,普通本科高校的招生数量在持续增长,但与此同时高考生总数却显现了降低的事态,这种现象让大部分高职院校出现了生源较为缺少的情况。现如今职业院校比较为大众所知的招生方式是统考统招,在这样的情况下,高职院校的办学特点是显示出较低的入学门槛、较短的学习年限。除了统考统招的方式外,校企合作的办学模式也在不断地丰富招生途径、完善招生主体、扩大招生市场,保证从"源头"起确保培养的人才数量。

9.1.1.1　完善招生主体

高职院校可以探索去打破常规的招生标准,实行校企联合自主招生的模式。要确保高职教育的"职业性"和"跨界性",就应该确保企业专家等技术人员全程参与到高等职业教育的过程中。作为市场经济的活动主体,地方企业应该有效的参加到高职院校人才的培养中。同时作为实际生产单位,在人才选拔和培养上,地方企业是积累了相关的经验教训,他们非常清楚岗位所需求的人才,所以把招收考生的权利放给合作企业,让企业为学校招生把关,筛选出更具备就业潜的相关职业人才。校企合作招生,给企业满足人才需求带来了非常方便的条件,同时也为其未来的生产发展做了充足的人才储备。

9.1.1.2　扩大招生市场

高职院校的招生来源主要是来自学校所在的省市,这是为了发展当地的社会经济,这样可以把解决本省市潜在的剩余劳动力放在优先事项上。并且在合作企业所处的地区也可以成为学校招生的重要来源之一,因为来自企业所处区域的省市的学生在完成学业后回到本省市落户的概率也更大,这样能够尽可能地避免企业的人才外流。同时这些高职院校的学生主要来自农村,学校于企业在合作招生时,可以为此开发更多的优惠政策去吸引这部分学生,如通过奖学金制度、包分配制度、定向培养等政策,这些附加政策都能够有效吸引人才并防止外流。

9.1.1.3　拓展招生途径

企业主要有以下三种参与高职招生的可行性的路径:其一,校企合作开展新人才培养方式——"招生即招工"。目前江苏财经职业技术学院已经与多家企业洽谈合作意向,就"招生即招工"达成了共识。"招生即招工"即学生在学校进修的时候,就兼具在校学生与企业员工的双重身份,在接受学校教育的同时也接受企业的在职培训。其二,实行先招生再招工的模式,考虑岗位用工需求后,各企业单位在录取的新生中选拔适合的成员着重培养,这种情况在校企"订单班"中十分常见。其三,也要先招工再招生,让各企业单位员工自愿报名参加这项活动,先让企业组织,再让学校和企业合作开展资质审查、考核和录取等工作,最后由高职院校对其实行"再教育",实施校企联合培养的工作模式。通过这些工作,一方面能够提升在职员工的学历,另一方面也能够提升企业员工将理论应用在实践中的能力。

9.1.2 教育教学

高职院校和企业合作的重点内容是教育和教学。作为高等院校的一个不可缺少的构成部分,高等职业院校首先应该肩负起大学教书育人的重要功能,在大学学习生活中让学生形成健全的人格。高职教育具有特殊性,他还对学生的职业道德和职业素养做了要求,要求体现"工匠精神"。而校企联合教学具有实践性的意义,高职院校与企业联合培养高技能型人才,不断加强学生理论与实践相结合,提高理论课程与实践课程的融合度。高职院校校企合作教育教学的重中之重就是需满足企业需求,确立培养方案、课程设置、加强师资建设。

9.1.2.1 共同确立人才培养方案

高职院校想要与企业开展深入合作,培养专业人才,需要制定人才培养目标来作为具体的展开依据。人才培养方案是人才培养的总体设计方案,具体包括培养目标、就业方向、培养规格、招生对象及学制、课程教学进程等,也是保证教学质量、组织教学过程、安排教学任务的根本依据。高素质、高技能人才是高职院校所需要的也是企业最受欢迎的;就业方向根据专业特点规划就业岗位;培养规格确定了学生在专业方面的知识、能力、素养的结构分布;课程的种类很多包括理论课与实践课、专业课与非专业课、必修课与选修课等,使学生在各课程模块的学习中加深对专业知识和技能操作的掌握,让学生学会更多的技能,对学习充满兴趣;教学进程是对学时和教学内容安排的重要体现,确保各教学环节有序开展。

9.1.2.2 设置满足企业生产需求的课程

高职院校的专业课程设置具有一定确定性,但是也要对应企业发展需求,不断更新课程以满足企业发展。职业院校的学生本身在理论课程方面基础较薄弱,这些都与高职院校课程设置的初衷大相径庭。根据市场需求作为导向,从学校自己的办学条件出发,在一定程度上保证专业的稳定性。目前,从深化校企合作的角度来看,高职院校的课程设置应在充分分析岗位专业需求后将课程按不同的维度进行分类,不同模块的课程,尤其应该结合企业需求进行设置,对在校生课程设置以理论和实际相结合做出培养计划,只有准确的分析专业岗位需求,才能更好地对课程做出相关的调整,培养学生在工作岗位上应用知识的迁移能力,更好地帮助学生提升实践水平、进行就业选择等。

9.1.2.3　加强院校师资队伍建设

教学质量是高校的生命线。提升教学质量的关键因素就是加强学校教师队伍的建设。高职院校需要摆脱"等""靠""要"的传统型思想,更应主动为学校教师队伍的建设献言献策。通过努力提升教学、科研等渠道,增加教师培训、学习的机会,鼓励青年教师为学校建设的发展尽绵薄之力,建立利于优秀人才脱颖而出的合理公平机制,做好教师生活保障等工作,为教师提供更为宽广的发展空间。"双师型"教师是当今高职院校教师队伍建设的迫切要求,应从多渠道培养双师教师素质。联合企业广泛开展"双师型"教师培训活动,定期组织到企业参观学习,同时也可以邀请企业工程师进校为教师进行理论知识的拓展,对达到"双师型"标准的教师给予各方面的奖励。同时,学校需要提升兼职教师教学质量,使企业经验丰富的技术人员走进课堂,实地为学生答疑解惑。

9.1.3　动态管理

管理教育与办好学校是两项不尽相同的任务。高职院校的教学活动与普通高校不同,其秉承理论性与实践性相结合的宗旨,在对学生管理的过程中,不能照搬普通本科院校的教学措施,而更应注重学生的专业技能培养。在高职院校校企合作过程中,会涉及教学场地的变换、授课教师的变换、甚至生活场所的变换。高职院校构建合理灵活的动态管理机制,对学生学习生活、校内外实践和实训基地等多方面进行有效监控,以适应不断变化的环境。

9.1.3.1　学习生活的动态管理

高职院校的生源是相对多元化的,包括高中毕业后群体、中职毕业后群体以及进入社会工作后又进行"回炉"的群体。学业监督、生活辅导、职业帮扶是高职院校学生的重点关注内容。群体的差异性主要要求学校工作更加透彻,尤其是在对学生学习及生活管理的衔接方面。一是要保障学生的学习环境,高职院校的学生学习积极主动性相对较弱,帮助学生培养良好的学习习惯也是高职院校需要加大努力的任务之一。二是要做好学生的生活管理,保证学生安全和生活质量,进行思想政治教育的同时结合职业教育理念,做好学生学习与生活的管理衔接。

9.1.3.2　校内外实践的动态管理

高职院校的实践是与教学环境紧密相关。校内的实践场所诸如实验室、实训车间等,都应该有明确严格的管理条例,并付诸实施。在企业实习期间,学生就要根据企业的安全生产管理条例进行工作,同时,企业要与学生签订正规的实习协议,目的是保障学生在实习单位的合法权益。此外,校内外管理的衔接也是当前容易出现问题的环节之一,学生自我管理意识薄弱,在面对外部环境发生波动时,容易出现思想上和行为上的懈怠,发生安全事故的概率也就逐渐增加。所以,学生要处理好内部自我角色的变化,在校企合作过程中的校外实习环节,学生既要遵守学校的教学规章制度,也应遵守企业的岗位规章制度,建立自律的学习生活习惯,进行合理、有效的自我管理。最后,学校要派遣教师进行时时追踪，了解学生的思想和行为动向，便于学生的安全管理。

9.1.3.3　实训基地的动态管理

基地建设是校企合作的物质基础。教学基地是高职院校培养高技能型人才的实践教学重要场所，对于职业院校来说，没有教学基地的实践学习就好比纸上谈兵。高职院校可以与企业开展形式多样的实训基地建设项目，在学校建立便于学生实践操作的训练；也可以是企业真实的生产车间，让学生亲身体验，可以更加直观地了解岗位工作的具体环境及内容；当然还可以通过第三方（如市政单位等）公共教学资源，组织校企合作基地的教学参观等活动，充分利用各种资源为学生提供更好的实践教学环境。高职院校与企业共建教学基地应该从管理层面给予重视，建立健全实践教学基地的管理模式，以便于实现教学基地的动态管理。设立校企共建教学基地的管理组织机构，包括基地领导小组、基地管理办公室、基地专家咨询委员会等。同时确立实训基地的绩效管理制度，提高实训基地的利用效率，对实训基地及实验用品、设备等的使用做好记录汇总，定期进行维护及检修等措施，能够有效保证不同班级的教学连贯性。

9.1.4　考核评价

高职院校人才培养质量的评价主要包括对学生学习成绩的评价、对学生就业质量的评价、对学生职业能力和创业能力的评价，目前大多数还是围绕职业院校内部"天地"转，市场基本没有接触机会。高职院校校企合作模式的开展能够促进职业教育从传统的教学体系向现代职业教育体系转型，与之相适应的针对学生考核评价的体系也要相应改革。而想要打破这种以高校为主体的评价方式，就要扩大评价主体范围。理论与实践并重，学历与技能并重，注重学生个性化发展，建立现代高职院校学生评价考核的多重标准。

9.1.4.1　理论与实践并重

建立理论知识与实践技能相结合的考核评价标准。职业院校的学生本身在理论课程方面的学习兴趣就略有不足，有些学校在本应以实践为主的专业反而又以课堂教学为主。高职院校应根据其办学特色和人才培养定位，将传统的理论知识评价标准与实践能力检测标准有机结合起来，在期末或毕业考核时，理论考试与实践操作各占一定的比例，引导学生平衡好学习精力，注重技能的掌握同时对理论知识的学习也不能走马观花。引导企业参与考核，尤其在"订单"模式中，不应将培养责任全权交付给高职院校，企业也应为人才培养的各个环节把关，给予学生针对性的实践指导。

9.1.4.2　学历与技能并重

在职业教育领域，"双证书"是指学历文凭和职业资格证书制度的结合，因职业资格证书的必须得有很大的实用性，可以代表求职者的能力，使得它成为劳动者求职、用人单位聘任和确定工资待遇的主要标准依据。国务院《关于〈中国教育改革和发展纲要〉的实施意见》中指出："实行先培训后就业上岗，先培训后上岗的制度，在全社会实行学历文凭和职业资格证书并重的制度。"建立毕业资格与职业资格并重的考核评价标准。按照"双证书"要求,将高职院校毕业证与职业资格等级证挂钩,高职院校的学生获得的职业资格证书,是证明学生的资格水平同时也是求职的资格凭证。企业在招聘技能型人才的过程中,想要在广大求职者当中脱颖而出就需要职业资格证书。基层岗位操作人员是保证生产正常运行同时保障安全生产的基础。校企积极整合各自教育资源,也可以依托地方职业技能鉴定机构,使学校和企业参与到职业资格等级考试的评审中来。

9.1.4.3 注重个性化发展

注重学生全面发展,建立多元化考核评价标准。高职院校应该让学生自行选择尊重学生的发展意愿,因材施教,专业设置体现出特点,制定弹性制、个性化的人才培养目标。例如,校企联合开展专业技能比赛,可以有效地提高学生的实践创新能力和综合素质,以赛促学;探索校园文化与企业文化最佳结合点,校企合作开设素质拓展课程或论坛讲座以满足学生的个性化全面发展需求;同时毕业研究设计中也可以进一步锻炼学生的想象力及创造力,使学生不拘泥于已有的研究范畴,利用校企资源,帮助解决研究设计中的理论及操作问题。

9.1.5 促进就业

高职院校学校的最终目的是让学生就业,也是校企合作"共赢"的体现。校企合作促进学生就业的优势体现在以下几个方面:首先,一方面在一定程度上提高学生的主动动手能力,能够有效地掌握和运用一定技能,在招聘过程中学生已有一定的经验,显然会增加额外的筹码;其次,在校企合作中,高职院校与企业建立了长期稳定的合作关系后,企业对学生的了解及熟悉程度加深,在用人聘人时企业会更倾向于选择合作院校的学生为己所用,从而大大提高高职院校毕业生的就业率;最后,校企合作定向培养企业需要的人才,从一开始校企双方都埋下种子只需要发芽即可,经过一定期限的培训,企业直接将培训合格的学生录用,企业不用再花另外的时间和精力再次培训,大大节省培训所需的人力和物力。通过校企双方合作能够提前帮助学生适应新的环境,帮助高职院校学生高质量就业。

9.1.5.1 提供就业岗位

在许多高职院校的校企合作模式中,企业会向高职院校的学生提供一定的就业岗位。这种定向培养的方式在一定程度上提高了学校学生的就业率,但同时很多高职院校也在反映,正是由于企业的定向培养,学生因为提前有了工作去向,在校学习期间学习积极性都有所下降,导致学生的质量水平有所下降。所以企业在为合作院校的学生提供就业岗位的同时,学校也应注重培养学生的专业素养,建立人才培养的淘汰机制,形成良性竞争,激发出学生的斗志。

9.1.5.2 开展就业指导

校企合作模式需要结合专业鲜明特色,邀请合作企业的管理者、专家、上层优秀人才走进高职院校,为学生开展与就业相关的指导活动或专题报告,一方面让学生充分了解当今企业、行业需求,近距离感受企业文化;另一方面也为学生就业做好技能和心理的双重准备,帮助学生做好职业生涯规划。同时,校企合作开展就业指导活动,不断加强学生思想政治教育,引导学生转变就业观念,帮助其树立正确的人生观和价值观,在建立自信乐观的工作态度方面都将起着积极的作用。

9.1.5.3　进行岗前培训

初来乍到的学生对工作中的纪律观念看得比较轻,技能的掌握也存在不牢固的现象,所以岗前培训对于初入工作岗位的新员工来说是非常必要的环节。校企合作进行岗前培训,注重课堂与实地的互动、演练实操的进行,同时有问要有所答。培训内容要充实、细化,避免形式主义。校企分工负责培训,企业选派优秀的技术人员,对学生进行安全规范的生产操作讲解,有针对性地提升专业技能;同时可以利用学校数字化、网络化的教学场所,为学生提供自主便利的学习环境,对培训内容进行消化吸收。

9.2　"五路共进"校企合作模式保障体系

9.2.1　政府建全保障机制

政府是兴办职业教育的主体,是高等教育三角理论中"三足鼎立"之一。在中国,政府是高等教育体系中起着支柱的作用。政府承担着使人民安居乐业、保持社会经济的可持续发展的社会职责,而要达到这样的目的,首先要办好教育。在高等职业教育体系中,一方面可以提高劳动者的自身修养,实现劳动力的合理流动和优质就业,另一方面也满足了社会经济发展的人才需求,促进产业升级。政府在高等职业教育发展过程中起着指导性的作用,成为高等职业教育发展的支撑点。政府在参与建立高职院校校企合作模式保障体系过程中,其作用主要体现在三个方面。

首先,给予校企合作政策法规的支持。1996 年,依据教育法与职业法,我国制定并颁布了第一部《职业教育法》。随着近几年职业教育的快速成长,各级政府各地也适应其实际情况以《职业教育法》为依托,将发展职业教育纳入国民经济和社会发展总规划,制定相关的法律法规。其次,政府给予校企合作物质资金的支持。政府是兴办职业教育的主体,所以要把职业教育发展比作自身一样去对待,要在职业教育的发展上给予物质、资金等实际的投入,保证高职院院在基础设施、教学设备、师资力量等方面的建设投入。也可以设立政府助学金、奖学金,帮助困难学生顺利完成学业,奖励品学兼优的优秀学生。最后,政府给予信息资源。如今的社会是信息互联网时代,在产业竞争中,往往是谁获得信息更多、更快、更准确,谁就获得了发展先机。政府在可靠信息资源的采集方面,有着近水楼台先得月的优势。政府可以成为高职院校与企业建立联系的通道,帮助高职院校扩大影响力,吸引更多的优秀人才,还可以帮助企业找到更优秀的人才,节约企业的用人成本。政府还可以向社会公众传递高职院校校企合作模式的就业优势,改变以往人们对职业教育产生的误解,建立良好的社会风气。

9.2.2 学校提升教育质量

高职院校是办好职业教育的实体。教学质量的高低一定程度上决定了学校的发展前景以及未来毕业的学生。高职院校不仅仅要做好课程的合理安排,使学生的学历与技能相一致,培养综合素质较强的高技能型人才。同时引入现代化的教学设备,充分利用互联网、多媒体等教学设备,如江苏财经职业技术学院在会计专业的教学过程中,引入全真模拟教学软件(ARE虚拟仿真实训平台),使学生有一种身临其境的感觉,丰富教学形式的同时,推动教育行业的技术革新。另一方面,高职院校要做好校企合作的师资队伍建设,高职院校可以从企业聘请经验丰富兼职教师,有利于向学生灌输技术及生产力理念,同时鼓励高职院校专职教师去企业学习进修,积极搭建学校"双师型"教师队伍、强化自身教学团队。专职教师与企业技师的沟通交流相互学习,还可以促进学校和企业之间的合作,利于生产、教学和科研的多方融合发展。高职院校应充分利用自身有利条件,突破地域限制与相关企业单位开展形式多样的校企合作模式。

9.2.3 企业转变发展观念

社会市场对高等职业教育的影响同样巨大,它在高等教育的三角关系理论中所占的比重也是越来越大。企业是推动高等职业教育高效发展的得力助手,在校企合作中,它也可以使学生就业率和就业质量得到有力保障。企业在经济发展中了解市场的供需,对具体岗位的人才需求定位也更加明确,通过校企合作精心培养出来的学生,在技能掌握方面更符合企业自身的实际需求,一定程度上加快了企业的发展。并且根据人力资本理论,企业从长远角度来看自身对于人才的投入同时也是对企业的未来考虑,企业在校企合作中的受益很大。第一是人才的受益,校企合作培养的学生,更熟悉企业的生产发展环境和企业文化,学生对自己的技术有着较清晰的职业定位,可以更快地进入工作岗位。学校为企业输送了大量专业基础扎实、实践动手能力强、遵守企业规章制度同时专业素养较高的学生,一方面企业的满意度较高,另一方面是企业对学校的肯定体验出日后合作意向更加容易。第二是经济的受益,缩短或节省了员工的入职培训时间,减少了专业技术人员的岗位指导,同时节省了企业的成本,学生熟悉工作流程,可以更快速进入岗位、步入角色,这样也间接为企业带来利益。第三是名声的受益,大批量的高素质的技术员工成了企业可持续发展的动力和源泉,在得到行业认可的同时,也得到了合作院校、参与培养的学生和社会舆论的广泛认可,企业自身的知名度亦不断提高。

显然企业在校企合作中应给予人员、物质和政策等支持。人员支持包括企业派遣技师到学校指导学生实践技术操作,也可以为来自学校进行培训进修的老师提供专业技术指导。物质支持包括企业为高职院校提供实践场所、实训设备,建立人才实训基地,还可以设立企业奖学金等,帮助解决困难学生的学习生活问题。政策支持包括向合作院校提供就业名额,开展就业指导。企业应当有长远的眼光,当他们生产的产品和提供的服务得到社会的认可时,良好的口碑将成为日后发展中最有利的竞争手段。

9.2.4 学生加强自我管理

学生是校企合作模式中最大的受益者,也是高职院校跟企业的根本。在校企合作过程中基本所有的环节都是涉及学生,如何培养学生成为高质量是双方都需要考虑的问题。所以学生对于校企合作模式应该采取主动了解、积极参与的态度,学校为学生发展提供有利的平台,帮助学生形成学习的兴趣,建构有利于学生专业成长的知识体系。高职院校学生的知识掌握能力有待提高,相反,多数学生动手能力、创新能力较强,对技术掌握的速度很快,并能够熟练地运用。高职院校的学生在掌握基础专业知识的前提下,充分利用校企合作模式,发挥优势,突出实践动手能力。学有余力的同学,还应该积极主动地考取所学专业的职业资格等级证书,提升自身的水平使得自身的价值提高。与普通高校不同,高职院校的教学活动具有理论性与实践性相结合的特点,并且也要求教学场所也要注遵守重理论与实践结合的原则。特别是在校企合作的进程中,会提到一些变换的内容,如,教学场地的变换、授课教师的变化,甚至生活场所的变化。学生在身处环境变化的情况时,同时也要处理好在内部自身的改变。

校外实习环节是校企合作的一部分,它不仅是学生也是学徒,都要遵守学校的教学规章制度,也要遵守企业的岗位规章制度,同时培养自律的生活学习习惯,并且提高自我管理的能力,这样更有利于校企合作培养高质量人才。

9.2.5 社会建立良好舆论

在现在的社会上,大众对院校的认知有着一定的偏见,在大部分人传统的思想观念中,高职院校好像是一些学习成绩较低而考不上普通本科的学生在无奈之下的选择,因此大部分高职院校也急迫地想要摆脱办学层次较低的阴影,接连走上升本或转型的道路。

目前职业教育已成为我国迈向新型化工业道路、变成制造大国制造强国、调整经济结构和增长方式的重要路径之一。国家积极发展职业教育,除了政府指引、校企合作,为培养满足社会需求的高素质劳动者和技能型人才,社会各界都应该积极理解并大力支持。不管是学生、家长还是高职院校,他们都需要清楚自己所处的位置,要脚踏实地,认认真真地完成自身的工作。术业有专攻,大众不能像往常一样怀着否定和怀疑的态度看待高职院校,这些学校提供了大量高技能型人才,为社会经济快速发展做出了巨大的贡献。所以,营造一个较为良好的社会舆论、健康的社会风气,能够促进高职院校良性发展,大众也会良好的熟知并接纳校企合作模式,让广大学生、家长积极主动地去了解校企合作模式,这样会有助于提高一线技术岗位工人的社会地位和经济收入,为校企合作模式的发展提供有利帮助。

第10章　完善高职院校校企合作机制的对策

学校与企业的合作是一项复杂的系统工程,在这个大系统内,为了形成一个有机整体,从而需要诸多要素紧密相连,如学校、行业协会以及政府和企业等。第一,政府机构是校企合作的领导者。政府与学校、企业之间是管理与被管理的关系,我国校企合作过程的有序发展,必须有政府的帮助。对于校企双方来说,政府既是管理者又是支持者与领跑者,政府不仅仅要出台相关的法律法规及政策,还应给予资金上的支持,调动企业的积极性,平衡校企之间多方面的关系,从而合理有效地来分配社会资源。第二,职业院校是校企合作的倡导者。高职院校是校企最重要的合作主体之一,通过与企业的合作,商讨专业建设人才培养计划、实践教学等,同时参与到企业的技术研发、产品推广、销售服务等环节,共同打造"双师型"强干师资队伍。在合作中主动了解企业及社会对人才的需求,与企业共同建设教学体系、实训基地,实现学校的教学标准与企业的技术标准相融合,学生的毕业标准和单位用人标准相融合,培养更多人才,寻找自己本身的生存与发展的同时为参与合作的企业提供全方位的服务。第三,企业是校企合作的强力实践者。在合作过程中企业的主体地位与高职院校是同等重要,不同的是企业的目标是追求经济利益,与高职院校追求社会效益的目标有本质上的区别,两者的价值取向完全不同,也归属于不同部门管理,这就导致高职院校企业的合作中必然会出现一些阻碍与摩擦。但从其他地方来说,人才的接受主体和输出主体分别是企业和学校,他们相互依赖,从资源依赖理论方面来讲,他们是组织得以生存、互为依赖的资源。企业通过校企合作的途径参与到学校的教学改革中,充分利用企业的丰富资源,来提升学生的实践操作能力和服务社会能力,同时,可以为企业的发展选择适合的人才,为教育做出贡献的同时,还能更好的服务区域经济的发展。第四,行业协会是校企合作的协调指导者。行业协会、行业组织是介于政府与企业之间的非营利性机构。协会可以通过调查和研究地区以及行业的经济发展来对相关法律的制定等提出自己的建议说出自己的看法。在政府机关的监督管理下,搜集研究相关行业信息并公布;在优化和创新企业运营管理机制中起支撑作用;在政府相关部门的监管下,对各个行业重新进行规划,同时对业内重大项目进行前期论证;参与行业标准的设立和调整及落实等全过程,并对其展开监督。这样既可以帮助政府来制定相关的政策,又可以为学校和企业提供规划,对校企合作的推进有着非常重要作用。高职院校、企业、政府单位及行业协会是校企合作体系中的核心要素,在校企合作的实施过程中,因各方管理协调不到位会涉及很多利益问题,出现重重障碍,导致进展缓慢。所以学校和企业建立合作关系必须受到政府部门的监督和管理,同时在行业协会的指导下,相互配合,一起培养符合企业和社会发展需求的专业人才。

10.1　完善政府主导机制

从《国家中长期教育改革和发展规划纲要》中了解到职业教育的发展要加强办学体制和管理体制改革,构建企业制度、行业制度和学校共同参与的相关制度,越来越多的高职院校了解到,我国未来职业教育的发展方向就是校企合作,但在合作过程中,由于合作模式不成熟和双方沟通协调不顺畅,导致学生无法适应企业的实训方式和项目,不能达到实训想要的效果;而对于企业而言,高职院校的学生缺乏对岗位的认知,从而不能胜任企业岗位要求,导致跳槽频繁,短时间内更无法给企业带来直接的经济效益,所以在企业的发展前景中学生并没有太多优势,导致企业对人才培养兴趣不高。推进校企合作的发展,首先要激发出学校与企业之间的激情,双方的合作离不开政府部门的支持和帮助,政府应进一步加大监管力度,促进校企合作深度发展。

10.1.1　政府营造外部良好氛围

通过以往成功的经验可知,现阶段政府越来越重视校企合作,并且对其投入了足够多的资金去推动校企合作发展,加强企业的自身优势,让企业能够在激烈的竞争市场中站稳脚跟,让学校能获得很多好处,并能和企业共享资源。之所以德国的"双元制"模式和美国的合作教育模式能获得成功,离不开政府对其的帮助和支持。高职院校在人才培养方面,政府应提供优良的服务加以鼓励,并充分发挥政府的核心领导作用,借助法律的力量,对劳动用工机制进行优化,提高工作效率,采取税收优惠政策获取高度关注,从而为校企合作打造一个优良的社会发展环境。

10.1.2　政府实现统筹规划机制

政府作为领导者与管理者,可以从政策资金上提供帮助和支持。通过政策支持的方式,设定校企合作的要求,并做出相关政策来支持校企合作,如调整税收来调动企业参与职业教育的积极性。政府也可采取立法的形式,确保合作所有环节的正规性,政府要投入更多的资金在校企合作实训基地与高职院校专业建设环节方面,确保校企合作能够正常进行。作为领导者,政府应承担起统筹规划、监察调节等重要职能,在用人方面政府也提供便利,安排以校企合作为主题的研究会,并让专业人士进行指导,也可以将一些优秀的人才和专业人士派往到德国、英国以及日本进行考察,学习这些国家的成功经验,引入他们的现代化理论,构建一个符合我国国情的校企合作制度。

10.1.3　政府完善全面保障机制

我国对校企合作的关注度有所提高,政府也进一步颁布了很多法律政策,比如《职业教育法》,不过还没有创办相关法律来对高职教育校企合作工作进行指导;各级政府也尚未规划相应的实行细则,在监管校企合作职责的承担方面,法律上也没有明确的条例来保护双方的权益,也没有建立校企合作的保障制度。比如,接受高职院校学生去实习的企业能够获得更多的税收优惠,能够享受这些优惠需要满足哪些条件,目前还没有说明,但是这些对校企合作能否成功起着十分重要的作用。另外企业更关心的是自身的发展,而不是引入人才,对企业而言,经济效益的吸引力才是最大的,企业认为校企合作会让自身利益受到损失,并且很长时间才能获得收益,这也会影响校企合作的积极性。

因此,政府有关部门应在最短时间内对《职业教育法》进行修改,并出台针对校企合作的法律政策,详细规定职业院校、行业、学生等在校企合作中应承担的责任和要履行的义务,一方面要对不遵守职业教育法律政策的企业加以明确,同时也还要为企业提供鼓励性政策,以此调动企业参与校企合作的主动和热情。按照区域文化、经济以及教育发展的实际情况,地方政府也应实事求是地颁布国家针对校企合作所出台的各项政策并推广,按照国家宏观政策,地方政府应出台相关配套政策并落实。政府在很多时候都可以体现自己的引领作用,对学校和企业之间的利益进行协调,并根据实际情况为企业提供资金补助,以此调动企业参与校企合作的主动性和积极性。相关部门应不断提高支持校企联合教育的力度,通过立法的方式来控制和约束学校和企业的行为。相关部门要按照国家宏观政策,有选择性地制定试点管理办法,如《高等职业教育校企合作条例》,可以很好地讲述分解校企双方应承担的职责以及要履行的义务,加强监管高职校、企业部门以及教育部门的力度,从而推动现代教育发展。

10.1.4　政府制定合理激励机制

近几年,政府慢慢提高了对职业教育发展的支持力度,特别是对自治区示范性高职院校给予了足够多的资金来帮助他们开展教学科研活动。为了调动企业参与校企合作的主动性以及热情,将会采取税收优惠的方法,奖励那些对校企合作做出重大贡献的企业和学校,应根据实际运作情况对财政进行合理分配。比如,进一步提高税收以及贴息贷款的力度,并对积极参与校企合作的企业给予政策支持,调动企业参与的主动性和热情,同时为企业内部人员的相关费用提供一定的资金支持。除此之外,企业应当履行自己的社会义务,并承担起相应的职责,树立现代化的社会服务思想。有关评估部门在工作的过程中,可以结合职业院校的评定,对做出突出贡献的企业表示谢意,从而让高职院校和企业之间能产生更多的信赖,政府部门也应定期评选表现优异的企业。考评政策将由政府建立,并设计出评估标准,同时考察长期合作效果和培养方案。通过不同的方式来评估校企双方的效果、满意度、行为等因素。政府部门会将评估结果进行公示,根据评估的结果进行鼓励或惩罚,并选拔出优秀标杆。在实施政策期间,难免会发生违规或者不履行义务、不承担相关责任的现象,所以必须要有相关的制度来限制以及约束企业行为。对于不遵守校企合作规定的企业进行处罚,行为恶劣的还要进行通报,对在合作期间提交不真实材料、参与主动性较弱的学校进行降级处罚,并终止对其的资金援助等,当考虑到自身的发展和未来,高职院校和企业都会规范自己的行为。校企合作的正常开展,离不开政府的支持和帮助,政府需要出台配套的政策,以此调动企业参与校企合作的主动性以及热情,并合理、科学的分配教育资源,为了更好地落实相关政策,并取得预期效果,政府应对企业以及学校创建校企合作管理机构进行督促,让这些主体能够相互制约,从而防止机构流于形式,通过政策来给予合作双方压力,从而为校企合作的质量提供保障,提高学校的人力资源水平,使企业的竞争力逐步增强,从而推动企业的发展。

10.2　健全高职院校内部运作机制

由于很多的高职院校对人才培养模式给予了高度重视,不管是在理论或实践上,校企合作教育方式都获得了很好的成效。企业和高职院校都应承担为合作的发展创造良好环境的重要职责,建立与其相适应的教育体系。现阶段,很多高职院校尚未有很好的组织管理机制,所以才会困难重重,高职院校应根据具体情况构建完整、有效的组织管理机构体系,并妥善处理校企合作中存在的任何问题,确保双方行为的正规性。比如,创办合作董事会以及专业建设委员会来发挥管理机构的作用,首先,发挥校企合作领导作用,对不同专业和企业之间的合作进行指导管理;其次,要发挥协调和联系的作用,积极寻找更多更好的合作项目,完成相应的协调工作;最后,发挥实践教学的管理作用,来推动和促进校企合作实训基地的建设。

10.2.1　创建校企协调管理机制

10.2.1.1　构建精细化的管理体系

(1) 通过完善内部管理体制提升实力,推动校企合作的发展,高职院校实行校企合作的目的是为了跟上时代发展的潮流,经过全面而又深入的合作,培养更多优秀人才,保证育人质量,进一步加强企业科技能力,让企业在市场中占有很强优势,增强企业的竞争力,扩大企业市场占有率,以此让企业在市场中站稳脚跟,能和对手相抗衡,在不同领域提升企业的资源水平,如社会服务和人才培养制度。又如,积极推进二级学院教学主体的转变;让学生的工作逐步形成管理体制和绩效考核相结合的工作机制;努力培养新型人才来更灵活地适应管理体制。让高职院校和企业经过产生一个共同体,明确共赢的合作方式,并建立适合于校企双方的合作制度。

(2) 坚持双赢原则,从法律角度来讲,企业没有办学的义务,激发企业主动参与校企合作的主要方法就是让他们能够认识到合作能够推动企业的发展,所以高职院校一定要严格遵循校企双赢的准则,构建校企合作双赢的制度。在校企合作期间,根据校企双方互惠互利的准则,合作的企业签订合作协议,并对双方所要承担的责任和义务进行说明;在合作中创建领导小组,将企业领导以及技术人员纳入小组成员中,同时展开招生活动,按照市场和企业岗位的需求,对专业设置调整优化;对老师参与企业实训提供支持和帮助,并在校园中引入企业的先进文化;共同设计人才培养方案,按照方案企业和院校将一起设计教学课程,共同开展实训方案的制定。在校企创办的教学质量监督评估委员会的管理下,实施人才培养方案,培养更多优秀的专业性人才,实现培养和就业的统一,充分满足人才教育内容紧贴培养的教学目标。

（3）建立校企合作办公室,协调双方利益。创建校企合作办公室,对工作的规划、协调、管理等具体工作进行安排,第一时间对国家、地区所制定的针对校企合作的方针政策进行分析,完成好制定方案的各项工作,明确合作方向,建立合作平台,对合作落实情况进行监督,对合作效果进行评估;对整体以及校企之间的利益进行协调;对资源、经费以及信息进行统筹;优化有关管理制度。

10.2.1.2　建立顺畅的沟通交流机制

1. 加强校企双方互动,加快校企深度融合

专业设置合理对高职教育的健康发展具有深远影响,从企业需求出发,随着科技的发展速度不断优化产业结构,企业使用现代化的科技以及设备会造成职业结构的调整。所以,在设置专业方面,高职院校要通过大量的市场调查以及研究,了解市场变化情况,从而和企业展开相应的交流,了解市场变化的需求。完成好专业建设,需要有企业提供的最新资料,校企双方商讨与决议,加强双方的竞争力,系统的课程能够直接反映出专业的教学目标,要遵循的方向是职业和岗位所需求的能力,将学生视为根本,基于各种实践,按照企业岗位的具体需求,采取职业研究等方法,构建长久性的校企合作关系,然而最关键的则是建立和完善专业决策制度,邀请专业人士对人才培养方案进行研究,优化和完善课程系统。另外,合作双方可以共享科研资源,一起开发出新奇的教学资料,建立一个完整的校企科研合作团队,一起研发新技术新成果,推动科研创新。

2. 加强校企双方沟通,促进教学改革与创新

采取校企合作的方法,一方面在教学上用最快的时间开发出的新型技术以及成果并传达到教学上,另一方面还应在企业内部职能部门中引入各种教学活动,通过情景再现的方法分析处理遇到的各种困难也让学生能够更好地认识这些问题,并激发他们学习的主动性。高职院校和企业一起创建校内外实训基地,并组织学生进行实习,基于对工作流程的认知,让学生产生对专业学习的兴趣,并且了解行业发展的实际情况,以此丰富学生的知识和经验,加强其社会适应能力。高职院校和企业之间的深度融合,能对教学改革的进行起到积极作用。学校可以聘请专业的老师对学生进行指导,对学校的教学提出改变和想法,另外还可以安排一部分专业老师到企业进行实习,参与企业技术开发、创新等各项工作,专职教师还必须要与兼职老师相互探讨学习,制定的教学课程要与企业需求相符,基于这种因素的融合,最终让校园文化融合于企业文化。

3. 实现专兼融合，完善师资队伍建设

建设一支"双师型"的师资团队是校企合作强大的主力，但很多高职院校都面临师有名无实这一问题，教师主要是传授知识，但在实践方面缺少经验，因此在这种背景下，教师需要去企业进行实训学习并深入企业前线，花费一定的时间，了解岗位技能、熟悉岗位标准。对教师锻炼给予支持，经过市场考察、工作研究、岗位研究来明确教学内容、培养目标及教学方案等。只有具备丰富的理论知识和实践经验，老师才能成为真正意义上的"双师"。高职院校的老师经过一系列的培训后能对学校师生展开相应的培训，从而填补老师在实践方面的不足。除此之外，针对企业员工，也可以进行高强度训练，丰富员工的理论知识，从而让理论有效地结合于实践，采取这种模式，整个教师团队的专业教学水平和质量就会得到提升。

4. 建立校企文化信息平台

实现校企资源共享平台的方法，可以在第一时间将企业的岗位工作要求和流程传送到院校，让学校有选择性地进行课堂教学，从而使企业新要求以及新技术能够有效与课堂教学内容结合，也可以在第一时间向学校传达企业的文化、行业信息以及国家政策，加深学校对企业的认识。除此之外，校企双方通过信息化沟通的平台，主动参与双方所开展的各类活动中，经过频繁的交流以及互动，使校企合作的层次进一步提升。

10.2.2　健全校企合作激励机制

10.2.2.1　加强校企情感交流建立稳固基础

首先进一步增强学校与企业间信息的互动以及交流，和学校改革有关的政策变更、相关事件以及人事变化第一时间向企业发布，让企业能够看到学校对其所做出的努力。同时企业的发展情况学校也要给予高度重视，并在第一时间进行信息回应，如企业开发创新了新的技术，新的领导人成功上任，学校应第一时间对其表示祝贺；企业碰到难题，学校应提供帮助以及支持。其次要密切关注有关人员之间的沟通和互动，对校企合作负责人所提出的看法和建议进行征求和询问，虚心接受他们的批评；通过沟通互动，加深学校和企业彼此之间的感情，比如学校和校企合作负责人经常互相交流，定期举办相应的座谈会，一起研究解决合作办学中出现的问题；每逢节日尤其是教师节时上门拜访，兼职的老师也应该获得和本校老师同样的待遇，以此来提高兼职老师对学校的依赖度和信任。再次，根据以人为本的准则，对校企合作相关人员所付出的心血表示尊重，平时多关心他们的生活，当他们遇到各种难题时，为其提供帮助和支持，从而令他们感受到温暖。加深彼此之间的信任，进一步加强校企合作的基础，从而对高技能人才培养质量提供保障。

10.2.2.2　优化管理政策巩固校企合作成果

优化双方的激励方式，对学校与企业合作成果加强巩固可令校企双方相互兼职，由此进行深入分析，可以邀请企业高管层和领导人任职学校重要的岗位，也可以从企业中聘请一批实践经验丰富、专业能力突出的人才来指导学校的各项细则工作，并在学校担任老师一职，可以将教学能力较为突出的、原来在学校工作过的员工重新聘请到学校里，让他们的工作经验可以传授给大家。优化和创立激励制度，使学校和企业之间在培养技术人才方面更加热情和主动，并从中获得了丰富的合作经验。在国家规定的法律制度上，企业特聘的优秀技术人才以及兼职教师会给予他们优厚的薪资和福利，这是他们用劳动成果得来的。当然，对于优秀的员工，企业也会给予他们相对的酬金和报酬，企业的宣传部也会对这一方面进行宣传和报道。

10.2.3 改善校企合作的约束机制

我们国家在校企建设上也有了很多经验，并且与其他企业之间的合作也越来越多，范围也在不断地扩大。虽然，这些经历对校企的发展提供了很多的帮助，但是依旧存在着很多的问题，改善学校和企业之间的约束机制是双方合作顺利持续开展的前提保障。第一，院校与企业之间应签订具有法律约束力的合法条约，并在条约中详细说明双方应要承担的职责及应要履行的义务，从中体现出了法律的约束作用。第二，在法律制度的强制约束下，为了进一步加强管理体制约束的力度，高职院校和企业对有关的管理制度进行不断的改善和优化。建立并完善兼职教师的管理体系、对学生在实习期间违规违纪行为的管理、实习实训基地管理机制等等，经过对学校和企业合作相关制度的改善和优化创新，让在校学生的实习实训以及校企合作行为实现正规化。第三，根据双方都能获得较大利益的准则，学校与企业合作双方对道德教育进行进一步的加强管理，从而使得两者在合作期间双方的道德准则、制度准则以及利益准则相符，进一步增强了对道德的约束。第四，在校企合作的过程当中，需要明确理清企业应当承担的社会职责，应让更多的学校老师有机会走进企业进行实训和实习，根据与院校签署的合约，提供各自相对应的服务和明确的保障。第五，在国家法律政策下，对前来企业实习的老师及学生需要遵守的企业规章制度进行明确规定，在合作过程中，老师和学生对企业规定的各项纪律要严格遵守，并且对企业的各种机密应严防死守。

10.2.4 建立学校与企业合作的共赢机制

为了提高企业的经济收益，企业会将盈利放在首位，但是企业参与校企合作其实并不是在短时间内就可以获得想要得到的预期效益，这需要长久性的合作才能获利，因此对于企业来说，合作的积极性及主动性都相对较弱。所以，建立健全的校企双方共赢机制是非常关键的，应对校企合作中各参与主体的利益诉求进行仔细分析，应当以满足企业的需要、把让企业获得更多利益当做出发点来开展学校与企业之间的合作。首先，我们可以对专业人才的需求进行深入调研，了解企业对高端技能型人才有关职业技能、素质和态度等方面的具体要求，与国家相关职业技能标准相结合，确定学校人才培养目标，积极探索，实行多学期、分段式的教学组织模式，制定相适应的人才培养方案和具体的教学管理制度，可根据企业的用人需求对教学方案的细节进行详细的修改,多方位增强学生的各项能力,比如职业道德和职业能力。为企业尽量减少人力成本,提供更多的资源。其次,制订《校企合作服务管理办法》,在专业技术上为企业提供支持。例如,为企业培养更多的专业性人才,对员工进行跟踪性培养与考核,与企业一起讨论产品及营销方案等。再次,将在校表现优异的毕业生输送到合作企业中,学生和企业可以相互选择,学生在实习期间可以按照双方意愿,和企业签订合约,使得双方都可获益,激发双方参与合作的积极主动性。

10.3　构建企业协同发展机制

为政府、社会和企业提供高职教育公共产品,令区域经济发展和社会进步是学校的角色责任;企业也承担着支撑地方经济发展、提供就业岗位、回馈社会的角色责任。在服务地方发展中,校企双方同为责任"伙伴"。企业是校企合作中核心的一部分,在享受政策红利和职业教育学院服务的同时,为了积极配合校企合作的开展,企业应为此成立专门的机构,制定出相应的制度,建立健全合作相关机构和制度。

10.3.1　转变观念反哺教育事业

随着科技发展速度的不断加快,政府也越来越关注产学研合作的发展,并颁布了很多政策,以此促进校企合作的深入。很多高职院校也都明确了校企合作发展规划,同时对该领域开展了大量摸索,这些都有利于高职院校的稳定、健康发展。但是,现阶段企业对参与校企合作积极性并不是很高,主要原因有两点,第一,企业还未与高校构建相应的信任制度,企业对高校的合作目的和科研能力也并不是很信赖,认为短时间内很难从校企合作中获利,不仅对企业发展没有任何好处,还会让企业承受更多的压力,所以对参与校企合作的积极性并不是很高;第二,对于劳动较为密集的企业,校企合作是为了得到更多的劳动力,在这种背景下,校企合作就没有什么重大的意义了。在目前阶段,高职院校和企业急需解决的就是校企合作中冷热不均的问题。对企业来讲,最主要的目标就是获得利益,如果要以损害经济利益为代价而得到社会利益,那么企业的积极性就会大打折扣。如果企业能够同时获得经济利益和社会利益,那么企业参与的热情以及积极性就会提高,而且这样的校企合作能够一直持续下去。要激发企业参与校企合作的积极性,最首要的是通过宣传进行鼓励,引导企业积极转变观念,主动投入校企合作中,用实际行动为教育发展、经济发展助力,形成校企双方都可以良性发展的机制。

10.3.2　健全制度实现校企资源共享

因受企业内部制度的影响,很多企业还并没有成立相应的组织机构对校企合作事宜进行管理,从而对校企合作的开展造成了一定的阻碍。企业应创建相应的校企合作组织管理机构,可以让高职院校的老师和学生有更多的机会到企业实习。企业只有对校企合作高度重视起来,才能从中得到预期收益,比如,提高企业知名度、确保员工的稳定以及明确企业定位,只有真正参与校企合作,才能实现双方资源共享,共同发展。第一,成立专门的校企合作管理机构的企业应设立组织管理机构,按照法律法规要求承担企业的社会责任,积极接纳和组织学生实习和教师实践。做好实习、实践前的安全培训,为学生实习以及老师提供更多的设施以及场地,协调相关人员完成好实习、实践期间的劳动保护、安全等工作;充分利用高职院校的人才、信息等资源优势,与高职院校进行技术合作、新产品开发等科研工作;结合企业特需的生产或服务需求,共同确定培养目标、提供实训条件和兼职教师等,与学校合作共同培养企业所需的人才。第二,建立健全企业相关制度。企业建立面向市场的现代企业制度,形成一套具有时代气息的职前、职后人才培养制度。建立员工职业培训制度,明确规定员工职业培训的原则、要求、内容和方式;鼓励员工能够以继续教育的形式参与高职院校的职业培训,鼓励员工参与职业院校举办的职业资格考试培训,以实际行动支持职业的教育发展;制定出校企合作管理办法,明确学生实习时的计划、安排和管理,明确教师实践的形式、安排和管理,明确职工到学校担任兼职教师的条件、程序、考核与激励措施等。

10.3.3　提升实力服务地方经济

在校企合作中,高职院校应不断提升自身办学水平,来吸引更多企业的目光,同时企业也应该不断提高自身生产技术水平,增强企业的实力,吸引更多优秀高职院校、优秀学生的加入。不论是对企业,还是对学校,校企合作的实施都有利于双方知名度的提高。提升自身的价值,在社会上得到认可,从而获得品牌效应,所以企业能够借助这种优势和学校共同开发产品,和企业单独开发相比,共同开发能获得更好的效果,而且能让理论与实际相结合,解决产品开发中所碰到的各种问题,以此推动企业更快、更好的发展,加强企业竞争力,让企业能在市场中站稳脚跟。除此之外,企业也能利用高职院校的资源对员工进行培训,让员工各方面的技能都能有所加强,让企业员工可以了解到最新的信息,将自己所掌握的知识应用到今后的工作中,推动企业和学校更快更好地发展,只有这样,高职院校和企业才能形成更长久的合作关系,实现共赢,进而得到新的发展,更好地为地方经济的发展助力。

10.4　强化政校行企多方联动机制

10.4.1　搭建行业协会平台

在部分职业教育开展得比较成功的国家,第三方协调、监督和服务工作开展的较全面,如德国各个地区行业协会、韩国的产学合作组织、澳大利亚的国家质量委员会、美国高校的企业委员会等。韩国文教部专门设立了产学合作组织机构,全面负责校企合作协调与组织工作,保证了校企合作的有序开展。美国于 1963 年成立了美国合作教育协会,专门负责协调学生、学校、企业三者的利益关系。从国外校企合作的成功经验中我们可以发现,在校企合作发展较为完善的国家一般都成立了由政府牵头设立专门的中介组织或机构,来负责协调和监督合作中各方的利益关系。目前,在我国校企合作中,暂时还没有成立专门可以充当第三方角色的组织或机构。要使高职院校与企业的合作持续发展,我国政府应发挥其主导作用和地位,主动在各级政府层面设立专门的校企合作管理组织机构,建立由行业协会作为第三方对校企合作进行协调和监督,充分发挥出行业协会的优势,激发行业协会参与办学的活力,让行业协会在校企合作职业资格标准制定、人才培养目标制定、协调校企关系等方面发挥应有的指导作用,将行业组织作为校企互动以及沟通的平台,充分体现出行业组织的领导作用,促进学校与企业的合作发展。

10.4.2　引入第三方机构

在职业教育的发展过程中,许多国家开始意识到第三方机构的重要性,纷纷设立独立的教育评价机构。因为在校企合作过程中,对进程的监督、纠纷的处理、成效的评估等事宜,不能由学校或者企业去自行承担,为了保证校企合作公平高效地进行,引入第三方机构,建立校企合作协调、监督评价机制是必不可少的。在澳大利亚,有专门的咨询机构按照 ISO 9000 原则对校企合作进行各种评估。为了解校企合作成果,对合作过程和成效进行评价认定,发挥评价的鉴别、诊断、激励和导向的功能,引入第三方评价机构是非常有必要的,向公众和教育部门提供专业的服务,从而提高合作的质量和办学效益。在英国也有专门的评估机构——高等教育质量保证署,该机构代表了学术界以及政府的共同利益,但又与高校以及政府相互独立。它的主要功能是在对校企合作的监督过程中进行总结,并做出全面、客观的评估结论,为民众以及政府提供参考,成员一般都是社会专业人士,政府对评估工作不进行干涉。与国外的专业机构相比,我国在这一方面起步较晚,借鉴国外的发展经验,我国应在这方面多加重视,应制定相应的法律法规,明确第三方机构的合法地位,引导他们提高评估专业化水平,发挥评价机构的认证、评价、导向功能,以此促进校企合作评价机制的形成和发展。

10.4.3　规范行业内秩序

目前,我国法律并没有对行业协会在职业教育发展期间所应体现的作用进行说明,政府也没有对行业协会参与到职业教育中所具有的重要意义进行推广和宣传。此外,我国很多行业协会大多成立时间不长,自身建设还没有得到完善,无法完全参与职业教育的发展过程中,因此行业协会并没有强烈的参与意识,也并不清楚参与职业教育可以带来什么样的好处。但是,在企业参与职业教育的过程中,行业协会的存在是不可或缺的,它发挥着连接政府、企业、学校之间的纽带作用和连接人才培养、市场需求的桥梁作用,所以要想提高行业协会参与职业院校校企合作的积极性,规范行业秩序就必须要借助政府的力量。

加快行业协会建设,确立全国或地方性的行业机构调控,充分发挥其具有的指导作用,实现政府、学校、行业和企业的多方面联动,促进校企合作的可持续发展,这对推进职业教育的发展起着至关重要的作用。校企合作是一项复杂的系统工程,双方所确定的利益平衡点决定着高职院校和企业能不能建立合作关系,而能不能让合作更加长久,则与双方的行为有关,校企合作能够长期稳定地开展,运行机制可以顺利建立并完善,整体上有赖于国家法律政策的约束;同时行业协会的力量也起到不可缺少的支撑作用,校企合作的可持续发展应该在政校行企多方联动的基础上,逐渐完善体系机制的建设,才能稳步前行,实现服务地方经济的最终目标。

第11章 职业教育发展政策汇编

11.1 国家级层面政策

11.1.1 国家职业教育改革实施方案

国家职业教育改革实施方案

职业教育与普通教育是两种不同教育类型,具有同等重要地位。改革开放以来,职业教育为我国经济社会发展提供了有力的人才和智力支撑,现代职业教育体系框架全面建成,服务经济社会发展能力和社会吸引力不断增强,具备了基本实现现代化的诸多有利条件和良好工作基础。随着我国进入新的发展阶段,产业升级和经济结构调整不断加快,各行各业对技术技能人才的需求越来越紧迫,职业教育重要地位和作用越来越凸显。但是,与发达国家相比,与建设现代化经济体系、建设教育强国的要求相比,我国职业教育还存在着体系建设不够完善、职业技能实训基地建设有待加强、制度标准不够健全、企业参与办学的动力不足、有利于技术技能人才成长的配套政策尚待完善、办学和人才培养质量水平参差不齐等问题,到了必须下大力气抓好的时候。没有职业教育现代化就没有教育现代化。为贯彻全国教育大会精神,进一步办好新时代职业教育,落实《中华人民共和国职业教育法》,制定本实施方案。

总体要求与目标:坚持以习近平新时代中国特色社会主义思想为指导,把职业教育摆在教育改革创新和经济社会发展中更加突出的位置。牢固树立新发展理念,服务建设现代化经济体系和实现更高质量更充分就业需要,对接科技发展趋势和市场需求,完善职业教育和培训体系,优化学校、专业布局,深化办学体制改革和育人机制改革,以促进就业和适应产业发展需求为导向,鼓励和支持社会各界特别是企业积极支持职业教育,着力培养高素质劳动者和技术技能人才。经过5~10年左右时间,职业教育基本完成由政府举办为主向政府统筹管理、社会多元办学的格局转变,由追求规模扩张向提高质量转变,由参照普通教育办学模式向企业社会参与、专业特色鲜明的类型教育转变,大幅提升新时代职业教育现代化水平,为促进经济社会发展和提高国家竞争力提供优质人才资源支撑。

具体指标:到2022年,职业院校教学条件基本达标,一大批普通本科高等学校向应用型转变,建设50所高水平高等职业学校和150个骨干专业(群)。建成覆盖大部分行业领域、具有国际先进水平的中国职业教育标准体系。企业参与职业教育的积极性有较大提升,培育数以万计的产教融合型企业,打造一批优秀职业教育培训评价组织,推动建设300个具有辐射引领作用的高水平专业化产教融合实训基地。职业院校实践性教学课时原则上占总课时一半以上,顶岗实习时间一般为6个月。"双师型"教师(同时具备理论教学和实践教学能力的教师)占专业课教师总数超过一半,分专业建设一批国家级职业教育教师教学创新团队。从2019年开始,在职业院校、应用型本科高校启动"学历证书+若干职业技能等级证书"制度试点(以下称1+X证书制度试点)工作。

一、完善国家职业教育制度体系

(一)健全国家职业教育制度框架。

把握好正确的改革方向,按照"管好两端、规范中间、书证融通、办学多元"的原则,严把教学标准和毕业学生质量标准两个关口。将标准化建设作为统领职业教育发展的突破口,完善职业教育体系,为服务现代制造业、现代服务业、现代农业发展和职业教育现代化提供制度保障与人才支持。建立健全学校设置、师资队伍、教学教材、信息化建设、安全设施等办学标准,引领职业教育服务发展、促进就业创业。落实好立德树人根本任务,健全德技并修、工学结合的育人机制,完善评价机制,规范人才培养全过程。深化产教融合、校企合作,育训结合,健全多元化办学格局,推动企业深度参与协同育人,扶持鼓励企业和社会力量参与举办各类职业教育。推进资历框架建设,探索实现学历证书和职业技能等级证书互通衔接。

(二)提高中等职业教育发展水平。

优化教育结构,把发展中等职业教育作为普及高中阶段教育和建设中国特色职业教育体系的重要基础,保持高中阶段教育职普比大体相当,使绝大多数城乡新增劳动力接受高中阶段教育。改善中等职业学校基本办学条件。加强省级统筹,建好办好一批县域职教中心,重点支持集中连片特困地区每个地(市、州、盟)原则上至少建设一所符合当地经济社会发展和技术技能人才培养需要的中等职业学校。指导各地优化中等职业学校布局结构,科学配置并做大做强职业教育资源。加大对民族地区、贫困地区和残疾人职业教育的政策、金融支持力度,落实职业教育东西协作行动计划,办好内地少数民族中职班。完善招生机制,建立中等职业学校和普通高中统一招生平台,精准服务区域发展需求。积极招收初高中毕业未升学学生、退役军人、退役运动员、下岗职工、返乡农民工等接受中等职业教育;服务乡村振兴战略,为广大农村培养以新型职业农民为主体的农村实用人才。发挥中等职业学校作用,帮助部分学业困难学生按规定在职业学校完成义务教育,并接受部分职业技能学习。

鼓励中等职业学校联合中小学开展劳动和职业启蒙教育,将动手实践内容纳入中小学相关课程和学生综合素质评价。

(三)推进高等职业教育高质量发展。

把发展高等职业教育作为优化高等教育结构和培养大国工匠、能工巧匠的重要方式,使城乡新增劳动力更多接受高等教育。高等职业学校要培养服务区域发展的高素质技术技能人才,重点服务企业特别是中小微企业的技术研发和产品升级,加强社区教育和终身学习服务。建立"职教高考"制度,完善"文化素质＋职业技能"的考试招生办法,提高生源质量,为学生接受高等职业教育提供多种入学方式和学习方式。在学前教育、护理、养老服务、健康服务、现代服务业等领域,扩大对初中毕业生实行中高职贯通培养的招生规模。启动实施中国特色高水平高等职业学校和专业建设计划,建设一批引领改革、支撑发展、中国特色、世界水平的高等职业学校和骨干专业(群)。根据高等学校设置制度规定,将符合条件的技师学院纳入高等学校序列。

(四)完善高层次应用型人才培养体系。

完善学历教育与培训并重的现代职业教育体系,畅通技术技能人才成长渠道。发展以职业需求为导向、以实践能力培养为重点、以产学研用结合为途径的专业学位研究生培养模式,加强专业学位硕士研究生培养。推动具备条件的普通本科高校向应用型转变,鼓励有条件的普通高校开办应用技术类型专业或课程。开展本科层次职业教育试点。制定中国技能大赛、全国职业院校技能大赛、世界技能大赛获奖选手等免试入学政策,探索长学制培养高端技术技能人才。服务军民融合发展,把军队相关的职业教育纳入国家职业教育大体系,共同做好面向现役军人的教育培训,支持其在服役期间取得多类职业技能等级证书,提升技术技能水平。落实好定向培养直招士官政策,推动地方院校与军队院校有效对接,推动优质职业教育资源向军事人才培养开放,建立军地网络教育资源共享机制。制订具体政策办法,支持适合的退役军人进入职业院校和普通本科高校接受教育和培训,鼓励支持设立退役军人教育培训集团(联盟),推动退役、培训、就业有机衔接,为促进退役军人特别是退役士兵就业创业做出贡献。

二、构建职业教育国家标准

(五)完善教育教学相关标准。

发挥标准在职业教育质量提升中的基础性作用。按照专业设置与产业需求对接、课程内容与职业标准对接、教学过程与生产过程对接的要求,完善中等、高等职业学校设置标准,规范职业院校设置;实施教师和校长专业标准,提升职业院校教学管理和教学实践能力。持续更新并推进专业目录、专业教学标准、课程标准、顶岗实习标准、实训条件建设标准(仪器设备配备规范)建设和在职业院校落地实施。巩固和发展国务院教育行政部门联合行业制定国家教学标准、职业院校依据标准自主制订人才培养方案的工作格局。

(六)启动1＋X证书制度试点工作。

深化复合型技术技能人才培养培训模式改革,借鉴国际职业教育培训普遍做法,制订工作方案和具体管理办法,启动1＋X证书制度试点工作。试点工作要进一步发挥好学历证书作用,夯实学生可持续发展基础,鼓励职业院校学生在获得学历证书的同时,积极取得多类职业技能等级证书,拓展就业创业本领,缓解结构性就业矛盾。国务院人力资源社会保障行政部门、教育行政部门在职责范围内,分别负责管理监督考核院校外、院校内职业技能等级证书的实施(技工院校内由人力资源社会保障行政部门负责),国务院人力资源社会保障行政部门组织制定职业标准,国务院教育行政部门依照职业标准牵头组织开发教学等相关标准。院校内培训可面向社会人群,院校外培训也可面向在校学生。各类职业技能等级证书具有同等效力,持有证书人员享受同等待遇。院校内实施的职业技能等级证书分为初级、中级、高级,是职业技能水平的凭证,反映职业活动和个人职业生涯发展所需要的综合能力。

（七）开展高质量职业培训。

落实职业院校实施学历教育与培训并举的法定职责,按照育训结合、长短结合、内外结合的要求,面向在校学生和全体社会成员开展职业培训。自 2019 年开始,围绕现代农业、先进制造业、现代服务业、战略性新兴产业,推动职业院校在 10 个左右技术技能人才紧缺领域大力开展职业培训。引导行业企业深度参与技术技能人才培养培训,促进职业院校加强专业建设、深化课程改革、增强实训内容、提高师资水平,全面提升教育教学质量。各级政府要积极支持职业培训,行政部门要简政放权并履行好监管职责,相关下属机构要优化服务,对于违规收取费用的要严肃处理。畅通技术技能人才职业发展通道,鼓励其持续获得适应经济社会发展需要的职业培训证书,引导和支持企业等用人单位落实相关待遇。对取得职业技能等级证书的离校未就业高校毕业生,按规定落实职业培训补贴政策。

（八）实现学习成果的认定、积累和转换。

加快推进职业教育国家"学分银行"建设,从 2019 年开始,探索建立职业教育个人学习账号,实现学习成果可追溯、可查询、可转换。有序开展学历证书和职业技能等级证书所体现的学习成果的认定、积累和转换,为技术技能人才持续成长拓宽通道。职业院校对取得若干职业技能等级证书的社会成员,支持其根据证书等级和类别免修部分课程,在完成规定内容学习后依法依规取得学历证书。对接受职业院校学历教育并取得毕业证书的学生,在参加相应的职业技能等级证书考试时,可免试部分内容。从 2019 年起,在有条件的地区和高校探索实施试点工作,制定符合国情的国家资历框架。

三、促进产教融合校企"双元"育人

（九）坚持知行合一、工学结合。

借鉴"双元制"等模式,总结现代学徒制和企业新型学徒制试点经验,校企共同研究制定人才培养方案,及时将新技术、新工艺、新规范纳入教学标准和教学内容,强化学生实习实训。健全专业设置定期评估机制,强化地方引导本区域职业院校优化专业设置的职责,原则上每 5 年修订 1 次职业院校专业目录,学校依据目录灵活自主设置专业,每年调整 1 次专业。健全专业教学资源库,建立共建共享平台的资源认证标准和交易机制,进一步扩大优质资源覆盖面。遴选认定一大批职业教育在线精品课程,建设一大批校企"双元"合作开发的国家规划教材,倡导使用新型活页式、工作手册式教材并配套开发信息化资源。每 3 年修订 1 次教材,其中专业教材随信息技术发展和产业升级情况及时动态更新。适应"互联网＋职业教育"发展需求,运用现代信息技术改进教学方式方法,推进虚拟工厂等网络学习空间建设和普遍应用。

（十）推动校企全面加强深度合作。

职业院校应当根据自身特点和人才培养需要,主动与具备条件的企业在人才培养、技术创新、就业创业、社会服务、文化传承等方面开展合作。学校积极为企业提供所需的课程、师资等资源,企业应当依法履行实施职业教育的义务,利用资本、技术、知识、设施、设备和管理等要素参与校企合作,促进人力资源开发。校企合作中,学校可从中获得智力、专利、教育、劳务等报酬,具体分配由学校按规定自行处理。在开展国家产教融合建设试

点基础上,建立产教融合型企业认证制度,对进入目录的产教融合型企业给予"金融+财政+土地+信用"的组合式激励,并按规定落实相关税收政策。试点企业兴办职业教育的投资符合条件的,可按投资额一定比例抵免该企业当年应缴教育费附加和地方教育附加。厚植企业承担职业教育责任的社会环境,推动职业院校和行业企业形成命运共同体。

(十一)打造一批高水平实训基地。

加大政策引导力度,充分调动各方面深化职业教育改革创新的积极性,带动各级政府、企业和职业院校建设一批资源共享,集实践教学、社会培训、企业真实生产和社会技术服务于一体的高水平职业教育实训基地。面向先进制造业等技术技能人才紧缺领域,统筹多种资源,建设若干具有辐射引领作用的高水平专业化产教融合实训基地,推动开放共享,辐射区域内学校和企业;鼓励职业院校建设或校企共建一批校内实训基地,提升重点专业建设和校企合作育人水平。积极吸引企业和社会力量参与,指导各地各校借鉴德国、日本、瑞士等国家经验,探索创新实训基地运营模式。提高实训基地规划、管理水平,为社会公众、职业院校在校生取得职业技能等级证书和企业提升人力资源水平提供有力支撑。

(十二)多措并举打造"双师型"教师队伍。

从 2019 年起,职业院校、应用型本科高校相关专业教师原则上从具有 3 年以上企业工作经历并具有高职以上学历的人员中公开招聘,特殊高技能人才(含具有高级工以上职业资格人员)可适当放宽学历要求,2020 年起基本不再从应届毕业生中招聘。加强职业技术师范院校建设,优化结构布局,引导一批高水平工科学校举办职业技术师范教育。实施职业院校教师素质提高计划,建立 100 个"双师型"教师培养培训基地,职业院校、应用型本科高校教师每年至少 1 个月在企业或实训基地实训,落实教师 5 年一周期的全员轮训制度。探索组建高水平、结构化教师教学创新团队,教师分工协作进行模块化教学。定期组织选派职业院校专业骨干教师赴国外研修访学。在职业院校实行高层次、高技能人才以直接考察的方式公开招聘。建立健全职业院校自主聘任兼职教师的办法,推动企业工程技术人员、高技能人才和职业院校教师双向流动。职业院校通过校企合作、技术服务、社会培训、自办企业等所得收入,可按一定比例作为绩效工资来源。

四、建设多元办学格局

(十三)推动企业和社会力量举办高质量职业教育。

各级政府部门要深化"放管服"改革,加快推进职能转变,由注重"办"职业教育向"管理与服务"过渡。政府主要负责规划战略、制定政策、依法依规监管。发挥企业重要办学主体作用,鼓励有条件的企业特别是大企业举办高质量职业教育,各级人民政府可按规定给予适当支持。完善企业经营管理和技术人员与学校领导、骨干教师相互兼职兼薪制度。2020 年初步建成 300 个示范性职业教育集团(联盟),带动中小企业参与。支持和规范社会力量兴办职业教育培训,鼓励发展股份制、混合所有制等职业院校和各类职业培训机构。建立公开透明规范的民办职业教育准入、审批制度,探索民办职业教育负面清单制度,建立健全退出机制。

(十四)做优职业教育培训评价组织。

职业教育包括职业学校教育和职业培训,职业院校和应用型本科高校按照国家教学标准和规定职责完成教学任务和职业技能人才培养。同时,也必须调动社会力量,补充校园不足,助力校园办学。能够依据国家有关法规和职业标准、教学标准完成的职业技能培训,要更多通过职业教育培训评价组织(以下简称培训评价组织)等参与实施。政府通过放宽准入,严格末端监督执法,严格控制数量,扶优、扶大、扶强,保证培训质量和学生能力水平。要按照在已成熟的品牌中遴选一批、在成长中的品牌中培育一批、在有需要但还没有建立项目的领域中规划一批的原则,以社会化机制公开招募并择优遴选培训评价组织,优先从制订过国家职业标准并完成标准教材编写,具有专家、师资团队、资金实力和5年以上优秀培训业绩的机构中选择。培训评价组织应对接职业标准,与国际先进标准接轨,按有关规定开发职业技能等级标准,负责实施职业技能考核、评价和证书发放。政府部门要加强监管,防止出现乱培训、滥发证现象。行业协会要积极配合政府,为培训评价组织提供好服务环境支持,不得以任何方式收取费用或干预企业办学行为。

五、完善技术技能人才保障政策

(十五)提高技术技能人才待遇水平。

支持技术技能人才凭技能提升待遇,鼓励企业职务职级晋升和工资分配向关键岗位、生产一线岗位和紧缺急需的高层次、高技能人才倾斜。建立国家技术技能大师库,鼓励技术技能大师建立大师工作室,并按规定给予政策和资金支持,支持技术技能大师到职业院校担任兼职教师,参与国家重大工程项目联合攻关。积极推动职业院校毕业生在落户、就业、参加机关事业单位招聘、职称评审、职级晋升等方面与普通高校毕业生享受同等待遇。逐步提高技术技能人才特别是技术工人收入水平和地位。机关和企事业单位招用人员不得歧视职业院校毕业生。国务院人力资源社会保障行政部门会同有关部门,适时组织清理调整对技术技能人才的歧视政策,推动形成人人皆可成才、人人尽展其才的良好环境。按照国家有关规定加大对职业院校参加有关技能大赛成绩突出毕业生的表彰奖励力度。办好职业教育活动周和世界青年技能日宣传活动,深入开展"大国工匠进校园""劳模进校园""优秀职校生校园分享"等活动,宣传展示大国工匠、能工巧匠和高素质劳动者的事迹和形象,培育和传承好工匠精神。

(十六)健全经费投入机制。

各级政府要建立与办学规模、培养成本、办学质量等相适应的财政投入制度,地方政府要按规定制定并落实职业院校生均经费标准或公用经费标准。在保障教育合理投入的同时,优化教育支出结构,新增教育经费要向职业教育倾斜。鼓励社会力量捐资、出资兴办职业教育,拓宽办学筹资渠道。进一步完善中等职业学校生均拨款制度,各地中等职业学校生均财政拨款水平可适当高于当地普通高中。各地在继续巩固落实好高等职业教育生均财政拨款水平达到12 000元的基础上,根据发展需要和财力可能逐步提高拨款水平。组织实施好现代职业教育质量提升计划、产教融合工程等。经费投入要进一步突出改革导向,支持校企合作,注重向中西部、贫困地区和民族地区倾斜。进一步扩大职业院校助学金覆盖面,完善补助标准动态调整机制,落实对建档立卡等家庭经济困难学生的倾斜政策,健全职业教育奖学金制度。

六、加强职业教育办学质量督导评价

(十七)建立健全职业教育质量评价和督导评估制度。

以学习者的职业道德、技术技能水平和就业质量,以及产教融合、校企合作水平为核

心,建立职业教育质量评价体系。定期对职业技能等级证书有关工作进行"双随机、一公开"的抽查和监督,从 2019 年起,对培训评价组织行为和职业院校培训质量进行监测和评估。实施职业教育质量年度报告制度,报告向社会公开。完善政府、行业、企业、职业院校等共同参与的质量评价机制,积极支持第三方机构开展评估,将考核结果作为政策支持、绩效考核、表彰奖励的重要依据。完善职业教育督导评估办法,建立职业教育定期督导评估和专项督导评估制度,落实督导报告、公报、约谈、限期整改、奖惩等制度。国务院教育督导委员会定期听取职业教育督导评估情况汇报。

(十八)支持组建国家职业教育指导咨询委员会。

为把握正确的国家职业教育改革发展方向,创新我国职业教育改革发展模式,提出重大政策研究建议,参与起草、制订国家职业教育法律法规,开展重大改革调研,提供各种咨询意见,进一步提高政府决策科学化水平,规划并审议职业教育标准等,在政府指导下组建国家职业教育指导咨询委员会。成员包括政府人员、职业教育专家、行业企业专家、管理专家、职业教育研究人员、中华职业教育社等团体和社会各方面热心职业教育的人士。通过政府购买服务等方式,听取咨询机构提出的意见建议并鼓励社会和民间智库参与。政府可以委托国家职业教育指导咨询委员会作为第三方,对全国职业院校、普通高校、校企合作企业、培训评价组织的教育管理、教学质量、办学方式模式、师资培养、学生职业技能提升等情况,进行指导、考核、评估等。

七、做好改革组织实施工作

(十九)加强党对职业教育工作的全面领导。

以习近平新时代中国特色社会主义思想特别是习近平总书记关于职业教育的重要论述武装头脑、指导实践、推动工作。加强党对教育事业的全面领导,全面贯彻党的教育方针,落实中央教育工作领导小组各项要求,保证职业教育改革发展正确方向。要充分发挥党组织在职业院校的领导核心和政治核心作用,牢牢把握学校意识形态工作领导权,将党建工作与学校事业发展同部署、同落实、同考评。指导职业院校上好思想政治理论课,实施好中等职业学校"文明风采"活动,推进职业教育领域"三全育人"综合改革试点工作,使各类课程与思想政治理论课同向同行,努力实现职业技能和职业精神培养高度融合。加强基层党组织建设,有效发挥基层党组织的战斗堡垒作用和共产党员的先锋模范作用,带动学校工会、共青团等群团组织和学生会组织建设,汇聚每一位师生员工的积极性和主动性。

(二十)完善国务院职业教育工作部际联席会议制度。

国务院职业教育工作部际联席会议由教育、人力资源社会保障、发展改革、工业和信息化、财政、农业农村、国资、税务、扶贫等单位组成,国务院分管教育工作的副总理担任召集人。联席会议统筹协调全国职业教育工作,研究协调解决工作中重大问题,听取国家职业教育指导咨询委员会等方面的意见建议,部署实施职业教育改革创新重大事项,每年召开两次会议,各成员单位就有关工作情况向联席会议报告。国务院教育行政部门负责职业教育工作的统筹规划、综合协调、宏观管理,国务院教育行政部门、人力资源社会保障行政部门和其他有关部门在职责范围内,分别负责有关的职业教育工作。各成员单位要加强沟通协调,做好相关政策配套衔接,在国家和区域战略规划、重大项目安排、经费投入、企业办学、人力资源开发等方面形成政策合力。推动落实《中华人民共和国职业教育法》，为职业教育改革创新提供重要的制度保障。

11.1.2　国务院办公厅关于深化产教融合的若干意见

国务院办公厅关于深化产教融合的若干意见

国办发〔2017〕95号

各省、自治区、直辖市人民政府，国务院各部委、各直属机构：

进入新世纪以来，我国教育事业蓬勃发展，为社会主义现代化建设培养输送了大批高素质人才，为加快发展壮大现代产业体系做出了重大贡献。但同时，受体制机制等多种因素影响，人才培养供给侧和产业需求侧在结构、质量、水平上还不能完全适应，"两张皮"问题仍然存在。深化产教融合，促进教育链、人才链与产业链、创新链有机衔接，是当前推进人力资源供给侧结构性改革的迫切要求，对新形势下全面提高教育质量、扩大就业创业、推进经济转型升级、培育经济发展新动能具有重要意义。为贯彻落实党的十九大精神，深化产教融合，全面提升人力资源质量，经国务院同意，现提出以下意见。

一、总体要求

（一）指导思想。

全面贯彻党的十九大精神，坚持以习近平新时代中国特色社会主义思想为指导，紧紧围绕统筹推进"五路共进"总体布局和协调推进"四个全面"战略布局，坚持以人民为中心，坚持新发展理念，认真落实党中央、国务院关于教育综合改革的决策部署，深化职业教育、高等教育等改革，发挥企业重要主体作用，促进人才培养供给侧和产业需求侧结构要素全方位融合，培养大批高素质创新人才和技术技能人才，为加快建设实体经济、科技创新、现代金融、人力资源协同发展的产业体系，增强产业核心竞争力，汇聚发展新动能提供有力支撑。

（二）原则和目标。

统筹协调，共同推进。将产教融合作为促进经济社会协调发展的重要举措，融入经济转型升级各环节，贯穿人才开发全过程，形成政府企业学校行业社会协同推进的工作格局。

服务需求，优化结构。面向产业和区域发展需求，完善教育资源布局，加快人才培养结构调整，创新教育组织形态，促进教育和产业联动发展。

校企协同，合作育人。充分调动企业参与产教融合的积极性和主动性，强化政策引导，鼓励先行先试，促进供需对接和流程再造，构建校企合作长效机制。

深化产教融合的主要目标是，逐步提高行业企业参与办学程度，健全多元化办学体制，全面推行校企协同育人，用10年左右时间，教育和产业统筹融合、良性互动的发展格局总体形成，需求导向的人才培养模式健全完善，人才教育供给与产业需求重大结构性矛盾基本解决，职业教育、高等教育对经济发展和产业升级的贡献显著增强。

二、构建教育和产业统筹融合发展格局

（三）同步规划产教融合与经济社会发展。制定实施经济社会发展规划，以及区域发展、产业发展、城市建设和重大生产力布局规划，要明确产教融合发展要求，将教育优先、人才先行融入各项政策。结合实施创新驱动发展、新型城镇化、制造强国战略，统筹优化教育和产业结构，同步规划产教融合发展政策措施、支持方式、实现途径和重大项目。

（四）统筹职业教育与区域发展布局。按照国家区域发展总体战略和主体功能区规划，优化职业教育布局，引导职业教育资源逐步向产业和人口集聚区集中。面向脱贫攻坚主战场，积极推进贫困地区学生到城市优质职业学校就学。加强东部对口西部、城市支援农村职业教育扶贫。支持中部打造全国重要的先进制造业职业教育基地。支持东北等老工业基地振兴发展急需的职业教育。加强京津冀、长江经济带城市间协同合作，引导各地结合区域功能、产业特点探索差别化职业教育发展路径。

（五）促进高等教育融入国家创新体系和新型城镇化建设。完善世界一流大学和一流学科建设推进机制，注重发挥对国家和区域创新中心发展的支撑引领作用。健全高等学校与行业骨干企业、中小微创业型企业紧密协同的创新生态系统，增强创新中心集聚人才资源、牵引产业升级能力。适应以城市群为主体的新型城镇化发展，合理布局高等教育资源，增强中小城市产业承载和创新能力，构建梯次有序、功能互补、资源共享、合作紧密的产教融合网络。

（六）推动学科专业建设与产业转型升级相适应。建立紧密对接产业链、创新链的学科专业体系。大力发展现代农业、智能制造、高端装备、新一代信息技术、生物医药、节能环保、新能源、新材料以及研发设计、数字创意、现代交通运输、高效物流、融资租赁、电子商务、服务外包等产业急需紧缺学科专业。积极支持家政、健康、养老、文化、旅游等社会领域专业发展，推进标准化、规范化、品牌化建设。加强智慧城市、智能建筑等城市可持续发展能力相关专业建设。大力支持集成电路、航空发动机及燃气轮机、网络安全、人工智能等事关国家战略、国家安全等学科专业建设。适应新一轮科技革命和产业变革及新经济发展，促进学科专业交叉融合，加快推进新工科建设。

（七）健全需求导向的人才培养结构调整机制。加快推进教育"放管服"改革，注重发挥市场机制配置非基本公共教育资源作用，强化就业市场对人才供给的有效调节。进一步完善高校毕业生就业质量年度报告发布制度，注重发挥行业组织人才需求预测、用人单位职业能力评价作用，把市场供求比例、就业质量作为学校设置调整学科专业、确定培养规模的重要依据。新增研究生招生计划向承担国家重大战略任务、积极推行校企协同育人的高校和学科倾斜。严格实行专业预警和退出机制，引导学校对设置雷同、就业连续不达标专业，及时调减或停止招生。

三、强化企业重要主体作用

（八）拓宽企业参与途径。鼓励企业以独资、合资、合作等方式依法参与举办职业教育、高等教育。坚持准入条件透明化、审批范围最小化，细化标准、简化流程、优化服务，改进办学准入条件和审批环节。通过购买服务、委托管理等，支持企业参与公办职业学校办学。鼓励有条件的地区探索推进职业学校股份制、混合所有制改革，允许企业以资本、技术、管理等要素依法参与办学并享有相应权利。

（九）深化"引企入教"改革。支持引导企业深度参与职业学校、高等学校教育教学改革，多种方式参与学校专业规划、教材开发、教学设计、课程设置、实习实训，促进企业需求融入人才培养环节。推行面向企业真实生产环境的任务式培养模式。职业学校新设专业原则上应有相关行业企业参与。鼓励企业依托或联合职业学校、高等学校设立产业学院和企业工作室、实验室、创新基地、实践基地。

（十）开展生产性实习实训。健全学生到企业实习实训制度。鼓励以引企驻校、引校进企、校企一体等方式，吸引优势企业与学校共建共享生产性实训基地。支持各地依托学校建设行业或区域性实训基地，带动中小微企业参与校企合作。通过探索购买服务、落实税收政策等方式，鼓励企业直接接收学生实习实训。推进实习实训规范化，保障学生享有获得合理报酬等合法权益。

（十一）以企业为主体推进协同创新和成果转化。支持企业、学校、科研院所围绕产业关键技术、核心工艺和共性问题开展协同创新，加快基础研究成果向产业技术转化。引导高校将企业生产一线实际需求作为工程技术研究选题的重要来源。完善财政科技计划管理，高校、科研机构牵头申请的应用型、工程技术研究项目原则上应有行业企业参与并制订成果转化方案。完善高校科研后评价体系，将成果转化作为项目和人才评价重要内容。继续加强企业技术中心和高校技术创新平台建设，鼓励企业和高校共建产业技术实验室、中试和工程化基地。利用产业投资基金支持高校创新成果和核心技术产业化。

（十二）强化企业职工在岗教育培训。落实企业职工培训制度，足额提取教育培训经费，确保教育培训经费60％以上用于一线职工。创新教育培训方式，鼓励企业向职业学校、高等学校和培训机构购买培训服务。鼓励有条件的企业开展职工技能竞赛，对参加培训提升技能等级的职工予以奖励或补贴。支持企业一线骨干技术人员技能提升，加强产能严重过剩行业转岗就业人员再就业培训。将不按规定提取使用教育培训经费并拒不改正的行为记入企业信用记录。

（十三）发挥骨干企业引领作用。鼓励区域、行业骨干企业联合职业学校、高等学校共同组建产教融合集团（联盟），带动中小企业参与，推进实体化运作。注重发挥国有企业特别是中央企业示范带头作用，支持各类企业依法参与校企合作。结合推进国有企业改革，支持有条件的国有企业继续办好做强职业学校。

四、推进产教融合人才培养改革

（十四）将工匠精神培育融入基础教育。将动手实践内容纳入中小学相关课程和学生综合素质评价。加强学校劳动教育，开展生产实践体验，支持学校聘请劳动模范和高技能人才兼职授课。组织开展"大国工匠进校园"活动。鼓励有条件的普通中学开设职业类选修课程，鼓励职业学校实训基地向普通中学开放。鼓励有条件的地方在大型企业、产业园区周边试点建设普职融通的综合高中。

（十五）推进产教协同育人。坚持职业教育校企合作、工学结合的办学制度，推进职业学校和企业联盟、与行业联合、同园区联结。大力发展校企双制、工学一体的技工教育。深化全日制职业学校办学体制改革，在技术性、实践性较强的专业，全面推行现代学徒制和企业新型学徒制，推动学校招生与企业招工相衔接，校企育人"双重主体"，学生学徒"双重身份"，学校、企业和学生三方权利义务关系明晰。实践性教学课时不少于总课时的 50％。

健全高等教育学术人才和应用人才分类培养体系，提高应用型人才培养比重。推动高水平大学加强创新创业人才培养，为学生提供多样化成长路径。大力支持应用型本科和行业特色类高校建设，紧密围绕产业需求，强化实践教学，完善以应用型人才为主的培养体系。推进专业学位研究生产学结合培养模式改革，增强复合型人才培养能力。

（十六）加强产教融合师资队伍建设。支持企业技术和管理人才到学校任教，鼓励有条件的地方探索产业教师（导师）特设岗位计划。探索符合职业教育和应用型高校特点的教师资格标准和专业技术职务（职称）评聘办法。允许职业学校和高等学校依法依规自主聘请兼职教师和确定兼职报酬。推动职业学校、应用型本科高校与大中型企业合作建设"双师型"教师培养培训基地。完善职业学校和高等学校教师实践假期制度，支持在职教师定期到企业实践锻炼。

（十七）完善考试招生配套改革。加快高等职业学校分类招考，完善"文化素质＋职业技能"评价方式。适度提高高等学校招收职业教育毕业生比例，建立复合型、创新型技术技能人才系统培养制度。逐步提高高等学校招收有工作实践经历人员的比例。

（十八）加快学校治理结构改革。建立健全职业学校和高等学校理事会制度，鼓励引入行业企业、科研院所、社会组织等多方参与。推动学校优化内部治理，充分体现一线教学科研机构自主权，积极发展跨学科、跨专业教学和科研组织。

（十九）创新教育培训服务供给。鼓励教育培训机构、行业企业联合开发优质教育资源，大力支持"互联网＋教育培训"发展。支持有条件的社会组织整合校企资源，开发立体化、可选择的产业技术课程和职业培训包。推动探索高校和行业企业课程学分转换互认，允许和鼓励高校向行业企业和社会培训机构购买创新创业、前沿技术课程和教学服务。

五、促进产教供需双向对接

（二十）强化行业协调指导。行业主管部门要加强引导，通过职能转移、授权委托等方式，积极支持行业组织制定深化产教融合工作计划，开展人才需求预测、校企合作对接、教育教学指导、职业技能鉴定等服务。

（二十一）规范发展市场服务组织。鼓励地方政府、行业企业、学校通过购买服务、合作设立等方式，积极培育市场导向、对接供需、精准服务、规范运作的产教融合服务组织（企业）。支持利用市场合作和产业分工，提供专业化服务，构建校企利益共同体，形成稳定互惠的合作机制，促进校企紧密联结。

（二十二）打造信息服务平台。鼓励运用云计算、大数据等信息技术，建设市场化、专业化、开放共享的产教融合信息服务平台。依托平台汇聚区域和行业人才供需、校企合作、项目研发、技术服务等各类供求信息，向各类主体提供精准化产教融合信息发布、检索、推荐和相关增值服务。

（二十三）健全社会第三方评价。积极支持社会第三方机构开展产教融合效能评价，健全统计评价体系。强化监测评价结果运用，作为绩效考核、投入引导、试点开展、表彰激励的重要依据。

六、完善政策支持体系

（二十四）实施产教融合发展工程。"十三五"期间，支持一批中高等职业学校加强校企合作，共建共享技术技能实训设施。开展高水平应用型本科高校建设试点，加强产教融合实训环境、平台和载体建设。支持中西部普通本科高校面向产业需求，重点强化实践教学环节建设。支持世界一流大学和一流学科建设高校加强学科、人才、科研与产业互动，推进合作育人、协同创新和成果转化。

（二十五）落实财税用地等政策。优化政府投入，完善体现职业学校、应用型高校和行业特色类专业办学特点和成本的职业教育、高等教育拨款机制。职业学校、高等学校科研人员依法取得的科技成果转化奖励收入不纳入绩效工资，不纳入单位工资总额基数。各级财政、税务部门要把深化产教融合作为落实结构性减税政策，推进降成本、补短板的重要举措，落实社会力量举办教育有关财税政策，积极支持职业教育发展和企业参与办学。企业投资或与政府合作建设职业学校、高等学校的建设用地，按科教用地管理，符合《划拨用地目录》的，可通过划拨方式供地，鼓励企业自愿以出让、租赁方式取得土地。

（二十六）强化金融支持。鼓励金融机构按照风险可控、商业可持续原则支持产教融合项目。利用中国政企合作投资基金和国际金融组织、外国政府贷款，积极支持符合条件的产教融合项目建设。遵循相关程序、规则和章程，推动亚洲基础设施投资银行、丝路基金在业务领域内将"一带一路"职业教育项目纳入支持范围。引导银行业金融机构创新服务模式，开发适合产教融合项目特点的多元化融资品种，做好政府和社会资本合作模式的配套金融服务。积极支持符合条件的企业在资本市场进行股权融资，发行标准化债权产品，加大产教融合实训基地项目投资。加快发展学生实习责任保险和人身意外伤害保险，鼓励保险公司对现代学徒制、企业新型学徒制保险专门确定费率。

（二十七）开展产教融合建设试点。根据国家区域发展战略和产业布局，支持若干有较强代表性、影响力和改革意愿的城市、行业、企业开展试点。在认真总结试点经验基础上，鼓励第三方开展产教融合型城市和企业建设评价，完善支持激励政策。

（二十八）加强国际交流合作。鼓励职业学校、高等学校引进海外高层次人才和优质教育资源，开发符合国情、国际开放的校企合作培养人才和协同创新模式。探索构建应用技术教育创新国际合作网络，推动一批中外院校和企业结对联合培养国际化应用型人才。鼓励职业教育、高等教育参与配合"一带一路"建设和国际产能合作。

七、组织实施

（二十九）强化工作协调。加强组织领导，建立发展改革、教育、人力资源社会保障、财政、工业和信息化等部门密切配合，有关行业主管部门、国有资产监督管理部门积极参与的工作协调机制，加强协同联动，推进工作落实。各省级人民政府要结合本地实际制定具体实施办法。

（三十）营造良好环境。做好宣传动员和舆论引导，加快收入分配、企业用人制度以及学校编制、教学科研管理等配套改革，引导形成学校主动服务经济社会发展、企业重视"投资于人"的普遍共识，积极营造全社会充分理解、积极支持、主动参与产教融合的良好氛围。

重点任务分工

序号	工作任务	主要内容	责任单位
1	构建教育和产业统筹融合发展格局	同步规划产教融合与经济社会发展	国家发展改革委会同有关部门,各省级人民政府
2		统筹职业教育与区域发展布局	教育部、国家发展改革委、人力资源社会保障部,各省级人民政府
3		促进高等教育融入国家创新体系和新型城镇化建设	教育部、国家发展改革委、科技部,有关省级人民政府
4		推动学科专业建设与产业转型升级相适应。建立紧密对接产业链、创新链的学科专业体系。加快推进新工科建设	教育部、国家发展改革委会同有关部门
5		健全需求导向的人才培养结构调整机制。严格实行专业预警和退出机制	教育部会同有关部门
6	强化企业重要主体作用	鼓励企业以独资、合资、合作等方式依法参与举办职业教育、高等教育。坚持准入条件透明化、审批范围最小化,细化标准、简化流程、优化服务,改进办学准入条件和审批环节	教育部会同有关部门
7		鼓励有条件的地区探索推进职业学校股份制、混合所有制改革,允许企业以资本、技术、管理等要素依法参与办学并享有相应权利	有关省级人民政府
8		深化"引企入教"改革,促进企业需求融入人才培养环节	教育部、人力资源社会保障部、工业和信息化部会同有关部门
9		健全学生到企业实习实训制度,推进实习实训规范化	教育部、国家发展改革委、人力资源社会保障部会同有关部门
10	强化企业重要主体作用	引导高校将企业生产一线实际需求作为工程技术研究选题的重要来源。高校、科研机构牵头申请的应用型、工程技术研究项目原则上应有行业企业参与并制订成果转化方案。完善高校科研后评价体系,将成果转化作为项目和人才评价重要内容	教育部、科技部会同有关部门
11		继续加强企业技术中心和高校技术创新平台建设,鼓励企业和高校共建产业技术实验室、中试和工程化基地。利用产业投资基金支持高校创新成果和核心技术产业化	国家发展改革委、教育部、科技部、财政部会同有关部门
12		强化企业职工在岗教育培训	全国总工会、人力资源社会保障部会同有关部门
13		鼓励区域、行业骨干企业联合职业学校、高等学校共同组建产教融合集团(联盟),带动中小企业参与,推进实体化运作	有关部门和行业协会,各省级人民政府
14		注重发挥国有企业特别是中央企业示范带头作用,支持各类企业依法参与校企合作	国务院国资委、全国工商联
15		结合推进国有企业改革,支持有条件的国有企业继续办好做强职业学校	国务院国资委、国家发展改革委、财政部

序号	工作任务	主要内容	责任单位
16	推进产教融合人才培养改革	将工匠精神培育融入基础教育。深化全日制职业学校办学体制改革,在技术性、实践性较强的专业,全面推行现代学徒制和企业新型学徒制	教育部、人力资源社会保障部、国家发展改革委、全国总工会会同有关部门
17		健全高等教育学术人才和应用人才分类培养体系,提高应用型人才培养比重	教育部、国家发展改革委会同有关部门
18		加强产教融合师资队伍建设。支持企业技术和管理人才到学校任教,鼓励有条件的地方探索产业教师(导师)特设岗位计划	教育部,各省级人民政府
19		适度提高高等学校招收职业教育毕业生比例,建立复合型、创新型技术技能人才系统培养制度。逐步提高高等学校招收有工作实践经历人员的比例	教育部会同有关部门
20		加快学校治理结构改革。创新教育培训服务供给	教育部会同有关部门
21	促进产教供需双向对接	强化行业协调指导。规范发展市场服务组织。打造信息服务平台。健全社会第三方评价	国家发展改革委、教育部、有关部门和行业协会,有关省级人民政府
22		实施产教融合发展工程	国家发展改革委、教育部、人力资源社会保障部
23	完善政策支持体系	落实财税用地等政策	财政部、税务总局、国土资源部、国家发展改革委,各省级人民政府
24		强化金融支持	人民银行、银监会、证监会、保监会、国家发展改革委、财政部
25		开展产教融合建设试点	国家发展改革委、教育部会同有关部门,各省级人民政府
26		加强国际交流合作	教育部会同有关部门

11.1.3　职业学校校企合作促进办法

职业学校校企合作促进办法

第一章　总　则

　　第一条　为促进、规范、保障职业学校校企合作,发挥企业在实施职业教育中的重要办学主体作用,推动形成产教融合、校企合作、工学结合、知行合一的共同育人机制,建设知识型、技能型、创新型劳动者大军,完善现代职业教育制度,根据《教育法》《劳动法》《职业教育法》等有关法律法规,制定本办法。

第二条　本办法所称校企合作是指职业学校和企业通过共同育人、合作研究、共建机构、共享资源等方式实施的合作活动。

第三条　校企合作实行校企主导、政府推动、行业指导、学校企业双主体实施的合作机制。国务院相关部门和地方各级人民政府应当建立健全校企合作的促进支持政策、服务平台和保障机制。

第四条　开展校企合作应当坚持育人为本,贯彻国家教育方针,致力培养高素质劳动者和技术技能人才;坚持依法实施,遵守国家法律法规和合作协议,保障合作各方的合法权益;坚持平等自愿,调动校企双方积极性,实现共同发展。

第五条　国务院教育行政部门负责职业学校校企合作工作的综合协调和宏观管理,会同有关部门做好相关工作。

县级以上地方人民政府教育行政部门负责本行政区域内校企合作工作的统筹协调、规划指导、综合管理和服务保障;会同其他有关部门根据本办法以及地方人民政府确定的职责分工,做好本地校企合作有关工作。

行业主管部门和行业组织应当统筹、指导和推动本行业的校企合作。

第二章　合作形式

第六条　职业学校应当根据自身特点和人才培养需要,主动与具备条件的企业开展合作,积极为企业提供所需的课程、师资等资源。

企业应当依法履行实施职业教育的义务,利用资本、技术、知识、设施、设备和管理等要素参与校企合作,促进人力资源开发。

第七条　职业学校和企业可以结合实际在人才培养、技术创新、就业创业、社会服务、文化传承等方面,开展以下合作:

(一)根据就业市场需求,合作设置专业、研发专业标准,开发课程体系、教学标准以及教材、教学辅助产品,开展专业建设;

(二)合作制定人才培养或职工培训方案,实现人员互相兼职,相互为学生实习实训、教师实践、学生就业创业、员工培训、企业技术和产品研发、成果转移转化等提供支持;

(三)根据企业工作岗位需求,开展学徒制合作,联合招收学员,按照工学结合模式,实行校企双主体育人;

(四)以多种形式合作办学,合作创建并共同管理教学和科研机构,建设实习实训基地、技术工艺和产品开发中心及学生创新创业、员工培训、技能鉴定等机构;

(五)合作研发岗位规范、质量标准等;

(六)组织开展技能竞赛、产教融合型企业建设试点、优秀企业文化传承和社会服务等活动;

(七)法律法规未禁止的其他合作方式和内容。

第八条　职业学校应当制定校企合作规划,建立适应开展校企合作的教育教学组织方式和管理制度,明确相关机构和人员,改革教学内容和方式方法、健全质量评价制度,为合作企业的人力资源开发和技术升级提供支持与服务;增强服务企业特别是中小微企业的技术和产品研发的能力。

第九条　职业学校和企业开展合作,应当通过平等协商签订合作协议。合作协议应当明确规定合作的目标任务、内容形式、权利义务等必要事项,并根据合作的内容,合理确定协议履行期限,其中企业接收实习生的,合作期限应当不低于 3 年。

第十条　鼓励有条件的企业举办或者参与举办职业学校,设置学生实习、学徒培养、教师实践岗位;鼓励规模以上企业在职业学校设置职工培训和继续教育机构。企业职工培训和继续教育的学习成果,可以依照有关规定和办法与职业学校教育实现互认和衔接。

企业开展校企合作的情况应当纳入企业社会责任报告。

第十一条　职业学校主管部门应当会同有关部门、行业组织,鼓励和支持职业学校与相关企业以组建职业教育集团等方式,建立长期、稳定合作关系。

职业教育集团应当以章程或者多方协议等方式,约定集团成员之间合作的方式、内容以及权利义务关系等事项。

第十二条　职业学校和企业应建立校企合作的过程管理和绩效评价制度,定期对合作成效进行总结,共同解决合作中的问题,不断提高合作水平,拓展合作领域。

第三章　促进措施

第十三条　鼓励东部地区的职业学校、企业与中西部地区的职业学校、企业开展跨区校企合作,带动贫困地区、民族地区和革命老区职业教育的发展。

第十四条　地方人民政府有关部门在制定产业发展规划、产业激励政策、脱贫攻坚规划时,应当将促进企业参与校企合作、培养技术技能人才作为重要内容,加强指导、支持和服务。

第十五条　教育、人力资源社会保障部门应当会同有关部门,建立产教融合信息服务平台,指导、协助职业学校与相关企业建立合作关系。

行业主管部门和行业组织应当充分发挥作用,根据行业特点和发展需要,组织和指导企业提出校企合作意向或者规划,参与校企合作绩效评价,并提供相应支持和服务,推进校企合作。

鼓励有关部门、行业、企业共同建设互联互通的校企合作信息化平台,引导各类社会主体参与平台发展、实现信息共享。

第十六条　教育行政部门应当把校企合作作为衡量职业学校办学水平的基本指标,在院校设置、专业审批、招生计划、教学评价、教师配备、项目支持、学校评价、人员考核等方面提出相应要求;对校企合作设置的适应就业市场需求的新专业,应当予以支持;应当鼓励和支持职业学校与企业合作开设专业,制定专业标准、培养方案等。

第十七条　职业学校应当吸纳合作关系紧密、稳定的企业代表加入理事会(董事会),参与学校重大事项的审议。

职业学校设置专业,制定培养方案、课程标准等,应当充分听取合作企业的意见。

第十八条　鼓励职业学校与企业合作开展学徒制培养。开展学徒制培养的学校,在招生专业、名额等方面应当听取企业意见。有技术技能人才培养能力和需求的企业,可以与职业学校合作设立学徒岗位,联合招收学员,共同确定培养方案,以工学结合方式进行培养。

教育行政部门、人力资源社会保障部门应当在招生计划安排、学籍管理等方面予以倾斜和支持。

第十九条　国家发展改革委、教育部会同人力资源社会保障部、工业和信息化部、财政部等部门建立工作协调机制，鼓励省级人民政府开展产教融合型企业建设试点，对深度参与校企合作，行为规范、成效显著、具有较大影响力的企业，按照国家有关规定予以表彰和相应政策支持。各级工业和信息化行政部门应当把企业参与校企合作的情况，作为服务型制造示范企业及其他有关示范企业评选的重要指标。

第二十条　鼓励各地通过政府和社会资本合作、购买服务等形式支持校企合作。鼓励各地采取竞争性方式选择社会资本，建设或者支持企业、学校建设公共性实习实训、创新创业基地、研发实践课程、教学资源等公共服务项目。按规定落实财税用地等政策，积极支持职业教育发展和企业参与办学。

鼓励金融机构依法依规审慎授信管理，为校企合作提供相关信贷和融资支持。

第二十一条　企业因接收学生实习所实际发生的与取得收入有关的合理支出，以及企业发生的职工教育经费支出，依法在计算应纳税所得额时扣除。

第二十二条　县级以上地方人民政府对校企合作成效显著的企业，可以按规定给予相应的优惠政策；应当鼓励职业学校通过场地、设备租赁等方式与企业共建生产型实训基地，并按规定给予相应的政策优惠。

第二十三条　各级人民政府教育、人力资源社会保障等部门应当采取措施，促进职业学校与企业人才的合理流动、有效配置。

职业学校可在教职工总额中安排一定比例或者通过流动岗位等形式，用于面向社会和企业聘用经营管理人员、专业技术人员、高技能人才等担任兼职教师。

第二十四条　开展校企合作企业中的经营管理人员、专业技术人员、高技能人才，具备职业学校相应岗位任职条件，经过职业学校认定和聘任，可担任专兼职教师，并享受相关待遇。上述企业人员在校企合作中取得的教育教学成果，可视同相应的技术或科研成果，按规定予以奖励。

职业学校应当将参与校企合作作为教师业绩考核的内容，具有相关企业或生产经营管理一线工作经历的专业教师在评聘和晋升职务（职称）、评优表彰等方面，同等条件下优先对待。

第二十五条　经所在学校或企业同意，职业学校教师和管理人员、企业经营管理和技术人员根据合作协议，分别到企业、职业学校兼职的，可根据有关规定和双方约定确定薪酬。

职业学校及教师、学生拥有知识产权的技术开发、产品设计等成果，可依法依规在企业作价入股。职业学校和企业对合作开发的专利及产品，根据双方协议，享有使用、处置和收益管理的自主权。

第二十六条　职业学校与企业就学生参加跟岗实习、顶岗实习和学徒培养达成合作协议的，应当签订学校、企业、学生三方协议，并明确学校与企业在保障学生合法权益方面的责任。

企业应当依法依规保障顶岗实习学生或者学徒的基本劳动权益，并按照有关规定及时足额支付报酬。任何单位和个人不得克扣。

第二十七条 推动建立学生实习强制保险制度。职业学校和实习单位应根据有关规定,为实习学生投保实习责任保险。职业学校、企业应当在协议中约定为实习学生投保实习责任保险的义务与责任,健全学生权益保障和风险分担机制。

第四章 监督检查

第二十八条 各级人民政府教育督导委员会负责对职业学校、政府落实校企合作职责的情况进行专项督导,定期发布督导报告。

第二十九条 各级教育、人力资源社会保障部门应当将校企合作情况作为职业学校办学业绩和水平评价、工作目标考核的重要内容。

各级人民政府教育行政部门会同相关部门以及行业组织,加强对企业开展校企合作的监督、指导,推广效益明显的模式和做法,推进企业诚信体系建设,做好管理和服务。

第三十条 职业学校、企业在合作过程中不得损害学生、教师、企业员工等的合法权益;违反相关法律法规规定的,由相关主管部门责令整改,并依法追究相关单位和人员责任。

第三十一条 职业学校、企业骗取和套取政府资金的,有关主管部门应当责令限期退还,并依法依规追究单位及其主要负责人、直接负责人的责任;构成犯罪的,依法追究刑事责任。

第五章 附 则

第三十二条 本办法所称的职业学校,是指依法设立的中等职业学校(包括普通中等专业学校、成人中等专业学校、职业高中学校、技工学校)和高等职业学校。

本办法所称的企业,指在各级工商行政管理部门登记注册的各类企业。

第三十三条 其他层次类型的高等学校开展校企合作,职业学校与机关、事业单位、社会团体等机构开展合作,可参照本办法执行。

第三十四条 本办法自 2018 年 3 月 1 日起施行

11.1.4 建设产教融合型企业实施办法(试行)

建设产教融合型企业实施办法(试行)

第一章 总 则

第一条 为深入贯彻党的十九大和全国教育大会精神,完善职业教育和培训体系,深化产教融合、校企合作,充分发挥企业在技术技能人才培养和人力资源开发中的重要主体作用,根据《加快推进教育现代化实施方案(2018—2022 年)》《国家职业教育改革实施方案》要求,制定本办法。

第二条 本办法规定的产教融合型企业是指深度参与产教融合、校企合作,在职业院校、高等学校办学和深化改革中发挥重要主体作用,行为规范、成效显著,创造较大社会价值,对提升技术技能人才培养质量,增强吸引力和竞争力,具有较强带动引领示范效应的企业。

第三条　建设产教融合型企业,按照政府引导、企业自愿、平等择优、先建后认、动态实施的基本原则开展。

第四条　国家发展改革委、教育部会同相关部门共同负责建设产教融合型企业工作的政策统筹、组织管理和监督实施。

国家发展改革委、教育部将建设产教融合型企业纳入深化产教融合改革的整体制度安排,在国家产教融合建设试点中统筹推进,提出产教融合型企业的建设培育条件、认证标准、评价办法,指导各地建立产教融合型企业建设信息服务平台和信息储备库,做好建设产教融合型企业的日常管理工作。

人力资源社会保障部、工业和信息化部、财政部、国务院国资委等相关部门根据职能职责,配合做好产教融合型企业建设的政策支持和推进实施工作。

省级(含计划单列市,下同)发展改革部门、教育行政部门共同负责区域内建设产教融合型企业的组织申报、复核确认、建设培育、认证评价和日常管理工作。

第二章　建设培育条件

第五条　在中国境内注册成立的企业,通过独资、合资、合作等方式,利用资本、技术、知识、设施、管理等要素,依法举办或参与举办职业教育、高等教育,在实训基地、学科专业、教学课程建设和技术研发等方面稳定开展校企合作,并具备以下条件之一。

1. 独立举办或作为重要举办者参与举办职业院校或高等学校;或者通过企业大学等形式,面向社会开展技术技能培训服务;或者参与组建行业性或区域性产教融合(职业教育)集团。

2. 承担现代学徒制和企业新型学徒制试点任务;或者近 3 年内接收职业院校或高等学校学生(含军队院校专业技术学员)开展每年 3 个月以上实习实训累计达 60 人以上。

3. 承担实施 1+X 证书(学历证书+职业技能等级证书)制度试点任务。

4. 与有关职业院校或高等学校开展有实质内容、具体项目的校企合作,通过订单班等形式共建 3 个以上学科专业点。

5. 以校企合作等方式共建产教融合实训基地,或者捐赠职业院校教学设施设备等,近 3 年内累计投入 100 万元以上。

6. 近 3 年内取得与合作职业院校共享的知识产权证明(发明专利、实用新型专利、软件著作权等)。

第六条　重点建设培育主动推进制造业转型升级的优质企业,以及现代农业、智能制造、高端装备、新一代信息技术、生物医药、节能环保、新能源、新材料以及研发设计、数字创意、现代交通运输、高效物流、融资租赁、工程咨询、检验检测认证、电子商务、服务外包等急需产业领域企业,以及养老、家政、托幼、健康等社会领域龙头企业。优先考虑紧密服务国家重大战略,技术技能人才需求旺盛,主动加大人力资本投资,发展潜力大,履行社会责任贡献突出的企业。主营业务为教育培训服务的企业原则上不纳入建设培育范围。

第七条　企业无重大环保、安全、质量事故,具有良好信用记录,无涉税等违法违规经营行为。

第三章　建设实施程序

第八条　产教融合型企业的建设实施由国家发展改革委、教育部会同相关部门结合开展国家产教融合建设试点统筹部署。

第九条 省级行政区域内的企业按照自愿申报、复核确认、建设培育、认证评价等程序开展产教融合型企业建设实施。

1. 自愿申报。省级发展改革、教育行政部门会同有关部门和有关城市人民政府,结合开展国家产教融合建设试点有关要求,组织辖区内符合建设培育条件的企业按照自愿申报并提交证明材料。省级发展改革、教育行政部门应建立产教融合型企业建设信息服务平台,实行网上申报、网上受理、网上办理。

2. 复核确认。省级发展改革、教育行政部门组织行业主管部门和行业组织等有关方面,对辖区内申报企业进行复核,符合条件的纳入建设培育范围,列入产教融合型企业建设信息储备库,向全社会公示。

3. 建设培育。国家发展改革委、教育部结合组织开展国家产教融合建设试点,指导各地开展产教融合型企业建设培育,鼓励支持企业多种方式参与举办教育,深度参与“引企入教”改革,推动学生到企业实习实训制度化、规范化,发挥企业办学重要主体作用,建立以企业为主体的协同创新和成果转化机制,提高企业职工在岗教育培训覆盖水平和质量。各地要有针对性地制定具体可操作的培育举措。建设培育企业要制订并向全社会公开发布产教融合、校企合作三年规划,并需经过至少 1 年的建设培育期。

4. 认证评价。在各地推进试点工作基础上,教育部、国家发展改革委研究制定产教融合型企业认证标准和评价办法,指导省级政府出台具体实施办法,建立产教融合型企业认证目录,对纳入产教融合型企业建设信息储备库的企业进行逐年、分批认证,并定期向全社会公布推介。支持开展产教融合型企业第三方评价。

第十条 中央企业、全国性特大型民营企业整体申报建设国家产教融合型企业,由国家发展改革委、教育部会同相关部门部署实施。上述企业的下属企业或分支机构建设产教融合型企业的,按照属地管理原则实施。

第四章 支持管理措施

第十一条 纳入产教融合型企业建设信息储备库的建设培育企业,省级政府要落实国家支持企业参与举办职业教育的各项优惠政策,实行定期跟踪、跟进服务、确保落地;结合开展产教融合建设试点,在项目审批、购买服务、金融支持、用地政策等方面对建设培育企业给予便利的支持。

第十二条 进入产教融合型企业认证目录的企业,给予“金融＋财政＋土地＋信用”的组合式激励,并按规定落实相关税收政策。激励政策与企业投资兴办职业教育、接收学生实习实训、接纳教师岗位实践、开展校企深度合作、建设产教融合实训基地等工作相挂钩,具体办法另行制定。

第十三条 进入产教融合型企业认证目录的企业,建立实施推进产教融合工作年报制度,报省级发展改革、教育行政部门备案,并按程序向全社会公示。

第十四条 进入产教融合型企业认证目录的企业,每 3 年由省级发展改革、教育行政部门对其进行资格复核,复核合格的继续确认其产教融合型企业资格,不合格的不再保留产教融合型企业资格。

第十五条 进入产教融合型企业认证目录的企业,有下列情况之一的,即取消其资格,且 5 年内不得再行申报。

1. 在申请认证、年度报告或考核过程中弄虚作假,故意提供虚假不实信息的。

2. 在资格期内发生重大环保、安全、质量事故,存在违法违规经营行为的。

3. 侵犯学生人身权利或其他合法权利的。

4. 列入失信联合惩戒对象名单的。

第五章 附 则

第十六条 本办法由国家发展改革委、教育部负责解释。

第十七条 本办法自发布之日起施行。

国家发展改革委

教 育 部

2019 年 3 月 28 日

11.2 江苏省级层面政策

11.2.1 江苏省职业教育校企合作促进条例

江苏省职业教育校企合作促进条例

(2019 年 3 月 29 日江苏省第十三届人民代表大会常务委员会第八次会议通过)

目 录

第一章 总 则

第一条 为了促进职业教育学校与企业深度合作,推动产教融合,完善现代职业教育制度,服务经济社会发展,根据《中华人民共和国职业教育法》等法律、行政法规,结合本省实际,制定本条例。

第二条 本省行政区域内职业教育校企合作及其保障促进等工作,适用本条例。

本条例所称职业教育学校(以下简称学校),是指本省行政区域内各类主体举办并依法设立的全日制职业院校(包括普通中等专业学校、成人中等专业学校、职业高中学校、高等职业学校、技工学校、高级技工学校、技师学院等)和开展职业教育的普通本科高等学校。

第三条 职业教育校企合作以学校和企业为主体,校企协同、德技并修、工学结合,共同培养高素质劳动者和技术技能人才。

职业教育校企合作应当坚持育人为本、平等自愿、互惠共赢的原则,实行校企主导、政府推动、行业指导、社会参与相结合的工作机制。

第四条　学校与企业可以在资源统筹与共享、技术创新与服务、人才交流与培养、学生就业与创业、文化传承与发展等方面开展校企合作。

鼓励和支持有条件的其他社会力量以多种形式参与校企合作。

第五条　县级以上地方人民政府应当加强对职业教育工作的领导、统筹协调和督导评估,将促进职业教育校企合作纳入国民经济和社会发展规划以及产业发展规划。

县级以上地方人民政府职业教育联席会议应当及时研究和协调解决职业教育校企合作工作中的重大问题。职业教育联席会议由教育、人力资源社会保障、发展改革、工业和信息化、财政、农业农村、国有资产监督管理、税务等有关行政部门和工会、行业组织组成。

第六条　教育部门负责职业教育校企合作的统筹协调、规划指导、综合管理和服务保障,并按照职责做好校企合作促进工作。

人力资源社会保障部门具体负责所属技工学校、高级技工学校、技师学院的校企合作工作,并按照职责做好校企合作促进工作。

发展改革、工业和信息化、科技、民政、财政、自然资源、住房城乡建设、交通运输、农业农村、水利、商务、文化和旅游、卫生健康、国有资产监督管理、税务、市场监督管理、广播电视、新闻出版、应急管理等部门和单位按照各自职责做好校企合作促进工作。

第二章　组织和实施

第七条　学校应当制定校企合作规划,建立适应开展校企合作的职业教育教学组织方式和管理制度,明确负责校企合作工作的机构和人员,改革教学内容和方式方法,健全人才培养质量评价制度。

鼓励企业根据发展需要制定校企合作规划,建立和完善相关工作机制,明确有关机构或者人员负责校企合作工作,利用人才、资本、知识、技术、设施、设备和管理等要素参与校企合作。

第八条　学校与企业开展合作,应当平等协商、签订合作协议,明确合作的目标任务、内容形式、权利义务、合作期限等事项。

第九条　企业可以与学校共建共享生产性实习实训基地、学生创新创业中心基地、员工培养培训中心以及研发机构。支持企业优秀专业技术人才和高技能人才在学校建立技能大师工作室等。

学校可以引进企业生产工艺流程、生产设备和技术人员,与企业共同设立实习实训岗位。

学校可以在合作企业建立分校区,根据学生专业培养目标,与企业联合开展生产性实训、半工半读式培养。

第十条　企业、行业组织可以采取独资、合资、合作等方式依法参与举办学校。对企业举办的学校,县级以上地方人民政府可以通过政府购买服务等方式予以支持。

企业与学校合作,可以依法举办混合所有制学校或者二级学院(系部),引进社会优质资本和人才,实行相对独立的人员聘任与经费核算。

企业、行业组织和学校可以依法组建多元投资主体的职业教育集团或者其他形式的产教联合体。

第十一条 鼓励学校与企业依法开展职业教育跨境合作,构建应用技术教育国际合作体系。

有条件的学校和企业可以采取中外合作办学、国际通用职业资格教学等方式合作培养国际化技术技能人才。

第十二条 学校可以与企业合作,开展职工继续教育、职业培训、社区教育和技能等级评价等服务。

符合条件的高等职业学校可以通过适合的方式单独招收企业在职员工开展学历教育,与企业共同培养技术技能人才。

第十三条 学校和企业可以根据企业工作岗位需求,开展学徒制培养合作,联合招收学员,按照工学结合模式,实行联合培养。

学校和企业可以根据就业市场需求和产业发展方向,合作设置专业、研究制定专业标准,开发课程体系、教学标准以及教材、教学辅助产品,开展专业建设。

学校新设专业,应当有相关行业组织、企业参与专业论证和人才培养方案制定。行业组织可以根据需要推荐或者组织多家企业参与。

第十四条 建立教师企业实践制度,依托开展校企合作的企业,建设学校教师学习培训基地。企业应当为参加企业实践的教师提供支持和便利。

专业课教师(含实习指导教师)每五年应当累计不少于六个月到企业或者生产服务一线实践,且每次不少于一个月。

公共基础课教师应当定期到企业进行考察、调研和学习。

第十五条 学校应当与合作企业共同制定学生实习计划,明确实习任务,完成教学目标。

学生到合作企业实习的,应当签订学校、企业和学生三方协议,明确各方的权利、义务。学校、企业和学生应当按照协议履行相关义务。

学校应当按照人才培养方案要求,统筹安排实习实训场所建设和学生实习实训工作,做好师生校内外实践教学工作。

第十六条 鼓励企业接纳学校学生实习。规模以上企业应当按照不低于国家和省规定的比例安排实习岗位,接纳学生实习。

对企业接纳学生实习的,县级以上地方人民政府给予一定的补助。

第十七条 学校实践性教学课时原则上占总课时一半以上。安排实习学生顶岗实习,时间一般为六个月,且工作时间每日不得超过八小时、每周不得超过四十小时。

企业按照国家和省有关规定向顶岗实习的学生支付报酬。

第十八条 学校和企业应当按照三方协议的约定为实习学生投保实习责任保险。

除为学生统一购买的人身伤害事故责任保险以外,鼓励学校和合作企业为实习学生购买补充意外伤害保险。鼓励有条件的地方设立学生意外伤害救助基金。

第十九条 企业接纳学生实习,应当执行安全生产、劳动保护、职业卫生以及未成年职工、女职工劳动保护等有关法律法规规定,对实习学生开展安全生产教育培训和管理,提供必要的劳动防护用品。

参加实习实践的学生和教师应当遵守学校的实习实践要求和所在实习实践企业的规章制度、劳动纪律,服从企业管理,爱护设施设备,保守商业秘密和技术秘密,完成规定的实习实践任务。

第二十条 学校在尊重毕业生本人意愿的前提下,可以优先向合作企业推荐毕业生,满足合作企业的用人需求。

鼓励企业优先录用合作学校的毕业生。

第三章 扶持和保障

第二十一条 县级以上地方人民政府应当采取措施,按照有关规定落实各项优惠政策,并通过政府和社会资本合作、购买服务等多种形式扶持和保障校企合作。

第二十二条 县级以上地方人民政府应当建立与学校办学规模和校企合作培养要求相适应的财政投入制度,动态调整职业教育生均拨款标准和生均公用经费拨款标准,其中财政投入中等职业教育生均公用经费应当高于普通高中生均公用经费。

鼓励有条件的地方建立健全企业参与校企合作的成本补偿机制。

第二十三条 县级以上地方人民政府可以整合设立校企合作专项资金,具体用于支持校企合作的以下用途:

(一)产教融合实训基地建设;

(二)学生和教师在企业开展实习实践;

(三)专职兼职教师培养培训;

(四)学校参与企业技术改造、产品技术研发、科技成果转化;

(五)学校与企业合作开发新课程、新教材等教学资源建设;

(六)对企业按照规定开展职工教育培训、学徒培养等给予奖励补助;

(七)其他有利于促进校企合作的活动。

校企合作专项资金可以采取政府投入、企业支持、社会捐助等方式筹集,财政涉企专项资金可以优先用于支持校企合作。校企合作专项资金的管理和使用办法由县级以上地方人民政府制定。

第二十四条 县级以上地方人民政府及其有关部门应当支持学校和企业在推动艺术创作生产、公共文化服务、文化遗产保护传承利用、文化产业发展、文化市场管理、对外文化交流和文化贸易、创意人才培养等方面加强合作,将符合条件的校企合作项目纳入文化政策扶持范围。

第二十五条 县级以上地方人民政府及其有关部门应当将技术技能人才纳入人才培养范围,制定和完善校企合作培养技术技能人才的具体政策措施,按照规定落实相关待遇政策。

第二十六条 鼓励企业通过校企合作开展职工在岗教育培训。

企业应当建立并落实职工培训制度,制定人力资源发展规划,并按照规定足额提取职工教育培训经费,其中用于一线职工教育培训和预备员工教育的比例不低于百分之六十。

企业发生的职工教育经费支出不超过工资薪金总额百分之八的部分、因接收学生实习所实际发生的与取得收入有关的合理支出,在计算应纳税所得额时依法予以扣除;超过部分,在以后纳税年度结转扣除。

第二十七条 参与校企合作的企业按照有关规定,享受相关财政、金融、税收和用地等优惠政策。鼓励金融机构为校企合作提供相关信贷和融资支持。

对在校企合作中行为规范、成效显著,具有较大影响、发挥示范引领作用的企业,可以认定为"产教融合型企业",并按照国家和省有关规定予以表彰和相应的政策支持,具体办法由县级以上地方人民政府制定。

发展改革、科技、工业和信息化等有关部门对在校企合作工作中成绩突出的企业,在技术改造、新产品研发和科学研究、新技术新产品推广应用、中小企业服务平台建设等方面予以优先支持。

第二十八条 企业与学校联合招生、联合培养技术技能人才,实行现代学徒制和企业新型学徒制培养模式的,教育、人力资源社会保障、发展改革部门应当在招生宣传、招生计划安排、学籍管理等方面予以倾斜和支持。

根据高等学校设置制度规定,将符合条件的技师学院纳入高等学校序列;校企合作成绩突出的,予以优先纳入。

第二十九条 公办学校在核定岗位总量内,可以按照有关规定自主招聘符合教育教学要求的合作企业的经营管理人员、专业技术人员和高技能人才。

从企业招聘的学校专职教师可以按照有关规定申请职称同级转评,从非教师系列职称转评为教师系列职称。

中等职业学校可以先行聘用特殊紧缺岗位的专业课教师,被聘用人员应当在聘用之日起三年内取得相应教师资格。

第三十条 学校可以在教职工总额中安排一定比例或者通过流动岗位等形式,面向社会聘用符合教育教学要求的经营管理人员、专业技术人员、高技能人才担任兼职教师。兼职教师所在的单位应当提供方便。

鼓励兼职教师依法取得教师资格、教师系列专业技术职务职称。

兼职教师的相关待遇政策由教育、人力资源社会保障等部门和单位共同制定。

第三十一条 在学校担任兼职教师的企业人员在校企合作中取得的教育教学成果,可以视同相应的技术成果或者科研成果,按照规定对其予以奖励。

第三十二条 学校教师、专业技术人员在履行好岗位职责、完成本职工作的前提下,经所在学校同意,可以按照合作协议约定或者有关规定,在企业或者其他高校、科研机构、社会组织兼职,并直接取得合法报酬。

第三十三条 鼓励学校教师、专业技术人员和学生创新创业,开展面向企业的技术开发、技术转让、技术咨询、技术服务等活动。

学校教师、专业技术人员和学生拥有的知识产权可以依法在企业作价出资或者入股。

第三十四条 学校应当将参与企业实践作为教师业绩考核的内容,具有相关企业或生产经营管理一线工作经历的专业教师在评聘和晋升职务(职称)、评优表彰等方面,同等条件下优先对待。

学校教师、专业技术人员在校企合作中合法取得的兼职报酬和科技成果转化奖励收入不纳入绩效工资、单位工资总额基数。

第三十五条　学校开展校企合作所得收入,应当纳入学校财务统一核算和管理,可以按一定比例作为绩效工资来源。适当增加绩效工资总量,具体分配由学校按规定处理。

学校在分校区投入形成的资产,列入学校资产管理范围。

第四章　指导和监督

第三十六条　县级以上地方人民政府应当建立校企合作项目督导评估制度,加强对校企合作工作的督导,定期发布督导报告。

第三十七条　县级以上地方人民政府及其有关部门应当主动向社会公开涉及促进校企合作的相关措施、优惠政策、办事指南,并按照简政放权、放管结合、优化服务的要求提高办理相关手续的效率。

第三十八条　财政部门应当加强对校企合作专项资金的监督管理,根据绩效评价结果动态调整专项资金的使用。

审计部门对校企合作专项资金的使用依法开展审计监督。

第三十九条　教育、人力资源社会保障等部门应当建立校企合作考核评价制度,将考核评价结果作为相关评先评优、项目资助等的重要依据。

国有资产监督管理等有关部门应当将校企合作情况纳入国有企业业绩考核与评价。

第四十条　有关行政部门、行业主管部门应当推进学校和企业诚信体系建设,将学校和规模以上企业开展校企合作情况列入学校质量年度报告和企业履行社会责任报告。

教育部门会同相关部门以及行业组织,加强对企业开展校企合作的监督、指导,推广效益明显的模式和做法,做好管理和服务。

第四十一条　民政、教育和人力资源社会保障等有关行政部门、行业主管部门和业务主管单位应当支持相关行业组织参与校企合作,加强指导、规范和监督。

第四十二条　有关行业主管部门、行业组织可以组织各类企业与学校共同建设互联互通的信息化校企合作平台,组织开展项目洽谈等活动。

第四十三条　行业组织应当积极指导、协助学校和企业建立校企合作通道,与学校合作承担行业培训,参与本行业人才需求预测、人才培养标准制定、专业设置与课程开发、教育教学指导、人才培养质量评价、企业员工培训、校企合作对接与绩效评价、就业状况信息发布等工作。

第四十四条　学校和企业不得骗取、套取政府校企合作奖励、补助或者财政、金融、税收、用地等优惠。

违反前款规定的,由有关主管部门依法予以处理,相关信息纳入公共信用信息、企业信用信息公示系统,记入相关单位和个人的信用档案。

第四十五条　单位和个人违反本条例有关规定的,由有权机关责令限期改正、通报批评;情节严重的,对直接负责的主管人员和其他直接责任人员依法给予处分;构成犯罪的,依法追究刑事责任。

第五章　附　则

第四十六条　学校与国家机关、事业单位和其他社会组织开展职业教育合作,可以参照本条例执行。

第四十七条　本条例自 2019 年 5 月 1 日起施行。

11.2.2 省政府关于加快推进职业教育现代化的若干意见

省政府关于加快推进职业教育现代化的若干意见

（苏政发〔2018〕68 号）

各市、县（市、区）人民政府，省各委办厅局，省各直属单位：

职业教育现代化是教育现代化的重要方面，是建设现代化经济体系、实现高质量发展的有力支撑。贯彻落实习近平新时代中国特色社会主义思想和党的十九大精神，推动江苏高质量发展走在全国前列，迫切需要培养大批技术技能人才和高素质劳动者，迫切需要加快推进职业教育现代化。今后五年，全省职业教育要坚持以服务发展为宗旨、以促进就业为导向、以提高质量为核心、以产教融合为路径，积极构建校企协同育人新机制，着力发展质量高、贡献度高、社会认可度高的现代职业教育，为"强富美高"新江苏建设提供重要支撑。

一、完善职业教育和培训体系

1. 优化职业教育和培训布局。把发展职业教育和培训摆在建设现代产业体系、保障和改善民生的大格局中谋划，推动职业教育和培训与人口分布相适应、与主体功能区相匹配、与产业园区相对接。以设区市为统筹，加强中等职业学校（含技工学校，下同）标准化建设，提升职业技术学院办学水平，促进地方普通本科高校向应用型转变，优化职业培训机构设置与建设。支持设区市统筹开展中高职衔接人才培养，推进中高职一体化办学。鼓励市县政府统筹整合本地区各类职业教育资源。建立产业园区与职业院校（含技工院校，下同）协调发展机制，推进新建与改建职业院校向产业园区集中。强化职业院校与职业培训机构、社区培训机构的紧密结合，推进职业培训向基层延伸。

2. 建设一批领军型职业院校。实施中等职业学校领航计划，创建 50 所左右扎根江苏、引领全国、世界水平的一流中等职业学校。深化五年制高职办学改革，突出中高职一体化办学优势，彰显办学特色。实施高等职业教育创新发展卓越计划，创建 20 所左右高水平高等职业院校。出台专项激励政策，建设 10 所特色鲜明、示范引领的应用型本科院校，研究制定应用型本科院校评价管理办法，实施分类评价，鼓励特色发展。

3. 统筹实施学历教育与非学历教育。保持高中阶段职业教育与普通教育规模大体相当，稳定高等职业教育规模，扩大应用型本科招生规模，新增本科招生计划主要用于应用型本科教育。鼓励职业院校招收有实践经验人员接受学历教育。依托职业院校建设区域技术技能人才培训中心。鼓励中高等职业院校和职业培训机构广泛开展非学历教育和技能培训。大力开展企业在职职工、退役军人、进城务工人员和新型职业农民培训，深入开展社区教育与培训。建立完备的培训成果学分认证制度，完善学分积累、转换和激励制度。参加非学历教育和技能培训的学员，可先注册非全日制学历教育学籍，在弹性学制年限内修满学历教育毕业标准学分，颁发相应学历教育证书。

4. 搭建技术技能人才成长立交桥。健全"文化素质＋职业技能"对口升学考试制度。完善中等职业学校学业水平考试制度，实施技能统一考核，逐步推进中等职业学校学业水平考试与普通高校对口招生接轨。稳步推进中职高职衔接、中职本科衔接、高职本科衔接，开展中职、高职、应用型本科教育分级培养和联合培养试点。规范中高等职业院校招生行为，技工学校与其他中等职业学校统一招生政策、统一招生计划、统一招生代码、统一招生平台。加快构建对接现代产业要求、适应学生终身发展、中高职有效衔接的课程体系，在高等职业院校和应用型本科院校建设 100 个中高等职业教育衔接示范专业。提高高等院校对口招收中高等职业院校毕业生的比例和规模，应用型本科专业主要招收中高职毕业生，高职院校招收中职毕业生比例逐步达到 50％以上，应用型本科院校招收中高职毕业生比例逐步达到 30％。

二、推进产教深度融合

5. 建立产教融合基本制度。推动颁布实施《江苏省职业教育校企合作促进条例》。注重行业部门和组织对职业教育与培训工作的指导，在主要领域成立行业职业教育教学指导委员会，建设一批示范性职业教育集团。支持建设若干产教融合试点城市、试点行业。推进大中型企业与职业院校开展深度合作。规模以上企业按职工总数的 2％安排实习岗位接纳职业院校学生实习，建立规模以上企业把开展职业教育情况纳入企业履行社会责任报告制度。

6. 深化校企协同育人。鼓励和支持企业参与职业教育人才培养全过程，校企联合开展招生、专业建设、实训实习、质量评价、毕业生就业创业、协同科研攻关等工作。推进国家、省、市三级学徒制试点，逐步扩大试点规模，开发现代学徒制、企业新型学徒制省级管理服务平台，研制推广学徒制工作规范和教学标准。创新实训基地建设方式，选择符合条件的企业建设一批职业院校校外实训基地（企业分校）和乡土人才教学实践基地。鼓励职业院校单独举办或"引企入校"合作举办以满足专业教学为主要目的的校内教学工厂，按照国家有关规定享受税收等优惠。

7. 健全校企合作激励机制。对深度参与职业教育、取得突出成效、发挥示范引领作用的企业，县级以上人民政府可将其认定为"产教融合型企业"并给予一定奖励。省级每年认定"产教融合型企业"100 家左右。各级发展改革、经济和信息化、科技、财政等部门要将校企合作成效作为企业评优评先、项目资助的重要依据，对"产教融合型企业"予以优先支持。逐步建立学生实习工作考核与补助制度，县级以上人民政府可设立专项资金，对考核认定符合实习规范的企业，按照实习学生每人每月 200～400 元的标准，补助企业参与职业教育的办学成本。

三、建设高水平教师队伍

8. 落实职业院校教师配置标准。各地要认真执行《省政府办公厅转发省编办等部门关于核定中小学教职工编制实施意见的通知》（苏政办发〔2002〕113 号）要求，及时补充职业院校教师，创新人员编制管理，缓解缺编矛盾。设区市、县级人民政府依据职业院校实际缺编数量和教师平均工资标准，核定兼职教师经费补助额度并足额拨付到校，用于聘请行业企业专家和能工巧匠。加强设区市职业教育教学研究队伍建设，按职业学校在校生规模配备专职教研员。

9. 改革职业院校教师管理体制。构建符合职业教育规律的教师管理制度，吸引优秀人才从事职业教育。支持中等职业学校按有关规定面向行业企业公开招聘教师。建立职业院校教师引进绿色通道,对世界技能大赛前三名选手、全国一类职业技能竞赛第一名选手、人力资源社会保障部授予的"中华技能大奖"获得者、省政府授予的"江苏技能状元"和"江苏工匠",经人力资源社会保障部门认定后,可由招聘院校自主考核录用入编。建立乡土人才、非物质文化遗产传承人等到职业院校兼职授课制度。职业学校教师依法取得的科技成果转化奖励收入不纳入绩效工资,不纳入单位工资总额基数。

10. 强化教师职业发展保障。完善国家、省、市、校四级职业院校师资培训体系,实施5年一周期的教师全员培训制度,注重培训实效。实施职业院校校长专业化培育工程,初任校领导一般应具备一定年限教育工作经历,组织校长专项研修培训,提高校长办学治校能力。加强职业院校师德师风建设,实施教师教学能力提升计划,组织教师教学竞赛,提高教师教学设计和教学实施能力。实施职业院校"双师型""一体化"教师队伍建设计划,完善"双师型""一体化"教师认定标准和办法,对专业教师进行任教专业核心技能考核,专业教师每5年应到企业实践累计不少于半年时间,新入职专业教师前3年须赴企业集中实践锻炼半年以上。完善以技术技能人才培养能力为主要考核指标的职业院校教师职称评审制度。拓宽职业院校教师海外培训渠道,发挥海外教师进修基地作用,加快提高中高等职业院校专业教师具有海外教育培训经历的比例。

四、激发职业教育办学活力

11. 推进职业教育供给侧改革。加快职业教育布局结构调整,完善动态调整机制,提高职业教育供给质量和水平。发挥人力资源社会保障部门、行业主管部门、行业组织的作用,定期发布行业人才需求预测,指导职业院校建立紧密对接产业链、创新链的专业体系,大力发展产业急需和社会紧缺专业,促进专业交叉融合。定期公布职业院校专业结构与产业结构吻合度状况报告,公布扩大招生的新兴专业、限制或停止招生的专业,完善专业预警和退出机制。教育、人力资源社会保障部门分别对照部颁标准,组织中等职业学校标准化建设和达标验收,2020年仍不达标的一律停止招生。

12. 探索混合所有制办学改革试点。支持领军型企业和公办职业院校合作举办混合所有制职业院校或二级学院(系部),经批准可设立为非营利性法人,保持现有投入渠道和支持政策,引进社会优质资本和人才,实行相对独立的人员聘任与经费核算,确保人才培养质量持续提升和国有资产保值增值。支持地方政府和民办职业院校合作举办混合所制性质的学院或二级学院(系部),加大对优质民办职业教育的投入。支持优秀专业技术人才和高技能人才在职业院校建立股份制工作室、技能大师工作室等。

13. 提升职业院校治理能力。建立现代职业院校制度,加快职业院校章程建设,到2018年底实现"一校一章程"。扩大职业院校人事管理、教师评聘、收入分配等方面的自主权。推行全员岗位聘任制和绩效考核分配制,做到因岗聘人、按岗定薪、依绩取酬。深化二级学院(系部)管理模式创新。

五、提高技术技能人才培养质量

14. 完善立德树人系统化落实机制。全面落实立德树人根本任务,践行适合教育理念,健全德技并修、工学结合的育人机制。把社会主义核心价值观融入教育教学全过程,把产业文化、企业文化、职业文化全方位融入学校文化建设,增强学生的认知能力、合作能力、创新能力、职业能力等关键能力,培养学生的工匠精神、职业道德、职业技能和就业创业能力。加强学生心理健康教育,深化体育艺术教育,学生社团参与率逐步提高到100％。注重因材施教,实施差异化教学,建立学生发展性评价机制,重视开发学生特长潜能,促进学生个性化多样化发展。

15. 构建职业院校教学质量保障体系。按照建立基于标准化教学设施、完整教学工作状态数据、学校自我诊断自主发展、行政部门有效监管的职业院校教学质量保障体系的要求,完善目标明确、标准科学、导向鲜明的教学质量标准体系,建立规范有序、全程监控、自我诊改的教学质量管理体系,建立内外结合、多元并举、客观公正的教学质量评价体系,健全以行政为主导、学校为主体、相关部门指导、第三方有效参与的教学质量评价机制。

16. 加快智慧职业教育步伐。坚持以应用为驱动,推进信息技术与教育教学的深度全面融合。创新应用新一代信息技术,建设覆盖职业院校日常运行各个环节的智能终端,建立智能化管理平台,强化关键事务的全过程、精细化、智能化管理。加快职业院校智慧校园建设。对接企业生产服务智能化流程,改革教学内容和方法,建设智慧课堂、智慧车间、智慧图书馆。适应学生智能化学习需求,推行翻转课堂、行走课堂、慕课教学、虚拟仿真实训、在线学习,构建线上线下协同教育新体系。建立省、市、校三级竞赛机制,提升教师信息化教学水平。

17. 开展职业教育国际交流合作。加强职业院校国际交流平台建设,骨干职业院校均与国际高水平职业院校结成伙伴院校,更好地学习借鉴国际先进的教育思想、办学理念、教学方法和管理经验。支持职业教育中外合作办学,鼓励引进境外优质职业教育资源、优秀教师、国际通用职业资格证书。支持省内高水平职业院校利用专业优势组建国际合作平台,鼓励职业院校招收留学生,输出优质职业教育服务,增强职业教育国际话语权,打造江苏职业教育品牌。

六、增强职业教育服务发展的能力

18. 助推经济转型升级。对接全省"1＋3"主体功能区战略,打造一批与主体功能区相适应的专业集群。服务乡村振兴战略、"中国制造2025"战略和现代服务业发展需要,大力发展生态农业、智能制造、绿色制造、智慧健康、现代服务等相关专业。引导职业院校参与乡土人才"三带"行动计划,壮大乡土人才队伍。实施沿海、江淮、淮海职业院校提升计划,组织苏南地区职业院校结对建设相对薄弱的80所左右中等职业学校、20所左右高等职业院校。落实职业教育东西协作行动计划,加大职业教育对口支援力度。鼓励和支持职业院校参与科技研发与服务,依托职业院校建设区域中小企业科技服务基地。完善职业院校横向科研课题考核机制。

19. 促进民生改善。坚持促进就业的方向,把就业质量作为职业院校办学水平考核的核心指标,推动人力资源社会保障数据与教育数据共享,建立基于大数据的中高等职业教育毕业生就业质量跟踪调查、公布反馈机制。服务"健康江苏"建设需要,大力发展健康养老专业,培养健康、养老产业服务人才。主动参与精准扶贫,落实贫困家庭学生资助政策,完善学校资助补充体系,确保不让一名职业院校学生"因贫失学"。采取多种措施,使绝大多数城乡新增劳动力接受高中阶段教育、更多接受高等教育。建立职业院校对接革命老区、集中连片贫困地区、贫困镇村的制度,大力开展"零就业"家庭帮扶。

20. 服务企业"走出去"。支持职业院校配合企业"走出去"办学,依托重点境外园区、重点"走出去"企业、重点援外项目,探索开设境外职业技术学校,对当地企业员工开展适应企业需求的学历教育和技术技能培训。引导职业院校与行业企业成立"一带一路"产教协同联盟,支持职业院校配合相关企业在"一带一路"沿线国家建立办学机构、研发机构,建立技术技能人才培养基地。支持职业院校开展境外劳务培训、技术培训,鼓励职业院校毕业生境外就业。

七、健全职业教育经费保障机制

21. 提高职业教育生均经费标准。适应技术技能人才培养需要,不断提高职业教育生均经费标准,到 2020 年,中等职业学校生均财政拨款经费苏南地区不低于 10 000 元、苏中地区不低于 8 000 元、苏北地区不低于 7 000 元,中等职业学校生均财政公用经费达到当地普通高中的 1.5 倍。国有企业举办的技工院校可参照学校所在地公办中职学校标准安排生均拨款。高水平高等职业院校生均财政拨款基本定额标准,提高到与普通本科同等标准。五年制高职后两年生均经费执行当地高职院校标准。优化财政生均拨款制度,实行财政性经费与办学绩效、教育质量、本地就业率等因素挂钩的拨款方式。

22. 加大对市县综合奖补的力度。各地要按标准足额保证职业教育事业经费,落实中等职业学校免学费和奖助学金政策,并由同级财政足额拨付到校,严禁截留、统筹、克扣职业院校学费收入,确保地方教育附加费用于职业教育的比例不低于 30%。省财政加大职业教育专项经费投入,奖励和补助职业教育经费保障机制完善、成效突出的市县,并对经济薄弱地区予以优先和倾斜。

23. 拓宽经费筹措渠道。鼓励行业企业和其他社会力量捐资出资举办职业教育和培训。企业依法履行职工教育培训和足额提取教育培训经费的责任,发生的职工教育经费支出,自 2018 年 1 月 1 日起,不超过工资薪金总额 8% 的部分,准予在计算企业所得税应纳税所得额时扣除;超过部分,准予在以后纳税年度结转扣除。通过公益性社会组织或县级以上人民政府及其部门向职业院校进行捐赠的,其捐赠支出按照现行税收法律规定在计算应纳税所得额时扣除。推广政府和社会资本合作(PPP)模式,引导社会资金支持职业教育。鼓励金融机构为职业院校提供相关信贷和融资支持。

八、营造全社会关心重视职业教育的氛围

24. 明确政府责任。各级人民政府要高度重视职业教育和培训,明晰部门职责分工,密切部门沟通协调,教育行政部门负责职业教育的统筹规划、综合协调、宏观管理,人力资源社会保障部门和其他相关部门在规定的职责范围内分别负责有关的职业教育工作。强化设区市人民政府对职业教育的管理职责,设区市主城区区属中等职业学校推行市区共建、以市为主的管理体制,省属高等职业院校、省重点技师学院推行省市共建共管,更好发挥设区市人民政府统筹本区域内高等职业教育的作用,促进设区市中高等职业教育资源共享、错位发展。制定督导考核标准,建立职业教育督导考核制度。

25. 重视职业启蒙教育。将工匠精神培育融入基础教育,依托现有综合实践课程,加强以职业体验为重点的职业启蒙教育,培养中小学生职业认知和职业兴趣。组织义务教育阶段学校与职业学校合作开发和实施劳动技术课程、职业体验课程。推进职业院校资源面向基础教育全面开放,各设区市和有条件的县(市)要依托职业院校建设中小学生职业体验中心。建设职业启蒙教师队伍,提高教师职业启蒙教育和职业生涯规划教育的专业能力。

26. 形成鲜明导向。引导学生和家长树立"适合的教育就是最好的教育"理念,选择包括职业教育在内的成长成才路径。充分利用主流媒体和新兴媒体,大力宣传技术技能人才和高素质劳动者的先进事迹与重要贡献,在全社会弘扬劳动光荣、技能宝贵、创造伟大的时代风尚,推动形成"崇尚一技之长、不唯学历凭能力"的良好氛围。办好每年一次的职业教育活动周和职业院校技能大赛,不断增强职业教育的社会影响力和吸引力。

江苏省人民政府

2018 年 5 月 14 日

11.2.3　省政府办公厅关于深化产教融合的实施意见

省政府办公厅关于深化产教融合的实施意见

(苏政办发〔2018〕48 号)

各市、县(市、区)人民政府,省各委办厅局,省各直属单位:

为贯彻落实《国务院办公厅关于深化产教融合的若干意见》(国办发〔2017〕95 号)精神,在新形势下进一步深化我省产教融合发展,促进教育链、人才链与产业链、创新链有机衔接,全面提升教育质量和人力资源质量,不断增强教育服务产业高质量发展能力,经省人民政府同意,现结合我省实际提出以下实施意见。

一、总体要求

(一)指导思想。以习近平新时代中国特色社会主义思想为指导,全面贯彻党的十九大精神,紧紧围绕统筹推进"五位一体"总体布局和协调推进"四个全面"战略布局,坚持以人民为中心,坚持新发展理念,全面落实高质量发展要求,认真落实党中央、国务院和省委、省政府关于教育综合改革的决策部署,发挥企业重要主体作用,引导多元主体共同参与,促进人才培养供给侧和产业发展需求侧结构要素全方位融合,培养一大批适应和引领我省经济发展、改革开放、城乡建设、文化建设、生态环境、人民生活等"六个高质量"发展的高素质创新人才和技术技能人才,为加快建设实体经济、科技创新、现代金融、人力资源协同发展的产业体系,增强我省产业核心竞争力,汇聚发展新动能,推动高质量发展走在前列提供有力支撑。

(二)主要目标。到 2025 年左右,全省高等教育分类发展、职业教育(含技工教育,下同)特色化发展体系初步形成,面向产业高质量发展的特色优势院校、学科专业和课程体系基本确立,教育和产业统筹融合、良性互动的发展格局总体形成,需求导向的人才培养模式健全完善,人才教育供给与产业需求结构性矛盾基本解决,高等教育、职业教育对经济发展和产业升级的贡献显著增强。

二、强化产教融合统筹规划

(三)统筹产教融合发展规划。将产教融合作为促进经济社会协调发展的重要举措,融入经济转型升级各环节,贯穿人才开发全过程。结合全面实施创新驱动发展、中国制造 2025 江苏行动纲要、"一中心、一基地"建设、"一带一路"交汇点建设、苏南国家自主创新 示范区建设、扬子江城市群建设等战略部署,突出江苏制造业基础和创新优势,统筹优化 产业和教育结构,将产教融合发展纳入全省经济社会发展规划修编以及区域发展、产业发 展、城乡建设和重大生产力布局等专项规划,同步推进产教融合发展政策制定、要素支持 和重大项目建设。将产教融合情况列为创新型城市、创新型县(市)、创新型乡镇建设的重 要内容,优化调整相关考核指标。(责任单位:省发展改革委、教育厅、人力资源社会保障 厅会同有关部门,各设区市人民政府)

(四)统筹高等教育和职业教育资源。面向产业和区域发展需求,完善教育资源布 局,加快人才培养结构调整,促进教育和产业联动发展。加强高水平大学建设,完善世界 一流大学和一流学科建设推进机制,推动高等教育融入全省创新体系和新型城镇化建设, 发挥对创新型省份建设的支撑引领作用。推动高校整合各类资源、平台、要素,与行业骨 干企业、中小微创新创业型企业建立紧密协同的创新生态系统,增强集聚人才资源、牵引 产业升级能力。完善高等教育分类发展政策体系,制定研究型、应用型本科学校和高等职 业学校分类评价管理办法。引导并确定一批普通本科高校及独立学院向应用技术型高校 转型,支持有条件的高等职业学校建设为应用型本科院校。出台专项激励政策,建设 10 所高水平应用型本科院校。实施中等职业学校(含技工院校,下同)领航计划和高等职业 教育创新发展卓越计划,建好一批高水平职业学校和骨干专业。推动高等教育和职业教 育资源、结构与区域产业体系相匹配、与人口分布相适应、与产业布局相对接,鼓励高校和 职业学校面向省"1+3"重点功能区战略整合教育资源、优化办学方向,实现特色发展。引 导职业教育资源逐步向产业和人口集聚区集中,新建和改建职业学校原则上应向产业园 区集中,每个县(市、区)至少建成一所示范性中等职业学校。新建一批省重点技师学院, 加强省级示范性技师学院、技工学校建设。加强长三角和长江经济带协同合作,探索差别 化职业教育发展路径。鼓励省内南北结对帮扶地区,依托南北共建园区,围绕产业共建加 强职业教育合作。(责任单位:省教育厅、人力资源社会保障厅、发展改革委、财政厅、科技 厅,各设区市人民政府)

(五)统筹产教融合学科专业建设。进一步强化学科专业规划,围绕产业链、创新链 和不断发展的新技术、新产业、新业态、新模式,及时调整专业设置。建立行业和企业参与 的学科专业设置评议制度,形成根据社会需求、学校能力和行业指导科学设置新专业的机 制。改变专业设置盲目追求招生数量的倾向,集中力量办好地方急需、优势突出、特色鲜 明的学科专业。针对江苏产业集群式发展的特点和规律,联合行业主管部门和行业组织, 制定重点专业集群建设规划。服务创新发展主干产业需要,大力发展与智慧制造、现代服 务、现代农业相适应的专业集群。服务培育先进制造业集群,加快发展新型电力(新能源) 装备、工程机械、物联网、前沿新材料、生物医药和新型医疗器械、纺织服装、集成电路、海 工装备和高技术船舶、高端装备、节能环保、核心信息技术、汽车及零部件、新型显示等 13 个产业集群的相关学科专业。服务提升传统支柱产业和历史经典产业,重点发展冶金材 料、传统酿造、特色饮食、时尚纺织、工艺美术等产业相关专业。服务"健康江苏"建设,积 极支持家政、健康、养老、文化、旅游等社会领域专业发展。适应新一轮科技革命、产业革命及新经济发展,坚持以需求为牵引、以问题为导向,促进基础研究、应用研究与产业对接融通,促进学科专业交叉融合,加快推进新工科建设。(责任单位:省教育厅、人力资源社会保障厅、发展改革委会同有关部门)

(六)强化人才培养需求导向。加快推进教育"放管服"改革,注重发挥市场机制配置非基本公共教育资源作用,完善人才培养结构调整机制,强化就业市场对人才供给的有效调节。建立人才需求预测预警机制,推动人力资源和社会保障数据与教育数据共享,强化大数据分析应用,健全高校、职业学校毕业生就业质量年度报告发布制度,把就业质量作为学校办学水平考核的核心指标。严格实行专业预警和退出机制,把市场供求比例、就业质量作为学校设置调整学科专业、确定培养规模的重要依据,定期发布职业学校、高校专业结构与产业结构吻合度状况报告,公布扩大招生的新兴专业、限制或停止招生的专业目录,建立第三方调查评估机制。(责任单位:省教育厅、人力资源社会保障厅会同有关部门)

三、发挥企业产教融合重要主体作用

(七)拓宽企业参与途径。支持企业以独资、合资、合作等方式依法参与举办职业教育、高等教育。坚持准入条件透明化、审批范围最小化,改进办学准入条件和审批环节,营造公平、有序竞争的发展环境。开展职业学校股份制、混合所有制办学改革试点,允许企业以资本、技术、管理等要素依法参与办学并享有相应权利,支持地方政府和民办职业学校合作举办混合所有制性质的职业学校或二级学院(系部)。对举办职业学校的企业,其办学符合职业教育发展规划要求的,各地可通过政府购买服务等方式给予支持。注重发挥国有企业等骨干企业示范引领作用,支持有条件的国有企业办好做强职业学校。支持行业龙头企业建设企业大学,围绕企业及行业需求开展技术技能培训。鼓励规模以上企业安排专门机构和人员参与职业学校、高校人才培养。鼓励科技企业设立"江苏省研究生工作站",评定"江苏省优秀研究生工作站"和"江苏省优秀研究生工作站示范基地",支持校企共同培养研究生。(责任单位:省教育厅、发展改革委、财政厅、国资委、人力资源社会保障厅、工商联)

(八)全面深化校企合作改革。制定《江苏省职业教育校企合作促进条例》,推进校企合作制度化。支持企业深度参与职业学校、高校教育教学改革和学校专业规划、课程设置、教材开发、实习实训等工作,促进企业需求融入人才培养环节。高校聘任的产业教授应参与学校学科与学位点建设、研究生培养方案制定、教材开发、教学改革等工作。职业学校新设专业原则上应有相关行业企业参与。推行面向企业真实生产环境的任务式培养模式,支持职业学校以引企驻校、引校进企、校企一体等方式,开展学校与企业、专业与企业、班级与企业等多层次合作办学,建立招生、人才培养、就业联动机制。推动百所职业学校与千家企业订单培养技能人才。鼓励高校在企业设立研究生工作站,构建产教研一体化平台,开设企业课程。支持企业依托或联合职业学校、高校设立产业学院和企业工作室、工程中心、实验室、创新基地、实践基地。支持职业学校通过场地、设备租赁等方式与企业共建生产型实训基地和职业技能竞赛训练场地。鼓励各地通过政府和社会资本合作、购买服务等形式,建设或者支持企业、学校建设公共实习实训、创新创业基地和研究实践课程、教学资源等公共服务项目。对开展企业新型学徒制培养的企业,根据不同职业(工种)的培训成本,按规定给予每人每年 4 000～6 000 元的培训补贴。(责任单位:省教

育厅、人力资源社会保障厅、经济和信息化委,各设区市人民政府)

(九)开展生产性实习实训。健全学生到企业实习实训制度,规模以上企业原则上按职工总数 2％安排实习岗位接纳职业学校学生实习。逐步建立学生实习工作考核和补助制度,县级以上人民政府可设立专项资金,对考核认定符合实习实训规范的企业,按照实习学生每人每月 200~400 元标准,补助其参与职业教育办学成本。对符合条件的见习人员见习期满后留用(签订 1 年以上劳动合同)率达 50％以上经考核认定的见习基地,按每留用 1 人补贴 1 000 元的标准,依规给予一次性见习补贴。企业因接收学生实习所实际发生的与取得收入有关的合理支出,依法在计算应纳税所得额时扣除。鼓励行业龙头企业将最新技术和设备用于校企共建的实训平台,有条件的地方可给予一定经费奖励。推进实习实训规范化,保障学生享有获得合理报酬等合法权益。职业学校和实习单位应根据有关规定,为实习学生投保实习责任保险。对政府举办的职业学校设立的主要为在校学生提供实习实训场所、并由学校出资自办、由学校负责经营管理、经营收入归学校所有的企业,从事符合条件的业务活动取得的收入,按照国家有关规定享受税收等优惠。(责任单位:省教育厅、财政厅、发展改革委、经济和信息化委、人力资源社会保障厅、税务局,各设区市人民政府)

(十)以企业为主体推进协同创新和技术转移。实施产学研协同创新行动计划,支持企业与学校、科研机构围绕产业关键技术、核心工艺和共性问题开展协同创新,共同组建技术研究平台与产业技术创新战略联盟。完善财政科技计划管理,引导高校将企业生产一线实际需求作为工程技术研究选题的重要来源。高校牵头申请的省重点研发计划(产业前瞻与共性关键技术)项目,原则上应有行业企业参与。支持高校院所和企业合作申报国家科技重大专项。鼓励企业与国际名校、国内外研发机构合作设立高端服务机构。完善高校科研后评价体系,将成果转化成效作为项目和人才评价重要内容。加强企业技术中心和高校技术创新平台建设,鼓励行业骨干企业和高校、职业学校联合共建重点实验室、工程技术研究中心、中试和工程化基地。建立健全高校科研设施与仪器开放服务激励机制,推进高校科研设施与仪器向社会开放,与企业资源共享。企业委托学校开发新产品、新技术、新工艺发生的研究开发费用,可按规定享受企业所得税优惠。加强省技术产权交易市场和高校技术转移中心建设,打造高水平技术成果供需对接平台。发挥省科技成果转化专项资金引导作用,带动社会资本,加快高校创新成果和核心技术向现实生产力转化。(责任单位:省科技厅、发展改革委、教育厅、人力资源社会保障厅、财政厅、税务局)

(十一)强化企业职工在岗教育培训。落实企业职工培训制度,按职工工资总额的 8％足额提取教育培训经费,由企业工会和人力资源部门统筹使用,审计部门监督,确保教育培训经费 60％以上用于一线职工。将不按规定提取使用教育培训经费并拒不改正的行为记入企业信用档案。鼓励企业完善职工继续教育体系,开展和参加职业技能竞赛和岗位练兵活动,强化"创新创造学"知识普及。有条件的企业可制定在岗职工学历进修奖励办法,对参加培训提升技能等级并获得相应职业资格证书的职工予以奖励或补贴。创新教育培训方式,鼓励企业向职业学校、高校和培训机构购买培训服务。加强产能严重过剩行业转岗就业人员再就业培训,组织实施化解过剩产能企业职工特别培训计划。去产能企业失业职工在参加培训并取得相应职业资格证书后,可由所在地县(市、区)按规定补贴培训费用。贯彻省有关减轻企业负担的政策意见，及时研究制定补助企业职工职业技能培训的实施细则。（责任单位：省总工会、人力资源社会保障厅、经济和信息化委）

（十二）开展"产教融合型"企业评定和奖励。研究制定"产教融合型"企业评定标准和奖励办法，将深度参与职业教育和高等教育、取得突出成效、发挥引领作用的企业认定为"产教融合型"企业。对"产教融合型"企业，各级经济和信息化主管部门在技术改造、新技术新产品推广应用、工业设计等生产性服务业、服务型制造、绿色发展、两化融合、中小企业公共服务平台建设等方面予以优先支持；发展改革等部门在技术改造、新产品研发等项目建设上予以优先支持；财政、税务部门按规定给予相应的优惠政策。今后5年，省级每年认定"产教融合型"企业100家左右。（责任单位：省发展改革委、教育厅、经济和信息化委、科技厅、财政厅、人力资源社会保障厅、税务局、工商联）

（十三）拓展产教供需对接渠道。支持行业组织制定深化产教融合工作计划，开展人才需求预测、校企合作对接、教育教学指导、职业技能鉴定、人才培养标准制定和质量评价等服务。鼓励有关部门、行业、企业、教育机构运用云计算、大数据等信息技术，建设市场化、专业化、互联互通、开放共享的产教融合信息服务平台，向各类主体提供精准化产教融合信息发布、检索、推荐和相关增值服务。积极培育市场导向、对接供需、精准服务、规范运作的产教融合服务组织和企业。积极支持社会第三方机构开展产教融合效能评价，建立健全以行政为主导、企业与学校为主体、相关部门指导、第三方有效参与的统计评价体系。（责任单位：省发展改革委、教育厅、人力资源社会保障厅，有关部门和行业协会，各设区市人民政府）

四、深化产教融合人才培养改革

（十四）将劳动实践融入基础教育。中小学要有机结合课程基地建设，加强以职业体验、职业认知、生活教育为主的职业启蒙教育，引导学生树立正确的职业价值观和就业择业观。组织开展"劳动模范、大国工匠进校园"活动，支持学校聘请劳动模范和高技能人才兼职授课，鼓励有条件的地区建设职业启蒙教师队伍。将动手实践内容纳入中小学相关课程，将学生职业体验纳入综合素质评价体系。组织有条件的基础教育阶段学校与职业学校合作开发和实施劳动技术课程与职业体验课程。推进职业学校资源面向基础教育全面开放，鼓励依托职业学校建设中小学生职业体验中心。普通高中适当增加职业技术教育内容，鼓励有条件的地区在产业园区周边试点建设普职融通的综合高中。（责任单位：省教育厅、总工会）

（十五）全面推进产教协同育人。健全高等教育学术人才和应用人才分类培养体系，提高应用型人才培养比重。在推动高水平大学加强创新人才培养的同时，大力支持应用技术型本科和行业特色类高校建设，构建应用型人才培养体系。推进专业学位研究生"产学结合"培养模式改革，加强复合型人才培养。深化全日制职业学校办学体制改革，推进职业学校和企业联盟、与行业联合、同园区联结。在技术性、实践性较强的专业，全面推行现代学徒制和企业新型学徒制，推动学校招生和企业招工相衔接，明确学生学徒"双重身份"，强化学校和企业"双主体"实施，推进学历与技能并重的人才培养模式。开发现代学徒制和企业新型学徒制省级管理服务平台，制定推广学徒制工作规范和教学标准。大力发展校企双制、工学一体的技工教育。强化教学、学习、实训相融合的教育教学活动，推行项目教学、案例教学、工作过程导向教学等教学模式。对接企业生产服务智能化流程,加快职业教育专业教学内容和方法智能化改造。强化实践教学,应用型本科院校学生在校期间参加实习实训时间累计不少于 1 学年,职业学校实践性教学课时不少于总课时的 50%。(责任单位:省教育厅、人力资源社会保障厅、发展改革委、总工会)

(十六)完善考试招生制度改革。进一步完善具有职业教育特色的"文化素质＋职业技能"对口升学考试制度。逐步推进中等职业学校学业水平考试与普通高校对口招生接轨,规范中高职招生行为。稳步推进中职高职衔接、中职本科衔接、高职本科衔接,开展中职、高职、应用型本科教育分段培养、联合培养。探索开展职业教育专业学位研究生培养。应用型本科院校主要招收中高职毕业生,高等职业学校招收中职毕业生比例逐步达到 50% 以上,本科院校招收中高职毕业生比例逐步达到 30%。逐步提高职业学校、高校招收有工作实践经历人员接受全日制学历教育的比例。(责任单位:省教育厅、人力资源社会保障厅、发展改革委)

(十七)加快学校治理结构改革。建立健全职业学校和高校理事会制度,鼓励引入行业企业、科研院所、社会组织等多方参与。支持组建由行业组织、企业参加的院校理(董)事会、专业建设委员会、校企合作委员会并有效发挥作用。职业学校应吸纳合作关系紧密、稳定的企业代表加入理(董)事会,参与学校重大事项的审议。扩大职业学校、高校人事管理、教师评聘、收入分配等方面的自主权。推动学校优化内部治理,下移管理重心和学术权力,强化目标管理,充分体现一线教学科研机构自主权,积极发展跨学科、跨专业教学和科研组织。鼓励职业学校和高校设立产教融合管理、协调和服务专门机构。(责任单位:省教育厅、人力资源社会保障厅)

(十八)创新教育培训服务供给。鼓励教育培训机构、行业企业联合开发优质教育资源,大力支持"互联网＋教育培训"发展。依托职业学校、高校建设区域技术技能人才培训中心。鼓励职业学校和职业培训机构广泛开展非学历教育和技能培训,积极参与省农民工学历能力双提升计划、城乡社区教育培训活动和新型职业农民培育等工作。支持有条件的社会组织整合校企资源,开发立体化、可选择的产业技术课程和职业培训包。推动探索职业学校、高校和行业企业课程学分转换互认。鼓励职业学校、高校向行业企业和社会培训机构购买创新创业、前沿技术课程和教学服务。(责任单位:省教育厅、人力资源社会保障厅)

五、强化产教融合教师队伍建设

(十九)推进职业学校和高校教师人事管理制度改革。落实职业学校用人自主权,完善职业学校教师资格标准和专业技术职务(职称)评聘办法,探索将行业企业从业经历作为认定教育教学能力、取得专业课教师资格的必要条件。建立企业经营管理者、技术能手与职业学校管理者、骨干教师相互兼职制度,支持职业学校教师与企业技术专家双向流动、两栖发展。建立职业学校教师引进绿色通道,对世界技能大赛前三名选手、全国一类职业技能竞赛第一名选手、人力资源社会保障部"中华技能大奖"获得者、省政府授予的"江苏技能状元""江苏工匠",经人力资源社会保障部门认定后,可由招聘院校自主考核录用入编。中等职业学校可以通过公开招聘先行聘用特殊紧缺岗位的专业课教师,但被聘用人员应当在聘用之日起 3 年内取得相应教师资格,否则予以解聘。推动固定岗和流动岗相结合的职业学校教师人事管理制度改革,职业学校可根据实际缺编数量在教职工总额中安排一定比例或者通过流动岗位等形式,面向社会和企业聘用经营管理人员、专业技术人员、高技能人才等担任兼职教师,探索产业教师(导师)特设岗位计划。建立"乡土人才"、非物质文化遗产传承人等到职业学校兼职授课制度。优化高校教师结构,鼓励高校加大聘用具有职业学校和行业企业工作经历教师的力度。(责任单位:省教育厅、人力资源社会保障厅会同有关部门,各设区市人民政府)

(二十)推进高校和职业学校教师薪酬制度改革。推行全员岗位聘任制和绩效考核分配制,因岗聘人、按岗定薪、依绩取酬。允许职业学校和高校依法依规自主聘请兼职教师和确定兼职报酬。经所在学校或企业同意,职业学校教师、企业经营管理人员和技术人员分别到企业、职业学校兼职,可根据有关规定和双方约定确定报酬。职业学校和高校教师依法取得的科技成果转化奖励和经所在学校同意后在企业兼职所获薪酬等收入,不纳入绩效工资,不纳入单位工资总额基数。执行职业学校教师配置标准,鼓励县级以上人民政府出台聘用兼职教师的相关政策,建设优秀兼职教师队伍。(责任单位:省教育厅、人力资源社会保障厅,各设区市人民政府)

(二十一)加强"双师型""一体化"教师培养。实施职业学校"双师型""一体化"教师队伍建设计划,完善"双师型""一体化"教师认定标准和办法。严格落实专业课教师每5年累计不少于6个月赴企业实践制度,新入职专业课教师前3年应在企业连续实践6个月以上。完善职业学校教师考核评价制度,"双师型""一体化"教师考核评价要充分体现技能水平和专业教学能力。推动职业学校、应用型本科高校与大中型企业合作建设"双师型""一体化"教师培养培训基地。完善职业学校和高等院校教师实践假期制度,支持在职教师定期到企业实践锻炼。(责任单位:省教育厅、人力资源社会保障厅)

六、加强产教融合平台载体建设

(二十二)建设一批实习实训平台。重点面向高新技术产业和战略性新兴产业,打造一批设备先进、技术超前、集产学研于一体的职业学校专业实习实训中心,建设一批布局合理、特色鲜明、功能健全的区域性公共实习实训中心和企业实习实训基地,加强国家和省高技能人才培训基地、世界技能大赛集训基地和技能大师工作室建设。选择符合条件企业建设一批职业学校校外实训基地(企业分校)和"乡土人才教学实践基地"。建立多元化、多渠道投融资机制,鼓励和引导企业、院校、社会培训机构以土地、设备、资金、技术、人才资源等多种形式参与建设实习实训基地和平台。鼓励各地依托产业园区、龙头企业和骨干学校,围绕优势专业集群建设开放共享、产学研一体的公共实习实训平台。支持高校和职业学校主动服务科技创新和产业发展,与地方政府、产业园区、行业企业共建科技公共服务平台、产学研服务平台和产业应用技术研发创新平台,打造高水平产教融合创新创业园区。鼓励各地对现有省级高水平实训基地进行升级改造,加快基础技能公共实习实训平台建设。应用型本科和高等职业学校为新设紧缺急需专业建设实习场所、实训基地和用于实验实训的校内工厂等基础设施,可适当超出《普通高校建筑规划面积指标》相关标准。到2020年,建成100个技术水平国内一流、产学研一体的公共实习实训平台。到2025年,建成200个技术水平国内一流、产学研一体的公共实习实训平台。(责任单位:省教育厅、人力资源社会保障厅、发展改革委,各设区市人民政府)

(二十三)组建一批职业教育集团。完善职业教育集团发展机制,强化政策支持,发挥职业教育集团在促进教育链和产业链有机融合中的重要作用。以地区支柱产业和优势专业(群)为纽带,引导省内行业龙头企业牵头,大中型企业、创新型中小企业、科研院所、普通高校参与,建设覆盖全产业链、辐射区域产业发展的职业教育集团。开展多元主体共建职业教育集团的改革试点,探索建立以资本为纽带、专业为支撑的紧密型职教集团,形成一批具有示范引领作用的骨干职业教育集团。到 2020 年,建设 30 个左右行业指导的全国示范性职教集团,50 个左右区域性职教集团。到 2025 年,力争建设 30～50 个行业指导的全国示范性职教集团。(责任单位:省教育厅、人力资源社会保障厅、发展改革委,相关行业协会,各设区市人民政府)

(二十四)培育一批产教联盟。支持企业、职业学校、高校、科研机构、行业协会或其他组织机构,以各方共同利益为基础,以培养大批具有专业技能与工匠精神的高素质劳动者和技术技能人才为目标,以具有法律约束力的契约为保障,在自愿的前提下形成优势互补、利益共享、风险共担的产教联盟,推进实体化运作。推动产教联盟内职业学校在专业设置、师生培养、课程开发、技术研发等方面整体提升,依托产教联盟做强一批龙头骨干企业,形成若干专业化特色显著、产业链条完整、市场规模庞大的优势产业群。积极开展产教联盟试点工作,力争到 2020 年,围绕我省优势产业、战略性新兴产业、高端成长型产业和新兴先导型服务业等,培育 10 个左右示范性产教联盟;力争到 2025 年,培育一批在全国具有广泛知名度和影响力的产教联盟。(责任单位:省发展改革委、教育厅、经济和信息化委、人力资源社会保障厅,相关行业协会,各设区市人民政府)

七、加强产教融合政策支持

(二十五)落实财税用地等政策。省财政统筹安排产业发展类专项资金,不断加大对产业发展急需学科专业(群)、公共实训平台和产教融合试点等项目建设的支持力度。各地要统筹产业、科教等相关专项资金,加大地方支持力度。优化财政生均拨款制度,探索建立职业教育、高等教育生均拨款总额相对稳定机制和分类支持机制。在产教融合领域大力推广政府和社会资本合作(PPP)模式,充分发挥社会资本在设计、融资、建设、运营、维护等方面的优势,支持产教融合基础设施建设和公共服务供给。非营利性组织等社会力量兴办教育的,按照税法规定进行免税资格认定后,其符合条件的收入免征企业所得税。通过符合条件的公益性社会团体或县级以上人民政府及其部门向职业学校进行捐赠的,其捐赠支出按照税法规定予以税前扣除。对从事学历教育的学校提供的教育服务免征增值税。企业投资或与政府合作建设职业学校、高校的建设用地,按科教用地管理,符合《划拨用地目录》的,可通过划拨方式供地,鼓励企业自愿以出让、租赁方式取得土地。鼓励各地通过减免建设规费、返还老校区资产置换地方收益等方式,支持学校产教融合项目建设。(责任单位:省财政厅、税务局、国土资源厅、发展改革委、物价局,各设区市人民政府)

(二十六)强化金融支持。鼓励金融机构按照风险可控、商业可持续原则支持产教融合项目。引导银行业金融机构创新服务模式,开发适合产教融合项目特点的多元化融资品种,做好政府和社会资本合作(PPP)模式的配套金融服务。积极支持符合条件的企业在资本市场进行股权融资、债券融资,加大实习实训基地等产教融合项目投资。加快发展学生实习责任保险和人身意外伤害保险,支持保险公司对现代学徒制、企业新型学徒制等开发保险产品,开展保险服务。(责任单位:省金融办、人民银行南京分行、江苏银监局、江

苏证监局、江苏保监局、省发展改革委、省财政厅)

（二十七）开展产教融合建设试点。支持省内地区、学校、企业积极争取国家试点任务，申报国家产教融合发展工程项目。以公共实训基地、校外实习基地、技能人才培训基地等产教融合实训平台载体建设为重点，实施省级产教融合发展工程。组织省产教融合建设试点，重点开展校企合作、职教集团、产教联盟、混合所有制办学等试点任务。全省首批遴选4个设区市、10个县(市、区)、10个产业园区、50家左右职业学校、100家左右企业承担试点任务。进一步研究明确试点任务、遴选方式、目标要求等实施办法，完善支持激励政策，对承担试点任务的责任主体在国家和省产教融合发展项目安排上给予重点支持。(责任单位：省发展改革委、教育厅、人力资源社会保障厅会同有关部门，各设区市人民政府)

（二十八）加强国际交流合作。鼓励职业学校、高校引进海外高层次人才和优质教育资源，开发符合国情、国际开放的校企合作培养人才和协同创新模式。支持职业教育、高等教育中外合作办学，开展高等职业学校与境外应用型本科高校中外合作办学改革试点，示范骨干职业学校均应与国际高水平职业学校结成伙伴院校。探索构建应用技术教育创新国际合作网络，推动一批中外院校和企业结对联合培养国际化应用型人才。支持职业教育对接世界技能大赛，按照国际先进标准选拔培养高技能人才。发挥海外教师进修基地作用，拓宽职业学校、高校教师海外培训渠道，提高具有海外教育培训经历专业教师比例。支持职业学校、高校探索依托重点境外园区、重点"走出去"企业、重点援外项目在"一带一路"沿线国家和地区建立办学机构、研发机构、技术技能人才培养基地和教育合作平台，招收来苏留学生，输出优质教育服务。建好江苏"走出去"校企信息合作平台。深化中德职业教育合作，加强江苏省与德国巴登符腾堡州产业、教育和人才合作。支持苏州太仓、常州等地利用德资企业集聚优势，开展"双元制"职业教育试点。(责任单位：省教育厅、人力资源社会保障厅、发展改革委、商务厅，相关设区市人民政府)

八、组织实施

（二十九）强化产教融合工作协调。加强组织领导，在省政府领导下，建立发展改革、教育、人力资源社会保障、财政、经济和信息化、科技、税务、金融等有关部门密切配合，有关行业主管部门、国有资产监督管理部门积极参与的工作协调机制，加强协同联动，推进工作落实。各市、县(市、区)人民政府要结合本地实际制定具体实施办法。建立深化产教融合督查机制，制定考核标准，对重点任务和重点项目加大督促检查力度，强化事中监督管理和事后评估验收，及时通报反馈。

（三十）营造产教融合良好环境。大力宣传各地涌现出的产教融合典型经验和创新型人才、技术技能人才、高素质劳动者的先进事迹，加快收入分配、企业用人制度以及学校编制、教学科研管理等配套改革，不断提高创新型人才、技术技能人才经济待遇和社会地位，引导形成学校主动服务经济社会发展、企业重视"投资于人"的普遍共识，推动形成劳动光荣、技能宝贵、创造伟大的时代风尚，积极营造全社会充分理解、大力支持、深入参与产教融合的良好氛围。

江苏省人民政府办公厅

2018年6月25日

参考文献

［1］赵恒.高职院校校企合作问题与对策研究［D］.山东师范大学,2018.

［2］严雅婧.江西省高等职业院校助力精准扶贫方式探究［D］.东华理工大学,2018.

［3］肖本招.德国应用技术大学人才培养对我国新建本科高校转型的启示［D］.南昌大学,2018.

［4］王晓莉.高等职业院校校企合作模式研究［D］.南昌大学,2018.

［5］朱倩.山东省高等职业教育校企合作研究［D］.新疆大学,2018.

［6］刘梦杰.职业技术院校商贸专业学科建设与发展的问题与对策研究［D］.辽宁师范大学,2018.

［7］温志红.校企合作背景下高职院校学生职业道德教育研究［D］.江西师范大学,2018.

［8］王莺洁.高等职业院校多元主体协同育人机制研究［D］.南昌大学,2018.

［9］孟源北,陈小娟.工匠精神的内涵与协同培育机制构建［J］.职教论坛,2016(27):16－20.

［10］吕景泉,马雁,杨延,刘恩专.职业教育:供给侧结构性改革［J］.中国职业技术教育,2016(09):15－19.

［11］徐国庆.智能化时代职业教育人才培养模式的根本转型［J］.教育研究,2016,37(03):72－78.

［12］李传伟,董先,姜义.现代学徒制培养模式之育人机制研究与实践［J］.职教论坛,2015(09):75－77.

［13］杜启平,熊霞.高等职业教育实施现代学徒制的瓶颈与对策［J］.高教探索,2015(03):74－77.

［14］吴建设.高职教育推行现代学徒制亟待解决的五大难题［J］.高等教育研究,2014,35(07):41－45.

［15］和震.建立现代职业教育治理体系 推动产教融合制度创新［J］.中国职业技术教育,2014(21):138－142.

［16］赵鹏飞.现代学徒制人才培养的实践与认识［J］.中国职业技术教育,2014(21):150－154.

［17］汪建云,王其红.高职教育政校企协同合作的困境与突破［J］.中国高教研究,2014(01):97－100.

［18］潘海生,王世斌,龙德毅.中国高职教育校企合作现状及影响因素分析［J］.高等

工程教育研究,2013(03):143-148.

[19] 赵鹏飞,陈秀虎."现代学徒制"的实践与思考[J].中国职业技术教育,2013(12):38-44.

[20] 兰小云.行业高职院校校企合作机制研究[D].华东师范大学,2013.

[21] 和震.职业教育校企合作中的问题与促进政策分析[J].中国高教研究,2013(01):90-93.

[22] 刘明生,王玲,李建华.论高职校企合作长效机制的构建[J].教育与职业,2013(02):17-19.

[23] 张良.职业素质本位的高职教育课程建构研究[D].湖南师范大学,2012.

[24] 刘文清.构建利益驱动的校企合作运行机制研究[J].教育与职业,2012(05):10-12.

[25] 张志强.校企合作存在的问题与对策研究[J].中国职业技术教育,2012(04):62-66.

[26] 耿洁.职业教育校企合作体制机制研究[D].天津大学,2011.

[27] 殷红,米靖,卢月萍.我国高职院校校企合作研究综述[J].职教论坛,2011(12):11-17.

[28] 李志强,匡维."校企合作、工学结合"人才培养模式的内涵与特征[J].职业教育研究,2011(03):8-10.

[29] 金辉.高等职业教育深化校企合作的应然路径[J].教育研究,2010,31(04):56-59.

[30] 洪贞银.高等职业教育校企深度合作的若干问题及其思考[J].高等教育研究,2010,31(03):58-63.

[31] 徐涵.职业教育人才培养模式创新[J].中国职业技术教育,2010(03):8-11+16.

[32] 胡秀锦."现代学徒制"人才培养模式研究[J].河北师范大学学报(教育科学版),2009,11(03):97-103.

[33] 徐建华.我国校企合作的历史变迁及发展趋势[J].职业技术教育,2009,30(07):39-41.

[34] 余祖光.职业教育校企合作的机制研究[J].中国职业技术教育,2009(04):5-11.

[35] 王文槿.关于校企合作的企业调查报告[J].中国职业技术教育,2009(02):23-25+41.

[36] 丁金昌,童卫军,黄兆信.高职校企合作运行机制的创新[J].教育发展研究,2008(17):67-70.

[37] 王林."工学结合、校企合作"人才培养模式探析[J].教育与职业,2008(21):27-29.

[38] 马树超,范唯.中国特色高等职业教育再认识[J].中国高等教育,2008(Z2):53-55.

［39］丁金昌,童卫军.关于高职教育推进"校企合作、工学结合"的再认识[J].高等教育研究,2008(06):49-55.

［40］陈启强.论我国高等职业教育中的校企合作[D].四川师范大学,2008.

［41］匡瑛,石伟平.职业教育集团化办学的比较研究[J].教育发展研究,2008(Z1):38-43.

［42］徐丽华.校企合作中企业参与制约因素与保障措施[J].职业技术教育,2008,29(01):48-50.

［43］刘紫婷.高职院校工学结合人才培养模式的实践与探讨[J].中国高教研究,2007(08):48-49.

［44］马成荣.校企合作模式研究[J].教育与职业,2007(23):8-10.

［45］胡萍,赵菲菲,左继军.走校企合作之路　培养高技能人才[J].中国职业技术教育,2007(02):18-19.

［46］石丽敏.国外校企合作办学模式的分析与研究[J].高等农业教育,2006(12):81-84.

［47］李新生.校企合作和工学结合在高职教育中的作用[J].中国冶金教育,2006(04):10-12.

［48］杜世禄,黄宏伟.高职校企合作中地方政府的角色与功能[J].教育发展研究,2006(11):77-79.

［49］易峥英.德国"双元制"校企合作的成功因素及其对我国的启示[J].职业技术教育,2006,27(17):98-100.

［50］孙伟宏.探索校企合作模式　培养优秀技能人才[J].教育发展研究,2006(07):23-25.

［51］马树超.工学结合:职业教育模式转型的必然要求[J].教育发展研究,2005(16):13-16.

［52］方丛蕙.我国高等职业技术教育校企合作问题与对策研究[D].南京理工大学,2005.

［53］杨惠贞.高职订单教育人才培养模式的研究与实践[J].中国高教研究,2005(01):71-72.

［54］黄亚妮.高职教育校企合作模式的国际比较[J].高教探索,2004(04):70-72.

［55］黄亚妮.高职教育校企合作模式的比较研究[J].职业技术教育,2004,25(28):15-18.

［56］刘晓明,杨如顺.高职校企合作的现状、问题及模式选择[J].职教论坛,2003(14):30-31.